Wilhelm Busch

Plaudereien in meinem Studierzimmer

WILHELM BUSCH

Plaudereien
in meinem Studierzimmer

SCHRIFTENMISSIONS-VERLAG

NEUKIRCHEN-VLUYN

ABCteam

Bücher, die dieses Zeichen tragen, wollen die Botschaft
von Jesus Christus in unserer Zeit glaubhaft bezeugen.

ABCteam-Bücher erscheinen in folgenden Verlagen:
Aussaat- und Schriftenmissions-Verlag Neukirchen-Vluyn
R. Brockhaus Verlag Wuppertal
Brunnen Verlag Gießen/Bundes-Verlag Witten
Christliches Verlagshaus Stuttgart
Oncken-Verlag Wuppertal

7. Auflage: 76.—85. Tausend 1984
© 1965 Aussaat- und Schriftenmissions-Verlag,
4133 Neukirchen-Vluyn
Umschlag: Gerd Meussen, Essen
Satz und Druck: satz & druck contzen, Lünen
Einband: Verlagsbuchbinderei W. Berenbrock, Wuppertal-Barmen
ISBN: 3-7958-3161-X

Ich halte die Schriftstellerei in unseren Zeiten für eine schriftliche Unterredung mit der Lesewelt. Man soll es daher dem Schriftsteller nicht übel ausdeuten, wenn er, ein wenig von seiner Lebhaftigkeit und Mitteilungslust verführt, von der Begierde, über irgendeinen Gegenstand allerlei Arten von Menschen seine Gedanken mitzuteilen, etwas drucken läßt, das nicht gerade die Quintessenz von Weisheit, Witz, Scharfsinn und Gelehrsamkeit enthält. Es behält ja jeder die Freiheit, dem Schwätzer zuzuhören oder nicht, – und kann sich, bevor er ein Buch kauft, erst bei anderen nach dem Manne erkundigen, mit dem er sich unterhalten will – hat aber, denke ich, auf keinen Fall das Recht, ihm allein deswegen Grobheiten zu sagen, weil ihm die gedruckte Unterhaltung desselben nicht gefällt, insofern er ihn nicht vorher mit unverschämten Prahlereien und großen Versprechungen getäuscht hat.

Knigge „Über den Umgang mit Menschen", Kapitel 10:
„Über das Verhältnis zwischen Schriftsteller und Leser".

Inhalt

Meine Bilder
und worüber wir miteinander plaudern 9

Professor Karl Heim
und wie der Boden unter unseren Füßen wankte . . 11

Der Herr Kirchenpfleger
und wie die Heuhaufen weggetan wurden 21

Wilhelm Steinhausen
und ein Traum war aus 26

Wilhelm von Oranien
und wie die „Schwarze Galeere" einen Jungen
gefangennahm 36

D. Paul Humburg
und wie ein Sturm entfacht und ein anderer
gestillt wurde 41

Johann Gottfried Herder
und wie das bunte Leben einen aus dem „Musenhof"
vertrieb 52

Julius Bläsing
und was ein Männerzorn vermag 68

Charles Haddon Spurgeon
und eine große Entdeckung in der Weltstadt Berlin . . 77

Wilhelm Böhm
und die richtige Weichenstellung im richtigen
Augenblick 89

Hans Haberl
und wo einer am besten schlief 97

Gottfried Daniel Krummacher
und was man als Luftschutzgepäck mitnahm 100

John Mott
und die Wellen gingen hoch *113*

Wilhelm Weigle
und wozu man Autoschlosser braucht *123*

D. Walter Alfred Siebel
und wir sangen und sangen und sangen *140*

Baron von Kottwitz
und wie einer sich in besten Kreisen bewegt *143*

Alfred Christlieb
und Seelsorge unter Kastanienbäumen *153*

Friedrich von Bodelschwingh, der Vater,
und unheimliche Tiefen des Schmerzes *170*

Fritz von Bodelschwingh, der Sohn,
und wie zwei auf der Kanzeltreppe saßen *182*

Gottfried Dühr
und der Friedensschluß im Flugzeug *191*

Professor D. Dr. Schmidt-Metzler
und eine Kapazität lehrte Stelzenlaufen *202*

Hans Dannenbaum
und beinah ging der Blitz daneben *209*

Karl Barth
und „Wer fällt zuerst herunter?" *218*

Gaspard, Admiral von Coligny
und die Geschichte eines gefährlichen Irrtums . . . *222*

Alfred Zeller
und „Das ist doch kein Mann für uns!" *235*

Richard Rothe
und warum ein Bild doch nicht weggeworfen wurde . *248*

Nils Hauge
und die Entdeckung des Originals *257*

Johann Kaspar Lavater
und Goliath in der „Reblaube" *263*

Doppelte Verwandtschaft
und auch Frauen *270*

Das Bild in der Mitte
und worauf es ankommt *285*

Meine Bilder
und worüber wir miteinander plaudern

„Das ist . . ."

Offenbar fehlte dem jungen Norweger das rechte Wort. So schwieg er und sah sich nur erstaunt um.

Nun bin ich wirklich der Ansicht, daß mein Studierzimmer sehenswert ist.

Da sind die vielen hohen, vollgepackten Bücherschränke! Sie enthalten manches Kleinod. Ich habe eine reichhaltige Sammlung geistlicher Literatur, die in den Buchhandlungen längst nicht mehr zu haben ist. Und in der schönen Literatur versuche ich auch, auf dem laufenden zu bleiben.

Aber nicht die Bücher hatten es dem jungen Norweger angetan.

Seit vielen Jahren habe ich versucht, mir die Bilder von Menschen zu verschaffen, die durch ihre Bücher oder in persönlicher Begegnung für mich etwas bedeuten. Jede freie Stelle zwischen den Bücherregalen ist ausgefüllt mit diesen Bildern.

Es sind etwa 150. Für die arme Hausfrau bedeuten sie eine rechte Plage. Denn es ist eine große Mühe, wenn alle hundertfünfzig beim Hausputz abgenommen, geputzt und wieder an der richtigen Stelle aufgehängt werden müssen. Aber ich habe zu meiner Freude eine Hausfrau, die diese Mühe gern auf sich nimmt. Ihr ist nämlich – um einen Ausdruck der Bibel zu brauchen – die „Wolke von Zeugen" ebenso lieb wie mir.

Da stand also der junge Norweger und ließ seine Blicke umhergehen: „Haben Sie die Bilder nach irgendeinem Gesichtspunkt angeordnet?"

„O nein! Sie wurden aufgehängt, wie es gerade kam, wo sich Platz fand. Da hängt das Bild des Bauern neben dem des Gelehrten, das Bild eines Alten neben dem des Jungen, das Bild eines Mannes aus dem 16. Jahrhundert neben dem eines, der in der Gegenwart lebt."

Es sei hier angemerkt, daß es in diesem Buch genauso zugeht. Es wird geplaudert. Und dabei geht das Gespräch ja auch hin und her. Man wird vergeblich eine Ordnung nach zeitlichen, sachlichen oder sonstigen Gesichtspunkten suchen.

„Haben Sie", fragte der Student nun, „auch einen Norweger dabei?"

„Nein!" antwortete ich. „Aber ich hätte gern das Bild des norwegischen Laienpredigers Nils Hauge. Doch konnte ich es bisher nirgendwo bekommen."

„Ich werde es Ihnen aus Norwegen zusenden!" versprach der Student. „Aber nun erzählen Sie mir von diesen Leuten!"

Dann habe ich ihm erzählt. Dabei war es, als wenn die Männer und Frauen aus dem Rahmen träten und neu zu mir kämen. Es wurde eine schöne Stunde für uns.

So will ich auch in diesem Buche erzählen und mir wieder einmal die gesegneten Menschen aus den Rahmen rufen. Ich tue es mir selbst zuliebe. Daß der Herr Verleger dies Erzählen als Buch herausgeben will, halte ich bei der Flut der Bücher, die jetzt erscheinen, für ein gewagtes Unternehmen, zumal ja gar nicht recht klar ist, was dies Buch nun eigentlich darstellt. Hier wird mein eigenes Erleben gemischt mit den Lebensbeschreibungen der Menschen, von denen meine Bilder sprechen. Eine recht verworrene Sache!

Aber vielleicht macht dem einen oder andern ein Besuch in meinem Studierzimmer Freude. Solchen Leuten drücke ich im Geist die Hand und danke ihnen jetzt schon fürs Zuhören.

Professor Karl Heim
und wie der Boden unter unseren Füßen wankte

Da hängt an der Wand eine Photographie des Theologie-Professors Karl Heim. Sogar mit seiner eigenen Unterschrift! Die habe ich ausgeschnitten aus einem Brief, den er mir einst schrieb, und unter das Bild geklebt.

Eines Tages saß Karl Heim in meinem Studierzimmer. Als er auf einmal sein eigenes Bild entdeckte, wurde er verlegen und fast ärgerlich. „Warum haben Sie denn *mein* Bild aufgehängt?" fragte er. Es schien dem demütigen Mann sehr verständlich, daß ich den Bauernprediger Hauge und den großen Dänen Kierkegaard, den englischen Erweckungsprediger Spurgeon und den bedeutenden Professor Martin Kähler in meinem Zimmer hatte. Aber daß ich sein Bild an die Wand hängte, erschien ihm als eine Überschätzung seiner Bedeutung.

Da konnte ich wieder einmal feststellen, daß wirklich große Leute demütig sind. Bei Karl Heim aber hing diese Demut sicher mit seinem Christenstand zusammen.

Als er gegangen war, wurde mir meine Bildersammlung fragwürdig. War das Ganze nicht doch Menschenverehrung, die dem heiligen Gott verhaßt ist, weil sie seine Ehre beeinträchtigt? Sollte ich nicht doch lieber diese Bilder von der Wand nehmen?

Aber dann fiel mir das Wort aus dem Hebräer-Brief im Neuen Testament ein: „Gedenket an eure Lehrer, die euch das Wort Gottes gesagt haben. Ihr Ende schauet an und folget ihrem Glauben nach!" Ja, der unbekannte Verfasser des Hebräer-Briefs hat im 11. Kapitel auch solch eine Sammlung von Glaubensvorbildern veröffentlicht. Und dann fährt er fort: „Da wir eine solche Wolke von Zeugen um uns haben, laßt uns ablegen die Sünde, die uns immerdar anklebt und träge macht, und aufsehen auf Jesum, den Anfänger und Vollender des Glaubens!"

Also ließ ich das Bild von Karl Heim hängen. Und die andern auch.

So oft ich die Photographie ansehe, drängt sich eine Menge Erinnerungen auf:

1919! Der Krieg war zu Ende. Ich zog als Student der Theologie in das entzückende Tübingen. Bis zum Ende des Studiums bin ich nie mehr von Tübingen weggekommen. Es war nicht nötig. Denn gerade damals wechselten viele Professoren, so daß ich es nicht machen mußte wie die meisten Studenten, die ein paarmal die Universität wechseln. Wir blieben – und die Professoren wechselten.

Es waren herrliche Jahre! Die Jugendbewegung, die wie ein Sturm damals durch das deutsche Land ging, zog mich in ihren Bann. Was für erlebnisreiche Wanderungen haben wir gemacht! Von einer romantischen Fahrt will ich berichten:

Leuchtende, sonnige Pfingsttage am Bodensee! Es blühen die Bäume. Die Vögel singen. Und wir Studenten singen auch. Mit ein paar Freunden habe ich mich von Tübingen aus aufgemacht zu einer Wanderung. Die Inflation hat begonnen. Aber das ist für uns nicht so wichtig, denn wir haben sowieso kaum Geld.

In unsern Rucksäcken finden sich ein paar kümmerliche Suppenpäckchen. Als es Mittag ist, gehen wir in ein Bauernhaus und bitten die Bäuerin, sie möge uns erlauben, auf ihrem Herd unsere Suppe zu kochen.

Das wird gern gewährt. Denn damals, im Jahre 1920, fahren noch keine Autos am Bodensee. Es kommen wenig Fremde in die einsamen Dörfer. So bringen wir „fahrenden Scholaren" willkommene Abwechslung in die stille Welt.

Während einer in der Küche kocht, sitze ich in der Stube beim Bauern und erzähle, erzähle, erzähle. Bald steht ein Krüglein Most auf dem Tisch. Und Äpfel liegen da! Und Brot! Den Koch fragt inzwischen die Bäuerin: „Ist das euer ganzes Essen? Diese Päckchen-Suppe? Seid ihr so arm? Dann ist es doch besser, ihr eßt mit uns!"

Und nun dürfen wir uns satt essen an „Spätzle" und Schinken und Gemüse. Zum Dank singen wir noch ein Lied. Währenddem stopft die Bäuerin Brot und Obst in unsere Rucksäcke. Und lange winken die Leute uns nach, während wir unsere Straße weiterziehen und ein Fahrtenlied singen. Den Massen-Fremdenverkehr gab's damals noch nicht. Dafür aber köstliche menschliche Begegnungen . . .

Der Abend senkte sich herab. Wir lagen am Seeufer und schauten immer wieder über die blaue Fläche – zu den weißhäuptigen Schweizer Bergen. Zum erstenmal in meinem Leben sah ich sie. Wir hatten den Krieg hinter uns. Tausendfach hatten wir vier dem Tod ins Auge geschaut. Offiziere waren wir gewesen mit einer Verantwortung, die für uns junge Burschen viel zu groß war. Nun holten wir alles nach, was wir versäumt hatten – all das, um was man unsre Jugend betrogen hatte: Jugendseligkeit und Romantik.

Weiße Segel ziehen dem Ufer zu, eins nach dem andern. „Da drüben liegt Überlingen!" sagt einer. „Da war heute Segelregatta. Auf einem Plakat habe ich es gelesen. Da wird's viel Leute geben. Wir sollten uns nach einem Quartier umsehen!"

Ich lege das Bändchen mit den Eichendorff-Novellen, in dem ich gerade ein wenig gelesen hatte, beiseite. Wie gern las ich sie damals, die wunderbaren Geschichten des schlesischen Romantikers, in denen Posthörner durch stille Sommernächte klingen, in denen weiße Schlösser geheimnisvoll grüßen, in denen es wimmelt von edlen Gräfinnen, von fahrendem Studentenvolk und wundersamen Abenteuern!

Noch ganz im Banne meines lieben Eichendorff erkläre ich meinen Freunden: „Dieser blaue Abend, der so zögernd herabsinkt und den leuchtenden Tag kaum zu verdrängen wagt, wird uns die große Überraschung bringen!"

„Überraschung?!?"

„Ja! Eine Gräfin wird uns auf ihr weißes Schloß einladen . . . !"

Und damit packen wir unsere Rucksäcke auf den Rücken und ziehen auf Überlingen los.

Hier ist großer Betrieb. Die Regatta hat viele Menschen hergelockt. Die Gasthäuser und Wirtshäuser sind voll mit fröhlichen Leuten.

Um uns kümmert sich keiner. Weit und breit keine edle Gräfin! Ein Bauernwirt, den wir um ein Nachtlager in seiner Scheune bitten, jagt uns davon. Ein Polizist bietet uns Quartier im – Polizeigewahrsam an. Wir danken höflich und landen schließlich auf dem Marktplatz. Der Brunnen rauscht. Langsam verlöschen die Lichter der Stadt. Vom Turm schlägt es Mitternacht.

Wir sitzen auf dem Brunnenrand und klimpern leise auf der Klampfe.

Da kommen zwei Damen über den stillen Platz: eine ältere, ganz in Schwarz, und eine junge, ganz in Weiß. „Die Gräfin!" flüstere ich begeistert.

Die beiden gehen an uns vorbei, kehren aber gleich wieder um: „Die Herren haben kein Unterkommen?" fragt die Dame in Schwarz.

„Nein!" antworte ich. „Wir warten!"

„Oh! Darf man fragen, worauf Sie warten?"

„Gewiß!" Und dann platze ich heraus: „Auf eine Gräfin, die uns in ihr weißes Schloß einlädt."

Die junge in Weiß lacht hellauf. Die ältere schwarze Dame lächelt still und sagt: „Ja, Gräfin bin ich. Aber – in ein weißes Schloß kann ich Sie leider nicht einladen, so gern ich es täte. Sie sind gewiß Studenten..." Ich nicke, und das Herz klopft mir bis an den Hals.

„Aber..." Sie flüstert ein paar Worte mit der jungen Dame. Und dann zeigt sie, daß sie literarisch gebildet ist. Sie hat nicht nur sofort meine Eichendorff-Sprache verstanden. Jetzt fragt sie: „Kennen Sie Scheffels ‚Eckehard'?"

Ich nicke begeistert. Wie sollte ich diese herrliche Mönchs- und Rittergeschichte nicht kennen! Schon fährt meine schwarze Dame fort: „Vielleicht erinnern Sie sich, daß da von dem unglücklichen Kaiser Karl dem Dicken die Rede ist, der..."

14

„...der um seiner Trägheit willen abgesetzt wurde", falle ich ihr unhöflich ins Wort, „und dann am Bodensee in den Tuffstein-Höhlen lebte."

„Richtig!" sagt die Dame. „Und denken Sie, diese Höhlen sind noch vorhanden, gleich zehn Minuten von hier. Die Bauern bringen ihr Heu hinein. Wäre das nicht ein romantisches Nachtquartier für Sie?"

Allgemeine Begeisterung! Also – das ist doch beinah ein Königsschloß! Überschwenglicher Dank! Und begleitet von der Weißen und der Schwarzen ziehen wir los. Ich sehe im Geist noch den mondüberglänzten Hohlweg vor mir, den es steil hinaufgeht. Die ganze Welt duftet nach Blüten, Flieder und andern Wohlgerüchen.

Und da sind tatsächlich die Höhlen. Wir verabschieden uns und kriechen in das duftende Heu. Schlafpillen hatten wir nicht nötig...

Ein überheller Sonnentag weckt uns auf. Unter uns glänzt der See wie Silber. Und da drüben der Säntis auf der Schweizer Seite! Die Kühle des Morgens hat allen Zauber der Nacht vertrieben.

Klar und nüchtern stehen wir wieder auf dem Boden der Wirklichkeit. Und noch mächtiger wird die Wirklichkeit, als wir nun unser Morgenlied anstimmen:

„Alles vergehet, / Gott aber stehet
Ohn alles Wanken. / Seine Gedanken,
Sein Wort und Wille hat ewigen Grund.
Sein Heil und Gnaden, / Die nehmen nicht Schaden,
Heilen im Herzen / Die tödlichen Schmerzen,
Halten uns zeitlich und ewig gesund."

Ich hatte eine romantische Wohnung oben im alten Tübinger Schloß. Hier trafen sich jeden Abend meine Freunde. Dann ging das Diskutieren los. Es waren viele Probleme, die uns bedrängten. Die alte Welt des Kaiserreichs, die uns noch im Kriege geprägt hatte, war versunken. Eine neue Welt stieg herauf. Mit der wurden wir nicht fertig. Dazu kamen all die Fragen, die jedem jungen Menschen Not machen.

Und dann wurde Professor Heim von Münster nach Tübingen berufen. Heim war beständig im Gespräch mit der Naturwissenschaft und der Philosophie. Er öffnete gewissermaßen seinen Studenten die Fenster zu diesen Fakultäten. Dabei vertrat er sein schwäbisches, pietistisches Erbe in der akademischen Welt überzeugend und vollmächtig. Er war lange Zeit Reisesekretär der „Deutschen Christlichen Studenten-Vereinigung" gewesen. Schon im Jahre 1900 hatte er in Paris während des Burenkrieges eine aufregende Studentenkonferenz entscheidend mitgestaltet, in der die Auseinandersetzungen zwischen Engländern und Holländern eine zum Zerreißen gespannte Atmosphäre geschaffen hatten. Ebenso erregend war seine Arbeit unter Studenten in Riga und Petersburg, wenige Jahre vor der russischen Revolution. Er hatte viele ökumenische Beziehungen und eine große Kenntnis der Weltreligionen, namentlich des Buddhismus.

Das kann man gar nicht beschreiben, welche Bedeutung er damals für die Studenten bekam. Seine Vorlesungen über Ethik mußte er im großen Festsaal halten. Und der war zu klein. Da saßen und standen Studenten aller Fakultäten und hörten atemlos zu. Denn Heim nahm furchtlos alle Probleme der Zeit vor und stellte sie in fast grübelnder Weise in das Licht des Wortes Gottes.

Unser kleiner Freundeskreis hat manches langweilige Kolleg geschwänzt. Einer wurde hingeschickt. Und aus dem, was er mitgeschrieben hatte, übernahmen wir das Notwendigste in unsre Kolleghefte.

Aber wenn Karl Heim Dogmatik las, fehlte keiner. Das waren „Sternstunden". Da lernten wir richtig „denken". Und mehr! Da wurde unsre ganze Existenz bis in den Grund in Frage gestellt. Und dann wurde uns deutlich, daß das Evangelium uns die einzige Möglichkeit wirklichen Lebens gibt.

Einmal fing Karl Heim eine Vorlesung damit an, daß er von dem stillen Begleiter sprach, der immer neben uns geht, dem Tod. Wir wüßten nicht, wann er uns die Hand auf die Schulter legt. Dann wäre das Leben abgeschlossen, und es stehe die Frage da, ob wir den Sinn unseres Lebens erfüllt hätten.

Und nun fragte er nach dem Sinn des Lebens. Er untersuchte in vielen Kollegs, ob die Philosophie, ob die Naturwissenschaft, ob die Mathematik, ob die Religionen oder irgend etwas anderes uns diese brennende Frage beantworten können. Er ging hinein in die tiefsten Verzweigungen. Und am Ende kamen wir leer zurück. Wir standen vor einem Trümmerhaufen. Niemand kann die Frage nach dem Sinn des Lebens beantworten.

In uns keimte still die Antwort: „Vielleicht ist das Leben sinnlos! Wahrscheinlich ist es sinnlos, nach einem Sinn zu fragen!" Aber dann nahm Heim uns die Antwort aus dem Mund: „Und wenn wir nun ohne einen Sinn unser Leben führen – und es hatte doch einen Sinn? Und wenn wir nun diesen Sinn verfehlen, dann war unser einziges Leben verspielt."

Vier Jahre in den Kämpfen des Ersten Weltkriegs haben mich nicht so verzweifelt auf die Frage nach dem Sinn des Lebens geführt wie diese Stunden bei Heim. Es war, als wenn der Boden unter unseren Füßen wankte. Welche Stille war im Hörsaal, als er nun sagte: „Kein Mensch kann uns die Frage beantworten. Sie kann nur beantwortet werden vom Schöpfer durch Offenbarung." Und dann ging er zur Bibel: „Hier ist die Antwort auf die Frage nach dem Sinn des Lebens: ‚Gott schuf den Menschen ihm zum Bilde' – ‚auf daß wir etwas seien zum Lobe seiner Herrlichkeit.'"

Wir waren wie Leute, die endlos durch einen Dschungel gewandert sind. Und nun stehen sie auf einmal auf einem Berg, wo sich ihnen eine weite Aussicht eröffnet. Die Bedeutung der Bibel ging uns auf. Und die Bedeutung der Offenbarung Gottes in Jesus! Und was „glauben" ist, das fingen wir neu an zu begreifen.

Und das alles wurde nun nicht vorgetragen von einem Redner, der uns überrollte. Heim sprach mit einer leisen, bohrenden Sprache, die keinen Enthusiasmus vertrug. Hier ging es, obwohl wir bis in die Tiefen unseres Lebens erschüttert wurden, immer um klares Denken.

Diese Vorlesungen bestimmten die Tübinger Zeit und machten sie schön.

Es war ja diese Zeit nach dem Ersten Weltkrieg so unsagbar arm. Wir hungerten und froren. Wir liefen in alten, abgewrackten Uniformen herum. Aber das machte nichts. Wir waren glücklich. Wir lernten.

Die Freunde, die nicht Theologen waren, nahmen uns mit in medizinische Kollegs. Oder zu einem berühmten Volkswirtschaftler. Die Welt tat sich uns auf.

Oft feierten wir Feste. Dann holten wir uns aus einer Armenküche einen ganzen Eimer Suppe. Dazu brachte jeder mit, was er gerade von zu Hause bekommen hatte. Und dann gab es Gastmähler, die festlicher waren als irgendein Staatsbankett heute in Paris oder Bonn.

Eine große Bedeutung gewann für uns das Gasthaus des „Blauen Kreuzes“. Die Studenten nannten es respektlos „Zum blauen Affen“. Diese kleine Wirtschaft lieferte jeden Abend punkt 19 Uhr etwa 100 Portionen Bratkartoffeln. Leider aber gab es mindestens 600 Anwärter auf diese 100 Portionen. Damals kannte man noch nicht die gesegnete Einrichtung der Mensa, durch die die heutigen Studenten sichergestellt sind.

Es kam also alles darauf an, vor 19 Uhr im „Blauen Affen“ zu sein. Heims Ethik-Vorlesung aber schloß genau um 19 Uhr. Wenn wir dann zu den Bratkartoffeln stürzten, waren sie schon ausverkauft.

Professor Heim hatte Humor genug, mit sich verhandeln zu lassen. Er begann und schloß seine Vorlesungen nun 10 Minuten früher. Kaum hatte er geschlossen, stürzte alles los. Aber – o Schreck! – es waren immer noch Hunderte von Anwärtern da. Sie hatten alle bei Heim gesessen.

Ja, es war eine schrecklich arme Zeit. Und doch – all die Armut konnte die unendliche Schönheit jener Zeit nicht trüben.

Die Jahre gingen dahin. Ich war Jugendpfarrer in Essen geworden. Da erhielt ich kurz nach dem Zweiten Weltkrieg einen Brief von Karl Heim. Welch eine Aufregung! Voll Freude las ich, daß er mich zu einer Evangelisation nach Tübingen einlud. Er teilte mir mit, daß er im Auftrage eines großen Kreises schriebe. Mancherlei Geister hätten sich zusammengefunden, um diese Evangelisation in der Tübinger Stiftskirche vorzubereiten: Professoren und die Heilsarmee, die „Altpietistischen Gemeinschaften" und die „Liebenzeller", studentische Kreise und Pfarrer.

So traf ich denn, als ich in Tübingen angekommen war, am ersten Abend in der Sakristei diese bunte Schar, versammelt zur Gebetsgemeinschaft.

Bei der Evangelisation geschah etwas Seltsames. Ich begann an einem Abend den Vortrag mit dem Bericht über ein Gespräch, das ich gerade an diesem Tag mit einem Tübinger Bürger gehabt hatte. Der sagte zu mir, als ich ihn zu den Versammlungen einlud: „Das ist nichts für mich. Ich bin ein Mensch, der mit beiden Beinen auf dem Boden steht!" Darauf erwiderte ich ihm erregt: „Auf welchem Boden stehen Sie denn!? Merken Sie denn nicht, daß der Boden unter uns wankt?"

Kaum hatte ich das erzählt, da fing der Boden tatsächlich an zu wanken. Es geschah ein kleines Erdbeben, das immerhin so stark war, daß die Lichtleitungen versagten. Es wurde stockdunkel.

Ich bekam einen Schrecken. Die alte Stiftskirche war überfüllt. In allen Gängen standen Menschen. Sogar auf der Kanzeltreppe saßen sie. Wie, wenn jetzt ein Stein aus dem Gewölbe sich löste! Oder wenn eine Panik entstand!

Es schien mir das Beste, wenn ich einfach weitersprach. So redete ich in das Dunkel. Und die Menschen regten sich nicht. Sie empfanden dies Erdbeben wie eine Bestätigung meiner Worte. Es war so still, daß mich der Gedanke überfiel: „Sie sind alle leise weggegangen."

Aber dann kam aus der Sakristei ein Zug von jungen Leuten mit Kerzen. Sie verteilten sich still durch die Kirche. Der bekannte Stiftsmesner Weber hatte schnell reagiert und für diese wundervolle Beleuchtung gesorgt. Es war wie eine kultische Handlung, als der stille Zug der Lichtträger durch die Kirche zog.

Aber bei all dem war Karl Heim nicht dabei. Er war damals schon todkrank. So durfte ich ihn nun eines Tages besuchen.

Er saß, sehr bleich und abgezehrt, in seinem Sessel, eingehüllt in warme Decken. Mit Erschütterung sah ich in das edle Gesicht und brachte schließlich nur heraus: „Herr Professor! Es bewegt mich bis in die Tiefen meines Herzens, daß ich meinem verehrten Lehrer gegenübersitzen darf." Heim lächelte und erwiderte: „Und mich bewegt es ebenso tief, daß mir mein Schüler gegenübersitzt, dessen Weg ich im Geist verfolgt habe durch die Arbeiterbezirke des Ruhrgebiets."

Und dann berichtete er mir: „Jeden Abend um 20 Uhr, wenn Sie auf die Kanzel steigen, dreht meine Frau hier das Licht ab. Und dann bete ich in der Dunkelheit und Stille für Sie und die Versammlung."

Der Herr Kirchenpfleger
und wie die Heuhaufen weggetan wurden

Ein gutes, breites, bäuerliches Gesicht; schneeweiße Haare; ein dichter, gestutzter Schnurrbart, der einem englischen Lord gut anstünde; schwarzer Anzug und schwarze Krawatte – so zeigt ihn die Photographie. Die tief gefurchte Stirn und der grübelnde Ausdruck der Augen lassen erkennen, daß der Mann zu jenen Württembergern gehört, die als Schüler der geistlichen Schwabenväter Bengel, Oetinger, Fricker, Johannes Kullen und anderer nicht nur um ihr bäuerliches Anwesen besorgt sind, sondern die auch das Heil ihrer Seele mit Ernst suchen und die über der Bibel oder bei den stillen Gängen hinter dem Pflug den großen Gedanken Gottes nachgehen.

Jedesmal, wenn ich das Bild ansehe, taucht ein kleines Jugenderlebnis in mir auf, an dem dieser Mann kaum beteiligt ist.

Ein heißer Sommermittag brütet über dem Albdorf Hülben. Wir sitzen in der alten Schulstube. Es riecht nach Fußbodenöl und Menschen. Draußen gackert ab und zu ein aufgeregtes Huhn. Neben mir drängt sich in den engen Bänken eine Schar Vettern, die wie ich etwa 10 Jahre alt sind und hier bei Verwandten die Ferien verbringen.

Die Schulstube ist gedrängt voll mit Frauen und Männern. Vorn an einem Tisch sitzen einige ältere Brüder. Da ist der gewaltige alte Schill mit seiner mächtigen Nase und dem langen Patriarchenbart. Neben ihm, klein, bescheiden und geheiligt, der Gottlieb Schwarz, den ich glühend verehre. Und noch manche andre – Bauern, Handwerker und Fabrikarbeiter.

Man ist zu einer jener schwäbischen „Stunden" versammelt, wie man sie in vielen württembergischen Dörfern und Städ-

21

ten findet. Es sind Privat-Erbauungs-Versammlungen, in denen man tiefer in Gottes Wort eindringen will und sich Kraft und Trost für den Alltag holt.

Der Leiter setzt sich umständlich die Brille auf die Nase, schlägt ein schwarzes Buch auf und beginnt das Lied, das jetzt gesungen werden soll, vorzusagen.

Der Rektor Kullen stimmt an. Und nun schallt eins der Lieder, die nicht im Gesangbuch stehen, durch die offenen Fenster in den stillen Nachmittag.

Ich erinnere mich, wie an jenem Nachmittag mich auf einmal ein heißes Glücksgefühl überkam. Ferien! Die Schule, die mir immer Angst machte, weit weg! Hier in diesem Kreis fühlte ich eine wunderbare Geborgenheit. Ich denke, der Junge empfand unbewußt etwas von dem friedevollen Wesen des Heiligen Geistes, der in der Gemeinde Jesu Christi regiert.

Und es war gut, den Brüdern zuzuhören, von denen einer nach dem andern das Wort zu dem vorgelesenen Text ergriff. Langweilig war es nicht, wenn sie in breitem schwäbischen Dialekt oft ernst, oft auch fröhlich und immer originell von Gottes Heilstaten, von seiner guten Führung oder von den Erfahrungen mit ihrem Heiland sprachen.

Vieles aus diesen Stunden hat sich mir unverlierbar eingeprägt. Da sprach man an einem Sonntag über das Wort Jesu: „Es kann niemand zu mir kommen, es ziehe ihn denn der Vater." Ein Bruder schilderte, wie er als junger Mann Gott habe weglaufen wollen. Aber dann fing der himmlische Vater an, durch den Heiligen Geist zum Sohne zu ziehen. „Des war en Zug!" sagte er. „Do konnt i net widerschtehe, so mächtig war der Zug. O, der starke Zug!" Und nun wandte er sich an seinen Nachbarn: „Gelt, Jakob, du hoscht de Zug au g'schpürt!" Der nickte kräftig: „Jo, i han en au g'schpürt."

Ich war ein Junge und verstand nicht viel von dem, wovon sie sprachen. Aber ich begriff: Es ist etwas Großes, wenn Gott selber sein Werk in einem Menschenherzen beginnt. Und es kam die Zeit, wo auch ich „de Zug schpürte".

Wie schön war es, wenn in den Sommerferien, die wir als Kinder immer im großelterlichen Schulhaus in Hülben verbringen durften, der Vater verkündete: „Morgen ist Monatsstunde in Würtingen. Wer will mitwandern?" Da schrie alles: „Ich! Ich!" Zu den „Monatsstunden" kommt man von vielen Dörfern und Städtlein zusammen.

Diese herrlichen Sommermorgen! Durch die Buchenwälder ging's hinunter ins Tal nach Urach. Köstlich der Gang durch das liebe alte Städtchen mit dem rauschenden Marktbrunnen und den alten Giebelhäusern!

Da stand dann wohl der Wirt vom „Grünen Baum" vor der Tür und rief meinem Vater zu: „So früh schon auf den Beinen?" „Ja", antwortete der Vater. „Wir gehen zur Monatsstund' nach Würtingen! Und vorher" – und dabei zeigte er lachend auf seine mächtige Gestalt – „will ich mir den Speck ablaufen." Darauf erwiderte der Wirt gemütlich: „O, Herr Pfarrer, des veschperet Se nochher alles wieder hi!" („Das frühstücken Sie alles wieder hin!")

Von Urach ging's wieder hinauf auf die Höhen. Das letzte Stück, ein heißer Feldweg, wurde uns Kindern oft sauer.

Aber in Würtingen wartete man schon auf Mittagsgäste. Gastfreundschaft gehört zum schwäbischen Gemeinschaftswesen. Bald saßen wir in einer niedrigen Bauernstube, aßen Nudelsuppe und Rindfleisch. Und dann ging's in die kühle Kirche oder in einen Schulsaal zur „Stund'".

Ich erinnere mich ganz besonders an eine dieser Monatsstunden: Nach tagelangem Regen war dieser Samstag strahlend schön aufgegangen. Das war für viele der bäuerlichen Brüder eine starke Versuchung, jetzt lieber „ins Heu" zu gehen, statt zur Monatsstunde zu wandern. Doch das geistliche Verlangen und die Liebe zu den Brüdern zogen stärker.

Als nun aber die „Stund'" begann, spürte man eine gewisse Zerstreutheit. Die Bauern waren im Geist bei ihrem Heu.

So stand der Leiter, ein alter Bauer, auf und sagte lächelnd: „O Brüder! Tut doch eure Heuhaufen jetzt weg, daß es Platz gibt für den Heiland!"

Da lachten sie, weil sie sich erkannt sahen, und „taten die Heuhaufen weg". Es wurde eine gesegnete Stund'. Und die Woche darauf war es so strahlend schön, daß alle Sorgen weggeblasen wurden.

Als junger Student bin ich, sooft ich konnte, von Tübingen aus zu solchen Gemeinschaftsstunden auf die Alb gefahren oder gewandert und lernte dabei, daß es unter den schwäbischen Gemeinschaften mancherlei Strömungen gibt: Da sind die „Hahner", die gern aus den Büchern des tiefsinnigen Bauern Michael Hahn vorlesen. Da sind die „Liebenzeller", die mehr ein Gewächs der Gegenwart sind und sich in der Form der industrialisierten Welt anpassen. In Hülben waren es die „Alt-Pietisten", bei denen ich heute noch meine geistliche Heimat habe.

Und wenn ich – verständiger geworden – den Brüdern zuhörte, ging mir auf, daß hier etwas ganz Großes geschieht: Hier sprechen Nicht-Theologen über Gottes Wort. Hier sind nicht – wie so oft in den Kirchen! – ein Amtsträger und ein Predigtpublikum, hier wird wirklich lebendige Gemeinde sichtbar. Und hier erfährt man, wie Nachfolge Jesu im alltäglichen Leben einfacher Menschen aussieht. In diese feierlichen Versammlungen schaute zu allen Fenstern der Alltag herein.

Ich erinnere mich deutlich an die Stunde, als ich – ein junger Student – zum erstenmal vom Leiter aufgerufen wurde: „Kommet Se au nach vorn! Sie müsset au e Wörtle sage!" Keine Ehre der Welt hätte mich so erregen können wie dieser Augenblick, wo die Brüder mich als vollwertig in ihren Kreis aufnahmen.

Eine Wand von Bildern könnte ich füllen, wenn ich all die „Brüder", die ich liebgewonnen habe, hier zeigen wollte. Nun hängt für sie alle das Bild vom Kirchenpfleger Franz Schwenkel in meinem Studierzimmer. Er wurde immer mehr eine geistliche „Säule" in der Hülbener Stunde und darüber hinaus.

Sein Bauernhaus mit dem Misthaufen an der Straßenseite lag dem großelterlichen Schulhaus gegenüber. So lernte ich ihn gut kennen. Und er wurde mir ein lieber Freund. Ich habe ihn gesehen, wenn er mit seinem Kuhwagen aufs Feld fuhr oder wenn er sein Vieh fütterte. Und ich sah ihn, wenn er im schwarzen Sonntagsanzug zur Kirche oder zur Stunde ging.

An ihm wird ein besondrer Zug des schwäbischen Alt-Pietismus deutlich: Daß man sich treu zur Kirche hält, ob der Pfarrer nun die „Stunden" gern sieht oder ob sie ihm ein Ärgernis sind. Die Stundenleute gehen zur Kirche, und der Pfarrer darf wissen, daß da betende Männer und Frauen unter seiner Kanzel sitzen. Der Franz Schwenkel war jahrelang Kirchenpfleger. In Norddeutschland nennt man dies Amt „Kirchmeister". Treu hat er seiner Kirche gedient.

Wenn ich sein Bild ansehe, meine ich, wieder den Geruch der Schulstube zu riechen und den schönen Gesang der Jesus-Lieder zu hören. Und dann ist mir, als müßte jetzt der „Franz" den Mund auftun, um von den lieblichen und schweren Erfahrungen mit seinem Heiland zu reden.

Wilhelm Steinhausen
und ein Traum war aus

Neben dem elterlichen Pfarrhaus in Frankfurt lag ein großer eingezäunter Bauplatz, auf dem eine Kirche erbaut werden sollte, wenn der Saal für die Lukasgemeinde nicht mehr genügte.

Dieser „Kirchplatz" war jahrelang der Privat-Spielplatz der acht Busch-Kinder.

Hier wurden Hütten gebaut aus alten Lumpen und Brettern. Hier konnte man sich austoben in wilden Spielen. In der Mitte erhob sich sogar ein Hügel von etwa zwei Meter Höhe. Dieser „Berg" wurde bald zum Mount Everest ernannt, der bekanntlich der höchste Berg der Erde ist. Ein andermal war er der „Spionskop", um den die deutschen Schutztruppen damals während des Herero-Aufstandes in der Kolonie Süd-West-Afrika kämpften.

Aber eines Tages war es mit der Herrlichkeit zu Ende. Im Jahre 1911 – ich war gerade 14 Jahre alt geworden – wurde mit dem Bau der Lukaskirche begonnen. Doch wir wurden für den Verlust unseres Spielplatzes reich entschädigt. Denn viel Interessantes gab es jetzt zu sehen und zu erleben.

Damals lebte in Frankfurt eine Amerikanerin, die eine große Verehrung für Steinhausens Kunst hatte: Rose Livingstone. Die ließ verlauten, sie wolle aus ihrem bedeutenden Vermögen eine Kapelle errichten und durch Steinhausen ausmalen lassen. Mein Vater hörte davon und legte ihr nahe, sie möge doch die Lukaskirche für jene Kapelle nehmen. Rose Livingstone ging darauf ein. Steinhausen nahm den Auftrag an. Und damit trat der bedeutende Maler in unser Leben.

Wie oft sah ich nun die patriarchalische Erscheinung mit dem langen, weißen Bart auf unser Haus zukommen, um irgend etwas mit meinem Vater zu besprechen. Seltsam erschien es mir, daß meist auch meine Mutter herbeigerufen wurde. Ja, oft führte sie allein das Gespräch mit dem Künstler.

Erst später habe ich richtig begriffen, was diese Besuche bedeuteten. Wenn der Alte sich in die Ecke des roten Sofas sinken ließ, manchmal wie ausgepumpt und müde, dann bat er meist nur: „Sagen Sie mir etwas!" Der gewaltige biblische Stoff seiner Bilder überwältigte ihn immer wieder. Er kam sich dann vor wie einer, der eine unmögliche Wanderung durch unbekanntes Gebiet angetreten hat; wie ein Verdurstender oder wie ein Hungernder nach einer inneren Wegweisung oder auch nur Anregung.

Manchmal hat ihm meine Mutter dann nur noch einmal die biblische Geschichte erzählt oder erklärt, an der er gerade arbeitete. Oder er sprach mit meinem Vater über Kirche, Gemeinde, Volk und was ihn gerade bewegte und umtrieb.

Dann konnte es geschehen, daß er auf einmal wie neubelebt aufsprang und davonging. Er hatte etwas gefunden, was später in den Bildern herrlichen Ausdruck fand.

Wie gesagt – richtig habe ich das erst später verstanden. Für den 15jährigen Jungen war das Ganze oft etwas geheimnisvoll.

Mir ist von jenen Besuchen nur ein etwas lustiges Erlebnis in der Erinnerung geblieben: Im Gespräch mit den Eltern hatte der Künstler einige neue Gedanken bekommen und wollte sich schnell Notizen machen. Stolz zog er einen Füllfederhalter – damals noch eine seltene Sache – hervor und erklärte dabei, dieses wertvolle Instrument habe er vor kurzem geschenkt bekommen. Er schraubte die Kappe ab – und schon waren seine Finger mit Tinte verschmiert. Ärgerlich über diese Hemmung bei der großen Inspiration warf er einfach den Halter in den Papierkorb und murmelte einiges Verblüffende über „technischen Kram" und „neumodisches Zeug" in seinen bewundernswerten Bart.

Ich hatte still in einer Ecke gesessen und getan, als sei ich vertieft in ein Buch. In Wirklichkeit hatte ich die Ohren ge-

27

spitzt, um etwas von den geheimnisvollen Gesprächen mit-
zubekommen.

Aber als das Wertstück nun in den Papierkorb flog und
Steinhausen bestürzt seine Tintenfinger anstarrte, war es um
meine Fassung geschehen. Ich lachte laut heraus, der Maler
lachte mit – und damit trat einmal auch meine unbedeutende
Gegenwart ins Blickfeld des verehrten Mannes – was ich so
sehr ersehnte.

Es entstand ein reger Verkehr zwischen Steinhausen und uns.
Bei allen Familienfesten gehörte der Künstler bald zu den
ständigen Gästen. Aus dem Verkehr wurde ein gegenseitiges
Nehmen und Geben. Fein spricht davon ein Brief Wilhelm
Steinhausens an meinen Vater:

„Sehr lieber Herr Pfarrer!
Ich bin in einer Schuld, wenn ich daran denke, daß ich für
so viele Dinge zu danken haben, aber es ist wohl nicht anders.
Da, wo wir wahrhaft verpflichtet sind, bleiben wir in solcher Lage. Ich denke, ich will es auch bleiben, da es ja mit
der großen Liebe zusammenhängt. Sie haben mir meine Aufgabe leicht und schwer gemacht, aber ich will davon nicht
reden, was ich hätte tun sollen. Es bleibt für mich eine große Freude und ein tiefer Ernst, einer Verpflichtung nachzugehen und sie zu verfolgen, und wenn es nicht zu Ende kommen kann, so sei es für mich keine Schuld. Es ist mir eine große Sehnsucht, die mich zu Ende meines Lebens verfolgt und
mahnt und mir ja auch den großen Wunsch gegeben hat.
Der bleibt ja bis ans Ende und auch der Dank für Sie, der
ihn weckt.
Nun bleibe es so wie eine Gabe, die nie verlischt.
Behalten Sie in Erinnerung, der gern manches gewollt und
vieles beklagt.
                              In Verehrung W. Steinhausen"

Inzwischen wurde die Lukaskirche fertig. Im Oktober 1913
wurde sie eingeweiht. Das war ein Freudentag für Vater. In
dieser Kirche hat er gelehrt, gepredigt und von Christus ge-
zeugt, bis sie ihn aus dieser Kirche hinaustrugen zur ewigen
Ruhe.

Im letzten Kriege wurde die Lukaskirche mit den herrlichen Bildern bei einem Fliegerangriff zerstört. „Etwas Edles ging zugrund", sagt C. F. Meyer einmal in dem Gedicht über die „Bilderstürmer". So muß man im Blick auf die Lukaskirche und ihre Bilder auch klagen.

Für mich, den heranwachsenden Jungen, war die Begegnung mit dem großen Maler, der nie genug gewürdigt wurde, bestimmend. Die Verbindung mit ihm riß nach der Vollendung der Kirche nicht ab. Denn als die Kirche längst in Gebrauch war, malte er weiter an dem Auftrag. Er malte nicht auf die Wände, sondern auf riesige Leinwandstücke, die in seinem Atelier aufgespannt waren.

Die Stadt Frankfurt, damals eine große Förderin der Kunst, hatte hinter dem berühmten Städelmuseum einige Ateliers gebaut, die namhaften Künstlern zur Verfügung gestellt wurden. Wie oft bin ich durch diese Maler- und Bildhauer-Werkstätten gestrichen! Bei den jüngeren Künstlern war man wie zu Hause. Ich sah den Bildhauern zu, wie sie aus einem Marmorblock oder einem ungefügen Stein allmählich das Bild herausholten, das sie schon vorher darin sahen. In Steinhausens Werkstatt allerdings wagte ich mich selten. Ich hatte eine unbegrenzte Ehrfurcht vor diesem Manne.

Damals entstand in mir der Wunsch, mein ganzes Leben der Kunst zu weihen. Weil ich aber bald entdeckte, daß mir zur Ausübung alles fehlte, wollte ich später Kunstgeschichte studieren. Ich dachte es mir herrlich, ganz und gar in dieser Welt der bildenden Kunst aufzugehen.

Da wir doch am Plaudern sind, ist hier vielleicht der Platz zu berichten, wie mir dieser Lebensplan zerschlagen wurde: Es war im Ersten Weltkrieg. 1915 war ich als junger Kriegsfreiwilliger in das Heer eingetreten. Begeistert war ich bei der „berittenen Artillerie".

Daß der Krieg eine fragwürdige – ja ungöttliche – Sache sei, dieser Gedanke kam mir auch nicht von ferne. Mit Leib und Seele lebte ich in der militärischen Welt. Leider auch in der völlig ungöttlichen Atmosphäre. Das Christentum, das ich von zu Hause mitgebracht hatte, ging in Fetzen davon. Und

29

als ich mit 19 Jahren in einem aktiven Regiment Offizier wurde, war mein Stolz ungeheuer. Da gab's keine Hemmungen mehr. Man lebte an der Grenze des Todes nach der Regel: „Laßt uns essen und trinken; denn morgen sind wir tot."

Aber dann kam die Stunde, da Gott in mein Leben eingriff. Neben mir starb ein Kamerad. Und plötzlich fiel die Frage über mich her: „Wo ist der jetzt?" Ich brauchte keinen Pfarrer, um zu wissen: „Der steht jetzt vor Gott!"

Die Frage bohrte weiter: „Wie? Wenn es mich getroffen hätte?! Dann stünde ich jetzt vor Gott! Ich! Der alle Gebote Gottes mit Füßen getreten hat!"

Jetzt fielen die Schrecken der Hölle auf mich. Alles war vergessen, was ich je vom Evangelium gehört hatte. Wer konnte mir raten?

Als wir in Ruhe-Stellung kamen, suchte ich unsern Militärpfarrer auf und fragte ihn: „Was muß ich tun, damit ich nicht in die Hölle komme?" Der arme Mann war von der Frage völlig verwirrt und stammelte nur: „Herr Leutnant! Machen Sie sich doch keine Skrupel! Wer für das Vaterland stirbt, stirbt wohl! Zuerst wollen wir nur den einen einzigen Gedanken haben: daß wir siegen müssen!" „Sie wissen es auch nicht!" erklärte ich bitter und ging ohne Gruß davon.

Ein Vierteljahr lang quälte mich eine entsetzliche Unruhe. Eines Tages – wir waren wieder einmal hinter der Front – räumte ich meinen Koffer auf, der bei der Bagage blieb. Am nächsten Tag sollte es wieder an die Front gehen. Dabei fiel mir eine Bibel in die Hand, die meine Mutter mir beim letzten Urlaub in den Koffer gesteckt hatte. Auf dem ersten Blatt stand in der mir so teuren Handschrift: „Meinem lieben Sohn!" Und dann der Spruch: „Dein Wort ist meines Fußes Leuchte und ein Licht auf meinem Wege." Hier mußte „Licht" für mich sein!

Ich blätterte in dem Buch. Und mein Blick fiel auf das Wort: „Des Menschen Sohn ist gekommen, selig zu machen, das verloren ist." Das schlug ein wie ein Blitz: Verloren war ich!

Selig werden wollte ich! Jesus also war der rechte Helfer für mich!

Ich übergab mich ihm.

Das war nun die große Wendung in meinem Leben. Ich habe damals erlebt, wie der lebendige Herr Jesus selbst seine Schafe sucht und ruft. Und heute weiß ich auch, daß meine Eltern in jener Zeit nicht nur um meine Bewahrung im Kriege, sondern vor allem um meine ewige Errettung gebetet haben. Solche Gebete werden erhört. Solche Gebete sind wie ein Gummiseil, das man weit ausziehen kann und das doch festhält.

Immer klarer wurde mir von da an: Du mußt Pfarrer werden und jungen Menschen sagen, wie sie selig werden können. Dieser Wunsch ist mir erfüllt worden. Ich wurde Jugendpfarrer und hatte es meist mit jungen Männern zu tun. Und wenn ich je in Versuchung kam, „moderne Wege" zu gehen und „Allotria" zu treiben, dann mußte ich immer denken: „Vielleicht sitzt jetzt ein junger Mann unter deiner Kanzel, der so um seine ewige Errettung besorgt ist wie du damals. Den darfst du nicht enttäuschen. Du mußt ihm den Weg zu Jesus zeigen."

So ging ich also der Kunstgeschichte verloren.

Aber nun zurück zu Wilhelm Steinhausen.

Wir alle haben etwas davon mitbekommen, wie sehr dieser große Künstler rang um die Frage: „Kann man denn Jesus darstellen?" In den Aufzeichnungen „Aus meinem Leben" schreibt er:

„Und so stehen wir wieder vor der bangen Frage: Dürfen wir in dies Antlitz schauen, um es zu malen? Es ist, als wenn uns immer Schranken aufhalten. Ach, von seinem Wesen kann die Kunst nur weniges enthüllen.

> Was wir davon denken,
> was wir sagen können,
> ist ein Schatten nur zu nennen.

Halbblinde sind wir, wir Künstler. Und es scheint, wir *müssen* es sein, damit uns eine Möglichkeit bleibt, etwas von ihm zu sehen und zu gestalten. Allein dies Etwas tröstet uns – und schon dieses Etwas mag vielen eine Gabe sein. Und alle die Meisterwerke der Kunst sind nur solche *Brocken*, dargereicht nach dem Verlangen der Zeit in verschiedener Gestalt.

Schauer der Ewigkeit! Ja, das ist's, von dem wir berührt werden müssen, wollen wir der Kunst einen Raum gönnen in der Sphäre des Christlichen. Hier auf dieser Erde wird sie immer in dem Bann des Todes bleiben. Und angesichts des Bildes Christi wird sie nur ahnend und hoffend ihre Blicke aufheben, wie von einem Berge, sterbend nur das gelobte Land sehen.

Das Kreuz ist aufgerichtet, und der Auferstandene spricht noch heute zu uns – und dem wirft alle Kunst ihren Schmuck zu Füßen.

Alle Kunst ist erwartungsvoll. Auch die *Malerei* ist eine *Kunst vor der Tür.*

In der Vollendung, im Reich der ewigen Seligkeit kennt man die Kunst nicht mehr. Da ist alles Licht, Wahrheit. Wir brauchen den Trost des Scheins nicht mehr."

Und zu seinem Bild „Anklopfender Christus" schrieb er seinen Freunden:

„Was werden wir sehen, wenn die Tür aufgeht? Kommt er, dessen Augen Feuerflammen, so als ein Spähender und Horchender zu uns? Oh, meine Freunde, verzeiht mir, wenn ich ihm eine andere Gestalt gab. Ich weiß, wenn wir das erste Kapitel der Offenbarung des Johannes lesen, dann steht er anders vor uns. Wir können seinen Anblick nicht ertragen; und keine Kunst vermag ihm eine irdische Form zu geben. Aber dann spricht er; wir wollen seine Stimme hören – und dann vergessen wir das Bild."

Als ich älter wurde, bekam ich doch ein persönliches Verhältnis zu dem verehrten Manne. Ja, ich wurde – es war aufregend für mich – in sein Haus in der Wolfgangstraße eingeladen. Da veranstalteten seine Töchter ein Weinlese-Fest. An der Hauswand rankte sich ein Weinstock empor, an dem auch einige Trauben hingen. Die wurden nun mit viel Umstand gepflückt und ins Haus getragen. Dort wurden uns dann auf einmal riesige Schalen mit Trauben vorgesetzt. Wir waren verblüfft: Solchen Reichtum hatte man doch gar nicht geerntet! Bis es all den vielen, vielen Gästen aufging, daß man Trauben ebensogut im Laden kaufen kann. Ja, unsere Freunde waren auch Künstler im Feiern!

Als verlobter junger Mann habe ich Steinhausen zum letztenmal gesehen. Ich wollte gern, daß meine Braut ihn kennenlernte. Obwohl er schon sehr krank war, empfing er uns. Der edle Kopf lag auf dem Kissen seines Bettes, und die herrlichen blauen Augen strahlten uns an. Aber es war erschütternd: Er konnte nicht mehr mit uns reden. Und dann hat er doch gesprochen. Mit den Augen winkte er. Wir drehten uns um. Da sah man durch die offene Tür auf die Wand des Nebenzimmers. Hier war früher einmal das Kinderzimmer der Familie Steinhausen gewesen. Und an diese Wand hatte er ein Bild gemalt: Man sieht den Himmelsgarten. Der Herr Jesus geht durch die blühenden Blumen, an der Hand liebliche Kinder. Ich wußte: Dies Bild hatte der Künstler seiner Frau gemalt, als der Tod in seine Kinderschar eingekehrt war. Dorthin winkten seine Augen. Und wir verstanden: Er stand am Tor der Ewigkeit. Und er wußte um das Ziel, das der Dichter Paul Gerhardt so wundervoll geschildert hat:

> „Du aber, meine Freude,
> Du meines Lebens Licht,
> Du ziehst mich, wenn ich scheide,
> Hin vor dein Angesicht
> Ins Haus der ewgen Wonne,
> Da ich stets freudenvoll
> Gleich als die helle Sonne
> Nebst andern leuchten soll."

Er hat mir viel bedeutet, der große Künstler. Und darum hängt sein Bild gleich zweimal in meinem Zimmer. Das eine Bild ist der Nachdruck einer Zeichnung, die er mit seiner Unterschrift versehen hat. Mit ganz sparsamen Strichen hat er sich selbst dargestellt. Der Bart und die Haare, die seitwärts den kahlen Kopf umgeben, sind nur angedeutet. Aber die Augen! Mit einem nachdenklichen Ernst schauen sie den Betrachter an. So, als wenn sie fragen wollten: „Verstehst du denn, was meine Bilder sagen wollen? Oder rufe ich ins Leere?"

Das andre Bild ist ein Druck nach einem Selbstbildnis in Farben. Man sieht das kluge, nachdenkliche Gesicht vor dem Hintergrund eines blauen Sees und einiger flacher Bergzüge. Es kann der Bodensee sein. Aber ich weiß genau: Es ist der See Genezareth. So hat er diese Gestade, an denen Jesus gewandelt ist, manchmal dargestellt.

Steinhausen hat den Untergang seines riesigen Werks in der Lukaskirche nicht mehr miterlebt. Im Jahre 1924 legte er Kohle, Zeichenstift und Pinsel für immer aus der Hand.

Wenige Zeit später kam ich in das Haus in der Wolfgangstraße. Die Tochter Rose führte mich in das Arbeitszimmer des geliebten Meisters. Da stand auf einer Staffelei ein fast vollendetes Bild: Eine Kohlezeichnung zu dem Wort der Bibel „Das zerstoßene Rohr wird er nicht zerbrechen, und den glimmenden Docht wird er nicht auslöschen" (Matth. 12, 20): Eine kahle Stube! Durch das breite Fenster sieht man, wie draußen ein wilder Sturm den Himmel verdunkelt und die Bäume zerbricht. In dem Zimmer ist ein Mann zusammengesunken. Den Kopf hat er in den Händen vergraben. Eine verlöschende Lampe und ein zerbrochener Rohrstab führen den Betrachter zu dem Bibelwort und deuten an, wie es um diesen Menschen bestellt ist. Die Stürme des Lebens und der inneren Anfechtungen sind zu groß.

Aber hinter diesen Mann ist Jesus getreten. In einer unbeschreiblichen Bewegung beugt er sich über den Verzweifelten und legt ihm die Hand ganz leise auf die Schulter. Ein ergreifendes Bild, das nur einer entwerfen konnte, der selbst um tödliche Anfechtungen wußte.

Einige Jahre später saß ich – es war während des Hitler-Reichs – in einer schrecklichen Gefängniszelle. Hier erlebte ich einen jener verzweifelten Tage, wie ihn nur hoffnungslos Gefangene kennen.

Da wurden die eisernen Riegel zurückgeschoben. Und zu meinem Erstaunen brachte mir der Wärter einen großen Brief.

Weil ich damals keine Post ausgeliefert bekam, war das ein rechtes Wunder. Ich machte den Umschlag auf – und heraus fiel eine kleine, vorzügliche Reproduktion jenes Bildes vom „verlöschenden Docht". Rose Steinhausen hatte – wohl in einer Ahnung, wie es um mich bestellt war – das Bild abgesandt. Daß es mir ausgeliefert wurde, gehört zu den besonderen Freundlichkeiten Gottes, der auch Herr ist über die Herzen harter Menschen.

Ich kaute ein wenig von dem matschigen Brot. Und damit konnte ich das Bildchen an der glatten Zellenwand befestigen. Das aber kann ich nicht aussagen, wie sehr der alte, längst heimgegangene Meister mich getröstet hat, als er mir sagte, daß Jesus zu den zerbrochenen Herzen kommt.

Jetzt hängt dies Bild neben meinem Bett – und spricht wie alle Bilder Steinhausens. Vielmehr – es geschieht, was der Künstler seinen Freunden schrieb:

„Aber dann spricht er; wir wollen seine Stimme hören – und dann vergessen wir das Bild."

Wilhelm von Oranien
und wie die „Schwarze Galeere" einen
Jungen gefangennahm

Der Holländer schaut sich in meinem Studierzimmer um: „Ich sehe da den *Norweger* Hauge und die *Schweizer* Jeremias Gotthelf, Alfred Zeller, Lavater und andre. Da ist ein *Däne,* der große Sören Kierkegaard. Da ist der *Amerikaner* John Mott. Und da hängen die Bilder der *Engländer* Spurgeon, George Williams und Wesley. Dort drüben sehe ich den *Österreicher* Peter Rosegger und hier den *Franzosen* Admiral Coligny. Von all denen haben Sie uns erzählt. Aber – wo ist denn ein *Holländer?* Haben Sie denn gar nichts übrig für die Holländer?"

Der Mann muß lange auf Antwort warten. Denn seine Frage erschüttert mich. „Nichts übrig für die Holländer?" Darum geht's ja nicht. Tatsache ist, daß seit dem letzten Krieg, seitdem deutsche Soldaten in Holland einfielen, seitdem Menschen meines Volks in Holland entsetzliche Dinge verübten –, daß seitdem viele, viele Fäden zwischen uns und den Holländern zerrissen sind. Wohl strömen die Touristen in langen Autoschlangen über die Grenzen nach Holland hinein. Aber die wirklichen, menschlichen Verbindungen! Ich bin seit dem Kriege nie mehr in Holland gewesen.

„Nichts für die Holländer übrig?" Viele schöne Bilder ziehen an meinem geistigen Auge vorbei: Bibelfreizeiten mit holländischen und deutschen jungen Männern! Herrliche Tage am Strand von Scheveningen! Vorträge in dem alten Rotterdam, das dann von deutschen Bomben zerstört wurde! Tobender, herrlicher Sturm bei Hoek van Holland! Wundervolle Sommertage in Amsterdam! Und tiefe Eindrücke im Reichs-Museum mit Rembrandts „Nachtwache"!

Bilder über Bilder! „Nichts für Holland übrig?" O, ich liebe und bewundre das Land, das so bezaubernde Landschaftsbilder hat, das von der frommen Königin Wilhelmina regiert wurde, das so tapfer dem Meer abgerungen wurde und das so hart für die politische und die Gewissensfreiheit gekämpft hat...

Noch einmal fragt drängend mein holländischer Freund: „Warum haben Sie denn keinen Holländer in Ihrem Zimmer?"

„Ich hätte gern", antworte ich ihm, „ein Bild von Wilhelm von Oranien. Aber ich habe es bisher nicht bekommen können."

Mein Freund staunt: „Wilhelm von Oranien? Wie kommen Sie denn gerade auf den?"

Und nun erzähle ich ihm:

„Schon als Junge begann ich, mich für den niederländischen Freiheitskampf zu interessieren. Ich bekam als 14jähriger ein kleines Büchlein in die Hand: ‚Die schwarze Galeere' von Wilhelm Raabe. Sie kennen die Erzählung nicht? Schade! Sie spielt im Jahre 1599 und berichtet von dem Kampf der Niederländer gegen die Spanier um ihre religiöse und politische Freiheit.

Wie hat mich Raabes Erzählung mitgerissen! Packend schildert er, wie die ‚Schwarze Galeere' von Antwerpen ausfährt bei dunkler Nacht, mitten durch die spanischen Forts hindurch die Schelde hinab in das freie Meer. Und während die Spanier verzweifelt schießen, klingt's von dem schwarzen Schiff aus rauhen Kehlen: ‚Wilhelmus von Nassauen / Bin ich von deutschem Blut, / Dem Vaterland getreue / Bleib ich bis in den Tod. / Ein Prinze von Oranien / Bin ich frei unversehrt... Mein Schild und mein Vertrauen / Bist du, mein Gott, mein Herr...'

Und in die spanischen Trommeln am Ufer hinein und in die Sturmglocken klingt es von dem Schiff: ‚...die Tyrannei vertreiben, / Die mir mein Herz verwundt...'"

Der Holländer lächelt: „Ich wundre mich, daß Sie so kriegerisch sind."

„Nein! Lieber Freund! Darum geht's nicht. Ich bin überzeugt, daß der Krieg als politisches Mittel überholt ist. Ich wollte nur erzählen, wie ich als Junge schon auf den niederländischen Freiheitskampf aufmerksam wurde. Je länger, je mehr aber hat mich die Gestalt des Prinzen von Oranien gepackt."

Ich vergesse nicht jenen lieblichen Sommertag, als ich bei Dillenburg im Dilltal unter den Resten der Burg stand, wo an einem Turm das Wappen der Oranier zu sehen ist mit dem Wahlspruch: „Saevis tranquillus in undis" (Ruhig auch in den wilden Wogen). Von hier zog der 12jährige Prinz aus, um sein Erbe, die nassauischen Besitzungen in den Niederlanden, anzutreten. Die Niederlande gehörten damals der spanischen Krone.

Der Knabe entwickelte sich bald zu einem gewandten Welt- und Hofmann, der in seinem luxuriösen Schloß in Breda der Mittelpunkt eines reichen gesellschaftlichen Lebens wurde. Kaiser Karl V. liebte ihn sehr. Als er im Oktober 1555 den niederländischen Würdenträgern in Brüssel seine Abdankung bekanntgab, stützte er sich auf die Schulter des Oranier-Prinzen.

Nun wurde Philipp II. Herr Spaniens und der Niederlande. Unter ihm kam es bald zu Schwierigkeiten. Die Niederländer waren reformiert und hatten der Reformation Tür und Tor geöffnet. Philipp ließ durch die Inquisition die Evangelischen grauenvoll verfolgen. Das rief Aufstände hervor. Allmählich entstand ein Religionskrieg. Und aus dem wurde ein politischer Befreiungskampf.

Dieser Krieg entartete furchtbar. Mit schrecklicher Grausamkeit wurde schließlich gekämpft – durch Jahrzehnte.

Daß aus diesen schaurigen Wirren am Ende doch ein geordnetes Staatswesen und eine lebendige reformierte Kirche hervorgingen, erscheint wie ein Wunder. Ja, dieser Staat wurde ein Hort des Protestantismus in den Kämpfen der folgenden Zeit.

Dies ist das Verdienst Wilhelms von Oranien, welcher der politische Leiter und Feldherr der Aufständischen wurde. Sein ganzes Leben wurde so ein harter, oft erfolglos scheinender Kampf.

Was mich aber nun immer an ihm fesselte, war die innere Entwicklung dieses Mannes.

Da ist zuerst die politische: Aus einem treuen Vasallen des spanischen Königs wurde er Leiter eines demokratischen Staatswesens. Er wurde „Statthalter", der sich dem Parlament, den „Generalstaaten", unterstellte.

Da ist die innere Entwicklung: Im ernsten Elternhaus in Dillenburg wurde er im lutherischen Glauben erzogen. Mit 12 Jahren kam er in die Niederlande und wurde nun fast gewaltsam katholisch gemacht. Als die Religionskriege begannen und er immer mehr zum Feldherrn und Leiter der niederländischen Sache aufrückte, wurde er in allen Religionsfragen völlig gleichgültig. Ihm ging es um die Freiheit der Gewissen. Damit war er seiner Zeit weit voraus. Um der Gewissensfreiheit willen nahm er das Schwert in die Hand gegen den spanischen König Philipp und seine blutige Inquisition.

Aber dann kam eine neue Wendung: Er erkannte sein leichtsinniges früheres Leben und vieles andre als Schuld vor Gott. Mit Ernst verurteilte er sich selbst und wandte sich dem Evangelium zu. Nun wurde er ein ernster Christ. Und als ihn die Mörderkugel getroffen hatte und er im Sterben lag, antwortete er auf die Frage seiner Schwester, ob er sich in die Hände Jesu Christi gäbe, mit einem klaren, freudigen „Ja!".

Diese innere Entwicklung des Prinzen verlief also seltsamerweise genau in entgegengesetzter Richtung wie der Krieg, den er führen mußte:

Der niederländische Kampf sank aus einem geistlichen Widerstand herab zu schrecklichem politischen Blutvergießen. Der Prinz entwickelte sich aus einem geistlich unbekümmerten Höfling zu einem Mann, der durch tiefe Sündenerkenntnis ging und das Evangelium von der freien Gnade Gottes in Jesus fand. Immer mehr wurde der Wappenspruch seines Geschlechts sein eigenes Bekenntnis: „Saevis tranquillus in undis" (Ruhig auch in den wilden Wogen).

Wilhelm von Oranien war also ein Mann, dem auf allen Gebieten der Boden unter den Füßen zusammenbrach – ein

Mann, der durch alle Höllen gehen mußte – ein Mann, der nie seinen Aufgaben auswich, auch wenn alles hoffnungslos schien – ein Mann, der schließlich allen Trost und alles Leben in dem Herrn Jesus Christus fand!

Von all dem sprach ich mit meinem holländischen Freund. „Und darum", sagte ich, „möchte ich gern das Bild des Oraniers in meinem Zimmer haben."

„Ich werde Ihnen den Oranier besorgen", versprach er, als er sich von mir verabschiedete.

Bald nachher kam das Bild an. Und aus dem Begleitbrief erfuhr ich noch eine hübsche kleine Geschichte:

Mein Freund ging in Amsterdam in einen Laden und fragte nach einem Bild des Wilhelm von Oranien. Die Geschäftsfrau schaute ihn verwundert an: „Wozu wollen Sie das? Nach solch einem Bild fragt heute kaum mehr ein Mensch. Ich habe noch eins im Lager. Das will ich Ihnen geben. Aber – wozu?"

Da berichtete mein Freund von einem deutschen Pfarrer, den das Bild des Prinzen von Jugend auf beschäftigt hat und der die Niederländer liebt.

Aufmerksam hörte die Frau zu. Und dann gab sie ihm das Bild mit den Worten: „Dafür möchte ich jetzt kein Geld haben. Senden Sie es dem deutschen Pfarrer mit einem Gruß von mir als mein Geschenk."

Als ich das las, freute ich mich. Denn solch eine kleine Episode ist eben doch ein Brücklein, das über tiefe Gräben hinüber von Volk zu Volk gebaut wird.

D. Paul Humburg
und wie ein Sturm entfacht und ein anderer gestillt wurde

Da hängt in meinem Studierzimmer ein Bild von D. Paul Humburg.

Der darf in meiner Galerie nicht fehlen!

Das breitflächige Gesicht mit dem gestutzten Schnurrbart und den straff zurückgekämmten Haaren, mit den leuchtenden Augen und dem gütigen Blick macht einen vertrauenerweckenden Eindruck. Ja, so war's: Wenn man mit Paul Humburg zusammenkam, spürte man: Diesem Mann darf ich mein Herz ausschütten. Er wird mich verstehen und anhören, obwohl eine riesige Last von Verantwortung auf ihm liegt.

Humburg wurde 1878 in Köln-Mülheim geboren. Sein Elternhaus hat ihn entscheidend geprägt. Die Mutter stammte aus der Familie Siebel in Freudenberg. Wer die Erweckungsgeschichte des Siegerlandes kennt, weiß, welche Bedeutung der Ort Freudenberg und die Familie Siebel gehabt haben. Einer der Vorfahren Humburgs, der Gerbermeister Tillmann Siebel (✝ 1875) in Freudenberg, von dem die kräftigsten Anstöße zu der Erweckung ausgingen, wird uns von seinem Nachkommen D. Walter Alfred Siebel so geschildert:

„Tillmann Siebel war ein Pietist mit ausgesprochen reformierter Ausprägung, sowohl in der Auffassung der Heilslehre als auch in derjenigen der Kirche, ein Mann voll Glaubens und aggressiver Tatkraft, ein Missionar unter seinen toten Volksgenossen, der je länger, je mehr sein ganzes Leben der Ehre Gottes und der Ausbreitung seines Reiches weihte!"

Das könnte ebensogut eine Beschreibung Paul Humburgs sein.

Der Vater war durch das Zeugnis eines Schuhmachers zum lebendigen Glauben „herumgeholt" worden. Er brach seine Freundschaft mit den Honoratioren der Stadt ab und hielt sich zu den „Fienen", wie die Leute genannt wurden, die „mit Ernst Christen sein wollten".

Weil man in den Gottesdiensten der Kirche mit Menschenweisheit abgespeist wurde, hielten sich die Eltern Humburgs mit ihren Kindern „als Gäste" zur „Freien Gemeinde". In keiner Weise aber wurde Paul Humburg dadurch die Liebe zu seiner Kirche genommen. Er wußte sich für sie verantwortlich. Dagegen lernte er hier auch früh, nicht einfach blind hinzunehmen, was die Kirche ihm bot. So wurde schon der Präses der „Rheinischen Bekenntniskirche" im „Dritten Reich" vorgebildet, der den nazistischen Kirchenbehörden den Kampf ansagte und um die Wahrheit und Geltung des Wortes Gottes in der Kirche rang.

Dankbar blieb er immer für das, was er in der Freien Gemeinde empfing. Er sagte später einmal:

„Ich habe immer gefunden, daß, abgesehen von der freikirchlichen Tendenz, ich mich auch später noch mit der Theologie dieser Brüder aus den freien Gemeinden weithin einig fühlte. Was wir in unserer Jugend dort zu hören bekamen, war eigentlich nichts anderes als das, was Gottfried Daniel und Friedrich Wilhelm Krummacher und andere im Wuppertal verkündigt hatten und durch ihre Schriften in diese Gemeinschaften hineingetragen worden war."

„In der Familie Humburg herrschte die Weite mit den Beziehungen zur Rheinischen Mission, zur Brüdergemeine, zur belgischen Missionskirche bis hin zu den Waldensern. ‚Aus meiner frühesten Jugend stehen mir noch ganz dunkel die Gestalten vor Augen von Fritz von Schlümbach und dem ehrwürdigen Georg Müller aus Bristol.' Dieses Wort Paul Humburgs deutet die Weite und die Richtung an, in der sein Elternhaus lebte. Weite und Bestimmtheit hat Paul Humburg selbst mit seinem Wort gedeutet: ‚Uns Kindern wurde es von vornherein eingeprägt, daß unsere Heimat sein müßte bei denen, die den Herrn Jesus liebhaben.' Von seiner Mutter lernte Paul Humburg Tersteegens Wort und Haltung: ‚Des Heilands kranke Leute sind mir lieber als der Welt ihre gesunden.'" So schreibt Hermannus Obendiek.

Schon früh arbeitete der Geist Gottes an seinem Herzen. Als 14jähriger kam er eines Tages zu seiner Mutter, um „ihr ganz zaghaft zu sagen, ich glaubte, vom Heiland angenommen zu sein". Darauf kniete die Mutter mit dem Sohn nieder und betete so, wie es Paul Humburg nie wieder erlebt hat. Er sagte später von dieser Stunde: „Solch ein Gebet bindet einen jungen Mann an die Wirklichkeiten der ewigen Welt."

Als Prediger des Evangeliums wußte Humburg sich als Gesandter des ewigen Königs. Er berichtete einmal, daß der gesegnete Pfarrer Engels in Nümbrecht (dessen Bild auch in meinem Studierzimmer hängt) von einem jungen Pfarrer gesagt habe: „Der junge Bruder steht auf der Seite der Wahrheit. Aber ich spüre bei ihm nicht das Zeugnis des Heiligen Geistes." Das hat Humburg tief bewegt. Er wollte Zeuge sein. Und er wußte: Ein rechter Zeuge ist nur der, den Gott selbst dazu legitimiert. Wer das begriffen hat, bei dem wird es immer darum gehen, daß sein Leben und sein Zeugnis eins sind, gebildet und geprägt vom Geiste Gottes.

Humburg liebte sehr das Alte Testament. Hier kann allerdings nur der recht auslegen, der in der ganzen Heiligen Schrift das Wort des lebendigen Gottes hört. Wer von der Vernunft her die Heilige Schrift kritisieren und beurteilen will, wird niemals den Weg zum Alten Testament finden.

Humburg aber war bei aller Fülle der ihm gewordenen Aufgaben allezeit ein stiller Hörer vor dem Wort. Ich habe einmal seine Bibel gesehen. Wie war da mit Buntstiften vieles angestrichen! Wie war sie vollgeschrieben mit Anmerkungen! Eine Bibel, die gebraucht wurde!

Wie er das Alte Testament lebendig auslegte, habe ich bei meiner ersten Begegnung mit ihm erlebt.

Davon will ich nun berichten:

Ich hatte mein Zweites Theologisches Examen in Münster abgelegt und war als Hilfsprediger in einen Randbezirk Bielefelds geschickt worden.

Hier lebten fast nur Arbeiter, die bewußt Sozialdemokraten und Gewerkschaftler waren. Als kleiner Pastor mußte ich nun die bitteren Früchte ernten, die eine jahrzehntelange verkehrte Haltung der Kirche gesät hatte. Die Kirche hat nämlich sehr lange in ihrer unseligen Verquickung von „Thron und Altar" feindselig gegen die berechtigten Ansprüche der aufstrebenden Arbeiterwelt gestanden. Ich erinnere mich an ein Kindheitserlebnis: Mein Vater kam von einer Sitzung empört nach Hause und berichtete, man habe eine Verfügung bekommen, daß die Pfarrer bei einer Beerdigung die Teilnahme verweigern sollten, wenn an Kranzschleifen oder Fahnen die rote Farbe gezeigt würde. Mein Vater hat dieser Verfügung nie gehorcht.

Und wie hat es mich erschüttert, als ein Arbeiter mir erzählte, er sei aus einem kirchlichen Verein „rausgeschmissen" worden, weil er gewerkschaftlich organisiert war.

Nun, darüber ist inzwischen viel geschrieben und geredet worden. Es ist hier nicht meine Aufgabe, dies Thema weiter zu erörtern.

Nach 7 Tagen konnte ich in meinem Bezirk sehen, wie die Lage war: Die Arbeiter standen geschlossen gegen Pfarrer und Kirche.

Allerdings: Diese „gelernten" Arbeiter in meinem Bezirk waren schon ziemlich verbürgerlicht. Eine „gute Stube" fehlte in fast keiner Wohnung.

So traten sie bei aller Feindschaft nicht aus der Kirche aus. Auf eine kirchliche Beerdigung und auf die kirchliche Trauung, ja, sogar auf die Taufe der Kinder wollten sie nicht verzichten.

Trostlos war der Gottesdienstbesuch: Da saßen in dem kleinen Kirchsaal ein alter Mann, ein treues junges Mädchen und einige Frauen aus dem Frauenverein. Ja, der Frauenverein war das einzige, was an kirchlichem Leben vorhanden war. Aber er war auch mehr ein Unterhaltungsklub als eine geistliche Sache.

In diesem Bezirk nun schenkte es mir Gott, daß ich die Kraft des Evangeliums herrlich erfahren durfte.

Zuerst fing ich an damit, jeden Vormittag und Nachmittag von Haus zu Haus Besuche zu machen. Bald aber hörte ich, daß die Männer spotteten: „Der Pfaffe kommt nur zu unsern

Frauen, wenn die Männer nicht da sind!" Von da an verlegte ich meine Besuche auf den Abend. Da traf ich die Männer und kam mit ihnen ins Gespräch.

Ich habe damals zum erstenmal erlebt, wie die Menschen weithin das eigene Denken aufgegeben haben zugunsten von Denkschemata und Schlagworten. Es war ermüdend, immer und immer dieselben Phrasen zu hören von „Verelendung der Massen", von der „Schuld der Kirchen", die „die Waffen gesegnet haben" und „geschwiegen haben zu der Ausbeutung" oder „wie die Kirchgänger schlechter sind als alle anderen". Mein Herz schrie danach, endlich einmal ein eigenes, aus dem eigenen Denken oder aus dem Herzen entsprungenes Wort zu hören.

Der Ehrlichkeit halber muß ich hier einfügen, daß ich dasselbe später ebenso bei den sogenannten Gebildeten gefunden habe. Wenn die Schlagworte, mit denen sie den Ruf Gottes ablehnten, auch andere waren, sie waren doch genausowenig selbsterdacht wie bei den Bielefelder Arbeitern.

Ja, mit Schrecken entdeckte ich im Laufe der Zeit: Sogar die Theologen haben ihre festen und geprägten Sprachformeln.

Die Menschen kommen mir oft vor, als wenn man ihnen das Gehirn weggenommen und dafür Schallplatten in den Kopf gesetzt hätte, die nun auf bestimmte Stichworte hin ablaufen.

Am traurigsten empfinde ich diesen Tatbestand, wenn ich ihn bei gläubigen Christen treffe. Ich meine: Wer zum Glauben an Jesus kommt und nun mit seinem Herrn lebt, hat auch seinen eigenen, vom Erleben geprägten Wortschatz.

Aber kehren wir nach Bielefeld zurück!

Ganz allmählich brach Stein auf Stein aus der Mauer des Mißtrauens und der Ablehnung.

Der eigentliche Einbruch in meine Arbeitergemeinde geschah an einem aufregenden Abend. Die politische Jugendorganisation hatte mich zu einer Aussprache eingeladen. Der Saal war gedrängt voll mit prachtvollen jungen Menschen. Was uns verband, war der „Schillerkragen". Das heißt: Unser Lebensstil war geprägt von der Jugendbewegung. Wir jungen Menschen – ich war damals 25 Jahre alt – hatten ein gemeinsames Lebensgefühl gegen die „verkalkte Generation", die in den Weltkrieg geschliddert war.

Ich hielt zuerst ein kurzes Referat, in dem ich das Wort auslegte: „Ich bin gekommen, daß sie das Leben und volle Genüge haben sollen."

Dann folgte die Aussprache. Dabei wurden wir Jungen einfach überrumpelt von der alten Generation. Einige sture Funktionäre machten sich breit mit den abgedroschenen Phrasen einer vergangenen Zeit.

Schließlich unterbrach ich: „Auf diesem Niveau möchte ich nicht weitermachen!"

Ein alter Funktionär sprang auf: „Seht ihr? Hört ihr? ‚Niveau' sagt er! Wir sind Arbeiter! Wir verstehen die Fremdworte nicht! Wie kann solch ein Mann uns etwas zu sagen haben!" Da war's aus! Man sang noch: „Die Gedanken sind frei!/Wer kann sie erraten?..." Nun, meine Gedanken konnte jeder erraten, wie ich an den lachenden Gesichtern erkannte. Ich hatte eine scheußliche Niederlage erlebt.

Was mich dabei quälte, war die Tatsache, daß meine Niederlage ja eine Niederlage Gottes war. Ich hatte versagt. Und nun war der Name Gottes erst recht verunehrt. Ich hätte heulen mögen, während ich mitsang: „Es bleibet dabei: / Die Gedanken sind frei!"

Und dann strömte alles zum Ausgang. Auf der Treppe, die zum Tor hinunterführte, hörte ich, wie hinter mir ein Mädel sagte: „Eigentlich haben wir Jungen uns nicht sehr glorreich benommen!"

Ich drehte mich um: „Ja! Das ist richtig! Ihr laßt euch ja gängeln von den alten Funktionären mit Phrasen, die ihr selbst nicht mehr glaubt!"

Sofort entstand ein Gespräch. Wir blieben stehen. Andere drängten sich herzu. Und als wir eine Viertelstunde diskutiert hatten, meinte einer: „Warum gehen wir nicht noch mal hinauf in den Saal. Jetzt wird's ja erst richtig interessant!" Bald saßen wir wieder oben – nur ohne die alten Funktionäre. Die waren siegesbewußt nach Hause geeilt.

Und nun fingen diese jugendbewegten Menschen an, ihre wirklichen Fragen auf den Tisch zu legen. Man sprach, wie einem „der Schnabel gewachsen war". Manchmal lachte alles lauthals. Und dann wieder waren alle ernst und still.

Schließlich sagte ich ihnen: „Ich kann euch auf viele Fragen keine Antwort geben. Aber ich will euch zeigen, was ich in Jesus gefunden habe!"

Es war wundervoll, wie sie zuhörten! Das Evangelium vom Erlöser und Heiland der Sünder hat große Gewalt über die Herzen!

Mit diesem Abend war ein Einbruch geschehen, der nicht mehr aufzuhalten war.

Die jungen Männer gründeten einen CVJM. Der Name war wirklich zu hochtrabend für die etwa 20 Mitglieder. Aber mit dieser Gründung waren wir hineingekommen in die große Jugendorganisation des „Westdeutschen Jungmännerbundes", der sich aus einzelnen Kreisverbindungen zusammensetzt. Wir gehörten zur Bielefelder Kreisverbindung.

Das allerdings ergab bald Schwierigkeiten. Denn hier war auch die ältere Generation sehr aktiv. Nie habe ich so stark den Generations-Unterschied empfunden wie damals. Ich erinnere mich, wie in einer Kreisversammlung einer meiner jungen Männer etwas gegen die „reaktionäre Kirche" gesagt hatte. Da sprang ein lieber alter Pfarrer auf und rief mit markiger Stimme: „Ich bekenne, daß ich deutschnational und schwarz-weiß-rot bin bis auf die Knochen."

Das regte die jugendbewegten, aus der sozialistischen Jugend kommenden Burschen auf. Sie hatten das Revolutionäre im Evangelium begriffen. Sie hatten auch verstanden, daß die Gemeinde Jesu eine Bewegung und nicht eine starre Institution ist.

So gab es Krach. Die Jungen verlangten, Sitz und Stimme im Vorstand zu bekommen. Die Alten sprachen von „frechen, unreifen Burschen".

Schließlich holte man in seiner Bedrängnis eines Tages den Bundeswart des „Westdeutschen Jungmännerbundes", D. Paul Humburg. Er sollte schlichten.

Diesen Abend werde ich nie vergessen. In großer, sicher ungeistlicher Erregung stellten wir uns ein. Und dann prallten die Meinungen aufeinander. Humburg hörte gesammelt zu. Erst am Ende ergriff er das Wort.

Er sagte mit seiner eindringlichen Stimme – wir sprachen von Humburgs „Herztönen" –: „Jetzt wollen wir auf Gottes Wort hören!" Und dann las er aus dem 2. Könige-Buch die Geschichte, wie eine Mutter zu dem Propheten Elisa kommt und ihm klagt, der ihr verheißene Sohn sei gestorben. Der Prophet gibt seinem jungen Diener Gehasi seinen Stab und weist ihn an, zu dem Toten zu gehen und den Stab auf sein Gesicht zu legen. Der Gehasi tut das. Aber der Knabe wird nicht lebendig. Erst durch das Gebet Elisas wird er vom Tode erweckt.

Dann ließ Humburg die Bibel sinken und sagte nachdrücklich: „Da war also ein junger Mann, der auch ‚mal ran wollte'. Er hatte einen großen Eifer. Aber – der Tote wurde nicht lebendig!"

An der Geschichte Gehasis zeigte er, wie dieser nicht lauter vor Gott stand.

Es war totenstill im Saal, als Humburg uns nun deutlich machte: Es geht nicht um Alte und Junge, sondern darum, ob wir lauter vor Gott stehen, ob der Herr Jesus uns wirklich in sein Sterben hineingenommen hat, daß die fleischliche Art in Buße und Glauben an das Kreuz genagelt wird.

Ob Alte oder Junge – es kommt darauf an, daß durch unsern Dienst die Sünder und Selbstgerechten erweckt werden vom geistlichen Tod.

Nach dieser Rede brauchte nichts mehr gesagt zu werden. Alte und Junge waren vor Gottes Angesicht gestellt und offenbar geworden als Leute, die viel Wind machen, aber nicht lauter, nicht geheiligt, nicht genug gereinigt sind.

Von diesem Tage an wurde es anders in der Kreisverbindung. Man hörte aufeinander. Die Alten hörten auf die berechtigten Fragen der Jungen. Und die Jungen sahen, daß die Alten wohl aus einer andern Zeit stammten, aber daß ihr Herz für Jesus brannte.

Das war Humburg!

Wie haben wir ihn geliebt und verehrt!

Jahrzehnte hindurch war er Bundeswart des Westdeutschen Jungmännerbundes. Als ihm die Reisetätigkeit zuviel wurde, übernahm er im Jahre 1929 das Gemeinde-Pfarramt der reformierten Gemeinde Barmen-Gemarke im Wuppertal.

Lange allerdings war es ihm nicht beschieden, still in einer Parochie zu dienen. Es kam das Jahr 1933 mit der Machtergreifung Hitlers. Und nun brach die schreckliche Bewegung der „Deutschen Christen" in die Kirche ein. Es begann der sogenannte „Kirchenkampf". Humburg trat bald als einer der führenden Männer der „Bekennenden Kirche" hervor. Nicht aus Liebe zur Kirchenpolitik, sondern – wie er oft sagte – „um Jesu willen". Die Bekenntnis-Synode im Rheinland wählte ihn zu ihrem Präses.

Es ist nicht auszusagen, was es für die „Bekenntnis-Kirche" in ihrem harten Kampf bedeutete, daß sie einen solch geistlichgesinnten Leiter hatte. Vom Jahre 1934 an war er auch Mitglied der „Vorläufigen Leitung der Deutschen Evangelischen Kirche".

Für seine klare Haltung ist ein Wort bezeichnend, das er oft ausgesprochen hat: „Wenn es nicht um den Herrn Jesus geht, wollen wir es lassen!"

Ungeheure Last und Verantwortung wurden auf seine Seele gelegt. Es bedrückte ihn, wenn Glieder der „Bekenntnis-Kirche" ins Gefängnis kamen. Er mußte die Ausbildung der jungen Theologen nach dem ersten Examen in die Hand der Bekenntnis-Kirche legen. Damit brachte er diese jungen Menschen in große Gefahr. Unvergeßlich ist eine Zweite Theologische Prüfung, die plötzlich unterbrochen werden mußte, weil die „Geheime Staatspolizei" erschien. Die Prüfung wurde an einem andern Ort fortgesetzt. Noch ein zweites Mal mußten Prüfer und Geprüfte – ach, alle waren ja „Geprüfte"! – fliehen.

Außerdem mußten ungeheure Summen aufgebracht werden, weil die offizielle Kirche in der Hand der Irrlehrer war und das Gehalt für Bekenntnis-Pfarrer verweigerte. Dabei wurden Kollekten immer wieder beschlagnahmt und verboten.

Im Glauben an den Herrn der wahren Kirche schlug sich Humburg durch all die Nöte hindurch. Es war ihm vor allem darum zu tun, daß die Gemeinden wirklich begriffen, um was es ging. Dafür ist eine kurze Rede typisch, die er vor 20 000 Menschen in der Westfalen-Halle hielt. Er sagte:

„Oberhalb des Rheinfalles von Schaffhausen waren zwei Männer mit ihrem Boot umgekippt und trieben hilferufend im Strom. Es wurde ihnen vom Ufer ein Rettungsseil zugeworfen. Der eine der beiden ergriff das Rettungsseil und wurde ans Land gezogen. Der andere klammerte sich in seiner Verwirrung und Todesangst an das Boot und trieb mit ihm in den Tod. Beide haben etwas ergriffen. Beide haben in den Stunden der höchsten Gefahr auf etwas ihr Vertrauen gesetzt. Beide haben an etwas geglaubt. Nur der eine ergriff das Richtige, der andere das Falsche. Es kommt nicht darauf an, daß man überhaupt etwas erfaßt als seine Rettung in der Not des Todes, sondern daß wir das Richtige ergreifen. So auch im Blick auf unser ewiges Heil. Es gilt, die Wahrheit Gottes im Glauben zu erfassen, denn ‚das ist das ewige Leben, daß sie dich, der du allein wahrer Gott bist, und den du gesandt hast, Jesum Christum, erkennen‘ (Joh. 17, 3)."

Er schloß diesen Vortrag mit dem Bekenntnis:

„Wir setzen unsere Kraft und unser Leben dafür ein, daß die Botschaft unter uns rein und lauter erhalten bleibt: Er ist für alle gestorben."

Humburg hat in seinem Leben viel Not zu tragen gehabt. Als er dies einmal einer alten Christin klagte, erklärte diese ihm: „Wenn der Pastor in der Presse ist, so hat die Gemeinde das Öl davon." Das haben wir erlebt. Er wurde ein Seelsorger von Gottes Gnaden, sowohl in seiner Verkündigung als auch im persönlichen Gespräch. Auch meine Frau durfte das einmal erfahren.

Ich saß im Gefängnis in Essen. Und es schien wenig Aussicht zu bestehen, daß ich bald wieder freigelassen würde. Das war eine große Not für meine Frau. Und für die Kinder auch, die von ihren Schulfreunden merkwürdig angesehen wurden, weil ihr Vater im Gefängnis war.

Und dann kam eines Tages D. Humburg, um die Pfarrfrau zu besuchen. Es erschien unglaublich, daß der vielgeplagte Mann sich so um einzelne Menschen kümmerte. Er freute sich, daß die Frau von ganzem Herzen hinter ihrem Mann stand, die Not tapfer trug und nicht klagte.

Beim Abschied sagte Humburg ihr ein Bibelwort. Ein Wort, auf das kein anderer gekommen wäre. Es war nur das eine Sätzlein aus dem 23. Psalm: „Du schenkest mir voll ein."

Meine Frau berichtete mir später, wie in diesem Augenblick ihr der ganze Reichtum, den wir in Jesus Christus haben, geschenkt worden sei. Und davor seien die Nöte ganz klein geworden.

Ich habe Humburg einst bei einer Beerdigung eines Mitarbeiters erlebt. Da sagte er nur leise: „Bruder! Wir haben dich liebgehabt!"

So möchte ich jetzt über sein Grab hin sagen: „Bruder Humburg! Wir haben dich liebgehabt!"

Johann Gottfried Herder und wie das bunte Leben einen aus dem „Musenhof" vertrieb

Eigentlich gehörte ich in die Nassauische Kirche. Dort hatte ich mein Erstes Theologisches Examen abgelegt. Anschließend verlebte ich wundervolle Sommertage auf dem Herborner Schloß, wo das Prediger-Seminar untergebracht war. Wir waren nur ein kleiner Kreis von Seminaristen, lauter Kriegsteilnehmer, und hatten nur den Wunsch, nach den harten Zeiten des Ersten Weltkriegs und nach einem intensiven Studium ein wenig Ruhe zu haben. Herrliche Wanderungen durch den Westerwald! Köstliche Gemeinschaft im Kreise der Freunde!

Aber das dauerte nicht lange. Eines Tages kam ich in mein Elternhaus nach Frankfurt. Dort erzählte mir mein Vater eine aufregende Neuigkeit: Der westfälische Generalsuperintendent Zöllner habe ihm auf einer Sitzung gesagt, er suche ein Team von jungen Theologen zum Einsatz in Industriestädten.

Das lockte mich. Und in jugendlicher Überheblichkeit schrieb ich an die westfälische Kirchenleitung, ich sei bereit, meine Kraft zur Verfügung zu stellen, wenn die Westfälische Kirche mich sofort zum Zweiten Examen zuließe.

Die Kirchenleitung ging darauf ein. Ich kündigte in Nassau und setzte mich in meinem Elternhaus hinter meine Examensarbeit über „Die griechischen Einflüsse in der Theologie des 19. Jahrhunderts".

Gerade als ich damit fertig war, kam von Münster eine bestürzende Nachricht. Man teilte mir etwa folgendes mit: Ich hätte durch die Zwischensemester, die für Kriegsteilnehmer an den Universitäten eingerichtet wurden, schon sehr viel Zeit eingespart. Wenn ich nun die Prediger-Seminar-Zeit auch noch verkürzte, dann ginge das zu weit. Kurz, ich müsse noch ein halbes Jahr Lehrvikar werden in Gellershagen bei Schildesche.

Das paßte mir zuerst gar nicht. Aber dann wurde es doch zum Segen für mich. Denn hier fand ich die beste aller lieben Frauen. Was wäre wohl ohne sie aus mir geworden!

Erst nach diesem halben Jahr durfte ich dann mein Zweites Examen in Münster ablegen. Diese Prüfung wurde geradezu ein Fest. Denn für mich stand im Mittelpunkt ein Gespräch mit Zöllner über die Bedeutung der „Werke" im Römer- und Jakobus-Brief. Paulus betont im Römer-Brief, daß Abraham „ohne des Gesetzes Werke" allein durch den Glauben vor Gott gerecht geworden sei. Jakobus aber sagt: „Ist nicht Abraham, unser Vater, durch die Werke gerecht geworden?" Zöllner fragte mich, widersprach meiner Antwort, die andern Herren der Prüfungskommission griffen ein. Es wurde ein munteres Gespräch. Das Ende war, daß ich recht gut zensiert wurde.

Und nun schickte man mich als Hilfsprediger in einen östlichen Randbezirk von Bielefeld, in die Petri-Gemeinde.

Mitten im Bezirk lag eine kleine provisorische Kirche. Über dem Kirchsaal war meine Wohnung.

Wenn ein Mensch der heutigen Wohlstandsgesellschaft unsere damalige Wohnung besucht hätte, würde er wohl die Nase gerümpft haben. Da stand als bestes Möbelstück ein kleines Schränkchen, das wir für 60 Millionen Mark gekauft hatten. Als wir es aufstellten, hätte es gewiß schon 200 Millionen gekostet. So war es in der damaligen Zeit der Inflation und Geldentwertung bestellt. Statt Küchenmöbel hatten wir nur Kisten, die mit bunten, billigen Vorhängen versehen waren. Einen Tisch hatte ich geerbt. Und außer den billigen Stühlen gab es merkwürdig gebrechliche Korbmöbel. Das Glanzstück allerdings war ein Klavier, das wir mit freundlicher Hilfe anderer erstanden hatten.

Es ging schon recht armselig zu in der kleinen Wohnung. Aber wir waren unendlich glücklich. Und es ging mir nach dem Wort des Matthias Claudius: „Ein Mann muß sich freuen, wenn er nur von ferne den Giebel seines Hauses sieht."

Zum schönsten aber gehörte die Freundschaft mit dem alten Amtsbruder Kortmann. Es ist nicht auszusagen, wieviel Gutes er und seine Frau mir getan haben.

Als ich noch Junggeselle war, durfte ich Gast sein bei allen Mahlzeiten in dem lieben Pfarrhaus. Und als ich dann heiratete und als das erste Kind ankam, nahmen die lieben Kortmanns so rührend Anteil, daß mir beim Drandenken das Herz warm wird.

Kortmann war ein fröhlicher Mensch von großer Originalität. Ich vergesse nicht die Tischrede, die er bei meiner Hochzeit hielt. Da sagte er etwa so: „Gott hat gesagt: ‚Ich will dem Manne eine Gehilfin geben, die um ihn sei.' Also nicht eine Frau, die *neben* ihm steht wie eine Nebensache. Auch nicht eine Sklavin, die *unter* ihm steht. Auch nicht eine Herrin, die *über* ihm den Pantoffel schwingt. Sondern eine ‚Gehilfin, die *um* ihn ist'. Um ihn herum: ‚Väterchen, wie kann ich dir helfen? Was kann ich dir Gutes tun? Was möchtest du jetzt?'"

Während er das sagte, strahlte ihm die Freude an seiner eigenen Ehe aus allen Knopflöchern.

Es war eine paradiesisch schöne Zeit: die junge Ehe, das erste Kind, das geistliche Erwachen in dem Bezirk, die wachsenden Gottesdienste! Und ein Amtsbruder, der nicht ein einziges Mal dem jungen Mann in die Parade fuhr, sondern der sich über alles von Herzen mitfreute!

Nun, seit dem Sündenfall sind wir aus dem Paradiese vertrieben. Und darum gab es auch damals dunkle Stunden.

Da war die schreckliche Geldinflation. Täglich sank der Wert des Geldes. Eine Summe, für die man an einem Tag ein Mittagessen bekam, reichte am nächsten Tag schon nicht mehr, um nur ein Brötchen zu kaufen. Geschäftsleute tauschten „Sachwerte". Und wer einen Schrebergarten hatte, war gut dran. Aber da ich nur auf mein Gehalt angewiesen war, dessen Wert einem wie ein Schneeball in der Hand zerschmolz, habe ich mit meiner jungen Frau durch rechte Armut gehen müssen.

Kurz vor meiner Hochzeit hatte ein alter Onkel mich gewarnt: Ich sei nur Hilfsprediger und damit noch nicht pensionsberechtigt. Es sei doch sehr leichtfertig, unter so unsicheren Verhältnissen zu heiraten. Und dann sei da die Inflation. Vielleicht sei die Kirche bald nicht mehr imstande, die Gehälter auszuzahlen. Was dann wohl aus meiner Frau und mir werden sollte?!

Er redete recht besorgt und vernünftig.

Als er mit seiner gutgemeinten Rede fertig war, erwiderte ich ihm: „Ich habe gerade in meiner Bibel gelesen, wie der Prophet Elia in einer Hungerzeit so merkwürdig ernährt wurde. Der Herr, sein Gott, sagte zu ihm: ‚Ich habe den Raben geboten, daß sie dich daselbst versorgen sollen . . .' Und dann wird berichtet: ‚Die Raben brachten ihm Brot und Fleisch des Morgens und des Abends.'"

Darauf wurde der liebe, alte Onkel böse: „Ach, das sind doch alte Geschichten! Heute fliegen solche Raben nicht mehr!"

Doch ich war anderer Meinung: „Ja, das ist nun wirklich eine interessante Frage, ob die Raben heute noch fliegen wie zu Elias' Zeiten oder ob solche Dinge nicht mehr geschehen. Ich darf dir sagen: Ich bin ganz gewiß, daß sie noch immer fliegen!" – – –

Und nun war also für uns junge Leute die Situation so geworden, daß man hungern mußte. Da standen wir mit unserm wertlosen Geld in der Hand und wußten nicht, wovon wir leben sollten. Nun mußte es sich zeigen, „ob die Raben noch fliegen".

Und sie flogen! Das heißt: Diese Raben waren nicht schwarz. Und sie kamen nicht geflogen, sondern schritten auf ihren zwei Beinen daher. Es waren die Frauen unserer Arbeiter, die mir anfangs so feindlich begegnet waren. Denen ging es jetzt verhältnismäßig gut. Sie hatten Gärten, in denen sie Gemüse zogen. Und sie bekamen in der Fabrik jeden Tag den Lohn ausbezahlt, wenn das Geld noch einigermaßen kaufkräftig war.

Sie hatten mir viel geredet von der „Verelendung der Massen". Aber als sie nun entdeckten, daß der einzige Arme im

Bezirk der junge Pfarrer war, schickten sie ihre Frauen mit den „Früchten ihres Feldes". Die einen brachten Bohnen, die andern einen Kürbis. Es rollte auf einmal so viel Hilfe auf mich zu, daß ich dem alten Onkel fröhlich sagen konnte: „Die Raben fliegen noch immer. Der himmlische Vater hat uns nicht im Stich gelassen."

Es ist klar, daß solche Ereignisse den jungen Pfarrer und seine Gemeinde in neuer und besonderer Weise verbanden. Und wenn es auch nicht gerade üppig zuging, so sind wir doch jedenfalls nicht verhungert, was man daran ersehen kann, daß ich Jahre später noch diese „Plaudereien" veröffentlichen kann.

Eine wirklich dunkle Zeit gab es, als eine Kriegsverletzung im Rücken sich meldete. Ich wurde ganz gelähmt und mußte mit meiner jungen Frau nach Bad Oeynhausen übersiedeln, wo die starken Bäder mich wieder zurechtbrachten, daß ich, wenn auch zuerst nur auf Krücken, wieder laufen lernte.

Wir wußten von einem Tag zum andern nicht, wie wir bei der Geldentwertung durchkommen sollten. Wenn ich mein Gehalt bekam, war das Geld wertlos. Da hat mein rührender Schwiegervater, der Rektor von Gellershagen, jeden Tag den Weg zur Stadt gemacht und auf dem Bielefelder Gemeindeamt mitgerechnet. Dadurch bekam er mein Gehalt in die Hand und konnte es uns so rechtzeitig senden, daß meine Frau vor Mittag, ehe der neue Kurs bekanntgemacht wurde, zum Bäcker und Fleischer rennen konnte, um an- oder abzubezahlen.

Derweilen saß ich im Kurpark in meinem Fahrstuhl und beneidete jeden, der richtig laufen konnte.

Aber was sind diese Schatten gegen die Lieblichkeit jener zwei Jahre im Petri-Bezirk!

Jetzt mag der Leser vielleicht fragen: „Was in aller Welt hat dieses Erleben zu tun mit dem Namen, der über diesem Kapitel steht?" Darauf komme ich jetzt: Auf meinem Arbeitsplatz lag ein Packen Blätter mit Notizen über Johann Gottfried Herder. Und auf dem entliehenen Schreibtisch stand die sechzigbändige Herder-Ausgabe, die die J. G. Cotta'sche Buchhandlung in den Jahren 1829/30 herausgebracht hatte. Kurz, ich hatte die Absicht, eine Doktorarbeit über Herder zu schreiben. Mit einem Professor in Münster hatte ich mich über ein Thema geeinigt. Ich wollte der Frage nachgehen, ob Herder über die Schönheit der alttestamentlichen Sprache zu einem geistlichen Verständnis des Alten Testaments vorgedrungen sei. Davon war ich überzeugt. Aber das wollte ich nun aufzeigen und nachweisen. Dazu mußten zuerst die sechzig Bände – welch ein fruchtbarer Schriftsteller war Herder! – durchgelesen werden.

Als mein Bruder Kortmann von dieser Arbeit erfuhr, erschien er eines Tages mit einem wunderbaren Geschenk. Er überreichte mir ein prächtig gerahmtes, großes Bild. Das hängt nun an der Wand meines Studierzimmers.

Das Bild ist ein wertvoller Kupferstich, der das bedeutende Gesicht Herders recht herausbringt: die gerade, kühne Nase, die leicht hervortretenden Augen, der etwas mißmutig nach unten verzogene Mund, die reichen Locken, die auf den Kragen fallen. Der enge schwarze Rock wird belebt durch das zierliche Spitzenjabot, das nach der Sitte der Zeit dort prangte, wo heute die Männer ihre Krawatten tragen. Die Hand ist lässig auf ein Buch gestützt.

Ich war auf Herder, den Freund Goethes, gestoßen, weil ich mich als Schüler stark mit Goethe und seiner Zeit beschäftigte. In Frankfurt, wo ja Goethes Elternhaus stand, begegnen einem überall Erinnerungen an den großen Geist. Meine Freunde lachen, wenn ich stolz sage: „Mein großer Landsmann Goethe!" – – –

Als Goethe am 7. November 1775 zum erstenmal nach Weimar kam, fand er dort einen Kreis erlauchter Geister um den Herzog Karl August und um seine Mutter, die Herzogin Amalie, versammelt. Der Goethebiograph Bielschowsky spricht von einem „Musenhof". Er sagt von dem Herzog: „Es war ein arges Mißverhältnis, daß dieser große Fürst über ein Ländchen gesetzt war, das mit seinen 1900 Quadratkilometern seinem Tatendrang nur ein winziges Feld zur

57

Entfaltung gewährte. Und doch führte gerade diese Beschränkung zum Segen. Denn indem sein Tatendrang sich im Materiellen und Greifbaren nicht ausleben konnte, mußte er um so stärker auf geistigem Gebiet sich zur Entfaltung zu bringen suchen ..."

In diesen Kreis, in dem der Dichter Wieland, der Märchensammler Musäus und Frau von Stein hervorragten, trat Goethe ein. Und hier blieb er, nachdem der Herzog ihm ein Regierungsamt gegeben hatte.

Schon bald sorgte Goethe dafür, daß auch Herder nach Weimar kam.

Wer war Herder?

Er lebte von 1744 – 1803. Er war Theologe. Zuerst hatte er das Amt eines Predigers in Riga inne, dann wurde er Hofprediger in Bückeburg, und von 1776 an war er auf Goethes Betreiben Generalsuperintendent in Weimar.

In „Dichtung und Wahrheit" erzählt Goethe sehr anschaulich, wie er im September 1770 als junger Student in Straßburg seine ersten Begegnungen mit Herder hatte:

„Das bedeutendste Ereignis ... war die Bekanntschaft und die daran sich knüpfende nähere Verbindung mit Herder. Er hatte den Prinzen von Holstein-Eutin ... auf Reisen begleitet und war mit ihm bis Straßburg gekommen. Unsere Sozietät ... trug ein großes Verlangen, sich ihm zu nähern, und mir begegnete dies Glück zuerst ganz unvermutet und zufällig. Ich war nämlich in den ‚Gasthof zum Geist' gegangen, ich weiß nicht, welchen bedeutenden Fremden aufzusuchen. Gleich unten an der Treppe fand ich einen Mann, der eben auch hinaufzusteigen im Begriff war, und den ich für einen Geistlichen halten konnte. Sein gepudertes Haar war in eine runde Locke aufgesteckt, das schwarze Kleid bezeichnete ihn gleichfalls, mehr noch aber ein langer schwarzer seidner Mantel, dessen Ende er zusammengenommen und in die Tasche gesteckt hatte. Dieses einigermaßen auffallende, aber doch im ganzen galante und gefällige Wesen, wovon ich schon hatte sprechen hören, ließ mich keineswegs zweifeln, daß er der berühmte Ankömmling sei, und meine Anrede mußte ihn sogleich überzeugen, daß ich ihn kenne. Er fragte nach meinem Namen, der ihm von keiner Bedeutung sein konnte; allein meine Offenheit schien ihm zu gefallen, indem er sie mit großer Freundlichkeit erwiderte und, als wir die Treppe hinaufstiegen, sich sogleich zu einer lebhaften Mitteilung bereitfinden ließ ...

Beim Scheiden bat ich mir die Erlaubnis aus, ihn bei sich zu sehen, die er mir denn auch freundlich genug erteilte. Ich versäumte nicht, mich dieser Vergünstigung wiederholt zu bedienen und ward immer mehr von ihm angezogen ...

Es währte jedoch nicht lange, als der abstoßende Puls seines Wesens eintrat und mich in nicht geringes Mißbehagen versetzte. Ich erzählte ihm mancherlei von meinen Jugendbeschäftigungen und Liebhabereien ...; allein er war anderer Meinung, verwarf nicht allein dieses ganze Interesse, sondern wußte es mir auch lächerlich zu machen, ja beinahe zu verleiden.

Von diesem seinem Widerspruchsgeiste sollte ich noch gar manches ausstehen ...

Die ganze Zeit der Kur besuchte ich Herder morgens und abends; ich blieb auch wohl ganze Tage bei ihm und gewöhnte mich in kurzem um so mehr an sein Schelten und Tadeln, als ich seine schönen und großen Eigenschaften, seine ausgebreiteten Kenntnisse, seine tiefen Einsichten täglich mehr schätzen lernte.

Die Einwirkung dieses gutmütigen Polterers war groß und bedeutend. Er hatte fünf Jahre mehr als ich, welches in jüngeren Tagen schon einen großen Unterschied macht; und da ich ihn für das anerkannte, was er war, da ich dasjenige zu schätzen suchte, was er schon geleistet hatte, so mußte er eine große Superiorität über mich gewinnen."

So fing die Freundschaft an, die man eigentlich nicht recht „Freundschaft" nennen kann, im Grunde haben Herder und Goethe sich immer aneinander gerieben, obwohl sie nie voneinander loskamen.

Herder hat bewundernde Worte über Goethe gesagt. So schrieb er, als er schon in Weimar war – also nicht im Über-

59

schwang einer ersten Bekanntschaft –: „Er hat einen klaren, universalen Verstand, das wahrste und innigste Gefühl, die größte Reinheit des Herzens."

Aber kurz vorher sagt er in einem Brief: „Goethe ist wirklich ein guter Mensch, aber etwas spatzenmäßig." Und ein andermal: „Goethe ist meistens ein junger, übermütiger Lord mit entsetzlich scharrenden Hahnenfüßen."

Als Goethe ihm seinen „Götz von Berlichingen" zusandte, schickte Herder das Werk mit absprechenden Urteilen zurück. Zugleich aber schrieb er in einem Brief an seine Braut: „Wenn Sie den Götz lesen, werden auch Sie einige himmlische Freudenstunden haben. Es ist ungemein viel deutsche Tiefe, Stärke und Wahrheit darin."

Goethe rächte sich für die mancherlei Unfreundlichkeiten Herders, indem er in seiner Lebensbeschreibung „Dichtung und Wahrheit" recht ausführlich von Herders unleidlicher Art sprach. Er erzählt da zum Beispiel:

„Er eilte jedoch, sobald als möglich von Straßburg wegzukommen, und weil sein bisheriger Aufenthalt so kostbar als unangenehm gewesen, erborgte ich eine Summe Geldes für ihn, die er auf einen bestimmten Termin zu erstatten versprach. Die Zeit verstrich, ohne daß das Geld ankam. Mein Gläubiger mahnte mich zwar nicht, aber ich war doch mehrere Wochen in Verlegenheit. Endlich kam Brief und Geld, und auch hier verleugnete er sich nicht; denn anstatt eines Dankes, einer Entschuldigung enthielt sein Schreiben lauter spöttliche Dinge in Knüttelversen, die einen andern irre oder gar abwendig gemacht hätten; mich aber rührte das nicht weiter, da ich von seinem Wert einen so großen und mächtigen Begriff gefaßt hatte."

Allerdings – man spürt auch in diesem Bericht Goethes Verehrung für Herder.

Zu einem unheilvollen Zerwürfnis kam es dann in Weimar wegen einer lächerlichen Bagatelle. Der Bruch wurde nicht mehr recht geheilt.

Trotzdem bleibt Goethes Verehrung auch jetzt bestehen. Aus dem Jahre 1825 – also lange nach Herders Tod – berichtet Eckermann von einem Gespräch mit Goethe: „Der großen Kultur der mittleren Stände ward darauf gedacht, die sich seit den letzten fünfzig Jahren über Deutschland verbreitet, und Goethe schrieb das Verdienst hierum weniger Lessing zu, als Herder."

Es ist unter den Gelehrten keine Einigkeit darüber, warum zwischen diesen beiden Männern, die sich doch so sehr anzogen, immer Spannungen herrschten. Die einen schreiben es Herders etwas schwieriger Charakter-Anlage zu. Die andern sind der Ansicht, daß Goethe dies Bild vom „schwierigen Herder" erst geschaffen habe. Da heißt es in einer Literatur-Geschichte: „Hinter allem stand der unüberbrückbare Gegensatz des ‚Heiden' Goethe zum ‚Christen' Herder."

Mir scheint diese letztere Ansicht richtig zu sein. Denn Goethe trennte sich ja im Laufe der Zeit von seinen christlichen Freunden aus einem inneren Gegensatz.

Daß Goethe dabei von Herder doch immer wieder angezogen wurde, ist verständlich. Denn Herder hatte einen bedeutenden und umfassenden Geist.

Es ist unmöglich, hier Herders Bedeutung genügend darzustellen. Das ginge über den Rahmen dieser Plaudereien hinaus. Aber ein weniges muß doch gesagt werden:

Herder hat gewichtige Beiträge zu einer Geschichts-Philosophie geleistet. Da sind seine „Ideen zur Philosophie der Menschheit", in denen deutlich wird, welch umfassendes Wissen dieser Mann hatte. Weiter war er ein großer Anreger der Literatur. Dabei entwickelte er den Gedanken, daß nicht nur der Einzelmensch, sondern das Volk als Summe vieler Individuen zu einer Art von Persönlichkeit wird, die eigene literarische Leistungen hervorbringt: Sagen, Märchen, Volkslieder. Herder hat viel Zeit der Erforschung dieser Dinge gewidmet. Seine Sammlung „Stimmen der Völker in Liedern" hat einige Nationen erst zum Bewußtsein ihrer eige-

61

nen Literatur gebracht. In diesem Zusammenhang sah er ganz neu die Bücher des Alten Testaments. Ausführlich hat er geschrieben über das Hebräische als eine „poetische Sprache". – – –

Und hier nun setzte mein Interesse ein. Ich bin heute noch überzeugt, daß Herder über dem Studium der „Schönheit" des Alten Testaments der „Inhalt" aufging.

Darüber also wollte ich eine Doktorarbeit schreiben. Munter machte ich mich in Bielefeld an die Arbeit.

Aber je mehr die Arbeit in den Jugendkreisen und im Bezirk zunahm, desto langsamer wuchsen meine Notizblätter. Ich habe sie dann mitgenommen nach Essen in meinen Bergarbeiter-Bezirk. Da lagen sie nun schon nicht mehr *auf* dem Schreibtisch, sondern *in* einer Schublade.

Ja, als ich sieben Jahre später Jugendpfarrer geworden war, machte ich mich noch einmal an diese Arbeit. Ich erinnere mich, wie ich an einem heißen Sommertag auf einer Wiese der Schwäbischen Alb lag und mich vertiefte in die „Persepolitanischen Briefe" Herders. Es war bei einer Freizeit mit „höheren Schülern". Während ich las, hörte ich in der Ferne das junge Volk bei irgendeinem sportlichen Betrieb schreien.

Aber wenig später kam die Stunde, wo ich meine Notizen verbrannte. Es war mir sonnenklar geworden, daß ich diese Arbeit nur vollenden konnte, wenn ich meine Gegenwarts-Aufgaben vernachlässigte. In den Flammen, die meine Notizen verzehrten, verbrannte mein Ehrgeiz. Es war eine der Stunden, in denen mir klar wurde, was mein Herr von mir forderte. Ich sollte schlichter Frontsoldat Jesu Christi sein – nicht mehr, aber auch nicht weniger.

Die Frage aber, ob Herder über die Schönheit des Alten Testaments zu seinem Inhalt gelangt ist, blieb nun unbeantwortet. Ich hinterlasse diesen Gedanken-Knochen irgendeinem, der nach mir kommt. Vielleicht findet sich jemand, der ihn benagt.

In meinem Bücherschrank aber stehen immer noch die sechzig Bände. Und an der Wand hängt noch der schöne zeitgenössische Kupferstich von Herder, den der Künstler – wie unter dem Bild zu lesen ist – der Herzogin Amalie von Sachsen-Weimar gewidmet hat.

Bei irgendeiner Tagung in Essen kamen viele Gäste in meine Wohnung. Unter ihnen der Präses der Westfälischen Kirche, D. Wilm. Als er mein Studierzimmer mit den vielen Bildern sah, rief er aus: „Das sind also Ihre pietistischen Väter!"

„Die sind hier ziemlich vollzählig versammelt", gab ich zu. „Aber es sind auch noch andere Leute vertreten, die man schwerlich zu den Pietisten rechnen kann: Da ist zum Beispiel Johann Gottfried Herder!"

Interessiert sah der Präses das Bild an. Auf seinen Lippen wollte sich gerade die Frage formen: „Warum in aller Welt haben Sie denn diesen Mann in Ihrer Sammlung?" Aber in diesem Augenblick kamen neue Gäste. Und die Frage unterblieb ebenso wie ihre Beantwortung.

Sie soll nun hier beantwortet werden. Ja, warum hängt das Bild Herders unter meinen Bildern?

Zunächst einmal, weil es ein wertvolles Bild ist. Und eine Erinnerung an Bielefeld, an den lieben, alten Amtsbruder Kortmann, an meinen kleinen Ehrgeiz, der in den Stürmen, Kämpfen und Freuden meines Amtes unterging. Es hängt viel Erinnerung an dem Bild.

Aber das wäre nicht genug, ihm einen Platz in meinem Studierzimmer zu gewähren.

Das Bild hängt da, weil ich Herder liebe. Diese Liebe hat ihren Grund:

Herder war ursprünglich ein Mann der „Aufklärung". Das war eine weltanschauliche Strömung, die mit ungeheurer Gewalt das ganze Abendland überflutete. Das Entscheidende war dies: Die Vernunft wurde zur letzten Instanz ernannt. Man braucht das ja nur so auszusprechen, um zu erkennen, daß die „Aufklärung" (auch „Rationalismus" genannt) eine beständige Unterströmung der Kirche ist – genau wie der Pietismus. Und immer wieder bricht bald diese, bald jene Strömung in der Kirche durch.

Diese Vernunft-Religion ist der Todfeind des biblischen Evangeliums. Da wird aus der Bibel alles entfernt, was der Vernunft widerspricht: Gottessohnschaft Jesu, Wunder, Versöhnung durch das Kreuz Jesu, die Auferstehung, Dämonen ebenso wie der „Heilige Geist" von Pfingsten.

Aus dieser Vernunft-Religion also kam Herder. Als er zum Generalsuperintendenten in Weimar ernannt wurde, haben orthodoxe Kreise sich wütend gegen ihn gewehrt. So war er als „Aufklärer" bekannt.

Und nun ist es ergreifend zu beobachten, wie dieser bedeutende Geist sich der armseligen Aufklärung entwand.

An vier Punkten geriet er in den Gegensatz zur Aufklärung:

1. Die Aufklärung kannte nur allgemeine Ideen. Von der realen biblischen Botschaft blieben die Ideen „Gott", „Tugend", „Unsterblichkeit". Eben nur als verwaschene Ideen! Herder aber hatte einen Blick für die Geschichte. Er erkannte: Der Sinn des Evangeliums ist der, daß der lebendige Gott in Jesus Christus in den Lauf der Weltgeschichte eingetreten ist. So verstand er, was der Apostel Petrus in seiner Pfingstpredigt „die großen Taten Gottes" nennt. Kreuz und Auferstehung Jesu sind „Taten Gottes" mitten im Lauf der Geschichte. Und solche Taten Gottes sind etwas anderes als Ideen.

2. Herder war ein Mann von persönlicher, tiefer Frömmigkeit. So erkannte er, daß das Evangelium nicht nur den Intellekt anspricht. Er hat sehr ausführlich über die Bedeutung des „Gefühls" geschrieben. Damit allerdings schlug er eine bedenkliche Bahn ein, auf der nach ihm der von ihm beeinflußte Theologe Schleiermacher in unbiblischer Weise weiterging. Doch nicht nur über das „Gefühl", auch über die Bedeutung des „Gewissens" für das Verstehen des Evangeliums hat Herder Wichtiges gesagt. All das hinderte Herder, dem trockenen Intellektualismus des Vernunftglaubens zu verfallen.

3. Herder drang immer tiefer ein in die überragende Bedeutung der Heiligen Schrift. Immer unerträglicher wurde es ihm zu hören, wie die „Aufklärer" mit dem Worte Gottes umgingen. Er schreibt im Jahre 1782 in dem zweiten der „Briefe an Theophron":

„Ich merkte es wohl, daß Ihre ersten Zweifel die Saite treffen würden, die Sie auch während Ihres Aufenthalts auf Akademien zuweilen berührten, nämlich, daß Ihnen das Lesen der Bibel so gestört und entweiht sei. Sie können den kritischen Blick nicht los werden, zu dem sich einmal Ihr Auge gewöhnet: die Bücher des Alten Testaments dringen sich Ihnen unvermerkt als alte, vielleicht unvollständige, unkritisch geordnete oder gar verstümmelte, dem größten Teil nach poetische Reste des Morgenlandes auf, an denen wir immer noch zu flicken und auszubessern hätten oder die wir nicht dichterisch und poetisch genug darzustellen wüßten. Im Neuen Testament gehe es Ihnen fast noch übler. Der kritische Gesichtspunkt bei den Büchern desselben mache sie beinah zu kahlen Stoppeln und Überbleibseln der Ernte von falschen Evangelien und Schriften der Idioten, die die erste Kirche überdeckt hätten. Sie wissen nicht genug zu sagen, wie sehr der Eindruck Ihren Geist verwirre und Ihr Herz zerreiße. Sie wollen manche kritische Gelehrsamkeit Ihrer Hefte aufgeben und wünschen sich dagegen die Unschuld, die Reinheit und Einfalt wieder, mit welcher Sie in Ihrer Kindheit Mosen und Hiob, die Psalmen und die Propheten, Johannes und Christus lasen.

Fühlen Sie ganz, mein Freund, den Mangel Ihrer Seele und machen sich denselben nicht leicht; fassen Sie aber auch Herz, alle Schiefheiten zu überwinden, Berg und Tal zu ebnen, und wieder zu dem geraden Sinn zu gelangen, der Sie in Ihrer Jugend einst beglückte und ohne den wir nie glücklich werden können. Kein Buch in der Welt liest sich gut ohne innere Lust und Freude. Wer den Homer nur kritisch, als Pedant oder Schulmeister liest, liest ihn gewiß schlecht und wird nicht, was er in sich hat, empfinden; geschweige wer ein Buch, das zur Kritik nicht geschrieben ist, wer G o t -

65

tes Wort so lieset. Wie ein Kind die Stimme seines Vaters, wie der Geliebte die Stimme seiner Braut, so hören Sie Gottes Stimme in der Schrift und vernehmen den Laut der Ewigkeit, der in ihr tönet. Ich gebe Ihnen einige Ratschläge an die Hand, die ich bewährt gefunden habe, da ich auch an dieser Krankheit lag und mir das Wort Gottes, wie Sie sich stark und wahr ausdrücken, in der Hand der Kritik vorkam wie eine ausgedrückte Zitrone; Gottlob! es ist mir jetzt wieder eine Frucht, die auf ihrem Lebensbaum blühet.

Lesen Sie die Bibel nicht vermischt, sondern in einzelnen Büchern, in denen Sie eine Zeitlang, die besten Stunden des Tages, gleichsam ganz leben. Wählen Sie dazu die heitersten, etwa die Morgenstunden, und trinken tief, so viel möglich jetzo ohne Kritik, den Geist des Autors.

Wenn ich da in gelehrten Kommentaren oder gar auf der Kanzel viel von Bildersprache sprechen höre, die man in unser gutes, reinverständliches, das ist metaphysisches, abstraktes und verständliches Deutsch übersetzen müsse: so weiß ich oft nicht, wo ich hin soll. Jene Sprache (der Bibel) versteht alle Welt, weil sie die S p r a c h e d e s m e n s c h - l i c h e n H e r z e n s ist; diese Sprache (der Kritiker) versteht niemand."

4. Vor allem aber gewann Herder ein tieferes Verhältnis zu Jesus. Der „Aufklärung" war Jesus nur ein Moralprediger. Herder erkannte, daß Jesus viel mehr sei. In „Von Religion, Lehrmeinungen und Gebräuchen" lesen wir: „Glaubst du, daß Jesus der Christ sei?, fragte man die Juden, glaubst du, daß Christus der Retter der Menschen, Heiland der Welt sei?, fragte man die Griechen, und so ward ‚Jesus Christus, Gottes Sohn, Retter', der Christen uralte Losung ... Hierzu kann selbst der Name (Jesus) nichts hinzutun; er heißt Heilbringer, Seligkeitsstifter."

Und in den „Erläuterungen zum Neuen Testament" sagt Herder:

„Siehe, ein Tatwerk wie die Schöpfung! Die neue, höhere Schöpfung, die Schöpfung der Geister zu Bildern Gottes!

Jesus ward Heiland, wirklicher Erretter, Befreier, Arzt und Seligmacher der Welt."

So hat Herder, obwohl noch befangen in der Aufklärung, mit mächtigem Geist sich ihr zu entringen versucht. Es ist ergreifend zu sehen, wie ein Mann, immer mehr angezogen von dem Licht der Wahrheit, sich vom Zeitgeist loslöst und der Wahrheit Gottes zustrebt.

Darum habe ich Herders Bild in meinem Studierzimmer hängenlassen.

Julius Bläsing
und was ein Männerzorn vermag

Wer das Bild von „Vater Bläsing" anschaut, der wird gefesselt von den scharfblickenden Augen. Man hat den Eindruck: Der streng geschlossene Mund wird sich erst dann auftun, wenn die Augen genug gesehen und beobachtet haben. Über den Augen eine hohe Stirn! Unter dem Kinn ein zweigeteilter Bart, wie ihn der kaiserliche Admiral Tirpitz trug und den wir darum „Tirpitz-Bart" nannten.

Wer das Bild betrachtet, gewinnt den Eindruck: Ein außergewöhnlicher Mann! Aber was er war, kann man aus dem Bild nicht ablesen. Er könnte ein Lehrer sein. Oder einer der kleinen Fabrikanten, wie sie im Bergischen Land zu finden sind.

Nun, Julius Bläsing war ein einfacher „Eisenbahner". Aber er war mehr: Er war das Größte, was ein Mensch werden kann: Er war ein herrliches, vom Geiste Gottes geprägtes Kind des lebendigen Gottes.

In einer entscheidenden Stunde meines Lebens ist er bei mir aufgetaucht und hat mir einen unvergeßlichen Dienst getan. Nachher war er weiterhin nur ein stiller Weggenosse und Freund, von dem ich wissen durfte, daß er meinen Dienst betend begleitete.

Habe ich „nur" gesagt? Das ist verkehrt. Es ist herrlich, wenn wir Menschen wissen, die für uns beten. Ich habe meine jungen Freunde oft gemahnt: „Sorgt dafür, daß ihr allezeit Menschen habt, die für euch beten!"

Wie war nun die Geschichte mit „Vater Bläsing"?

Im Jahre 1924 war ich nach Essen gekommen in die große Altstadt-Gemeinde. Nie werde ich vergessen, wie ich an einem trüben November-Tag zum erstenmal einen Gang durch den Bezirk machte. Geschwärzte Mauern umgaben die drei Kohlenzechen. Riesige Mietskasernen bildeten die Wohnungen für ungezählte Familien. Dazwischen waren wieder Straßen mit kleinen, rußigen Häuslein, die aus alter Zeit noch hier standen.

Ich sah Männer torkelnd aus den Kneipen kommen. Ich hörte mißtönendes Geschrei aus den Wohnungen. Ich sah Kinder, die das Pflaster aufgegraben hatten, um ein wenig Sand zum Spielen zu finden. Ich sah junge Burschen in Haufen an den Ecken stehen und Zoten reißen.

Es war mehr als trostlos.

Zwar hatte ich eine wundervolle Hilfe in der köstlichen, unverwüstlichen Schwester Luise, die schon lange in dem Bezirk arbeitete, alle Leute kannte und mit großartigem Erfolg eine Schar Frauen gesammelt hatte. Aber sonst waren die Türen und Herzen verschlossen für das Evangelium.

Dazu war der Bezirk unübersehbar groß. Etwa 6–7000 Menschen! Ebenso viele Katholiken. Und 2000 Dissidenten. Ich rechnete mir aus: Wenn ich jeden Tag etwa 5 Hausbesuche mache, brauche ich Jahre, um durchzukommen.

Und doch – Hausbesuche waren der einzige Weg, mit den Menschen in Fühlung zu kommen.

Mir war klar: In diesem Bezirk hilft nur, daß ich Gott um Vollmacht und um Liebe bitte. Und dann hinein – nach dem Worte Jesu: „Siehe, ich sende euch wie Schafe mitten unter die Wölfe."

Es stellte sich bald heraus, daß „die Wölfe" gar nicht so gefährlich waren. Mit der Zeit durfte ich viel Vertrauen erfahren. Oft kam ich gar nicht zu den Besuchen, die ich mir vorgenommen hatte, weil ich auf der Straße immer wieder angehalten wurde, daß ich stundenlang seelsorgerliche Sprechstunden mitten im lärmenden Verkehr abhielt.

Wie freute ich mich an jenem Tag, an dem mir ein Polizist fast ärgerlich sagte: „Früher holten die Leute uns, wenn es eine Schlägerei gab. Jetzt holen sie den Pastor!"

Ja, „die Wölfe" waren gar nicht so wild, wie sie sich bei den riesigen politischen Kundgebungen gaben. So erinnere ich mich an eine Haustaufe. Da fing einer der Anwesenden während meiner Rede auf einmal an, sich den Rock auszuziehen. Ich unterbrach und fragte: „Wollen Sie es sich ganz leicht machen? Dann gehen Sie doch besser in die Kammer nebenan!" Er erwiderte: „Ich wollte nur andeuten, daß ich gegen diese Sache bin. Ich bin Atheist!" „Gut!" meinte ich. „Wir haben es zur Kenntnis genommen. Nun dürfen Sie Ihren Rock wieder anziehen." Er tat es und war befriedigt.

Beim Kaffeetrinken saß ich neben ihm. Da machte er mir eine kleine Liebeserklärung: „Wissen Sie, wenn die große Revolution kommt, werden auch die Pfarrer an die Laternen gehängt. Da kann ich Ihnen nun nicht helfen. Aber als Mensch sind Sie mir sehr sympathisch. Als Mensch wird Ihnen keiner etwas tun. Keiner!"

Ich habe lange gegrübelt, wie das wohl sein würde, wenn man den Pfarrer Busch an die Laterne knüpft, den Wilhelm Busch aber laufen läßt.

Lustig war auch die Sache mit einem alten Kämpfer gegen die „Pfaffen". Der erklärte allen Leuten in seinem Hause: „Ich höre, daß der Busch in die Häuser kommt. Wenn er zu mir kommen sollte, fliegt er die Treppe hinunter." Dieser stolze Ausspruch wurde mir natürlich sofort hinterbracht – vielleicht in der Absicht, mich mal die Treppe hinunter-„fliegen" zu sehen.

Ich ging also zu dem Alten. Er war Witwer. Und ich fand ihn in einer unsagbar schmutzigen Küche. Der Alte tat mir leid. So begrüßte ich ihn herzlicher, als ich es mir vorgenommen hatte. Darauf war der Alte so gerührt, daß er mir einen Stuhl anbot. Und dann sprachen wir davon, wie der Herr Jesus auch für ihn gestorben sei und wie er den einsamen Mann suche. Vorsichtshalber ging ich hinterher noch zu allen anderen Hausbewohnern und erwähnte beiläufig, ich hätte den Alten besucht.

Am Abend standen die Leute, wie sie es gewohnt waren, auf der Straße herum. Alles wartete auf den Alten. Endlich erschien er. Und nun fielen sie über ihn her: „Du hast ja den Pfarrer doch nicht die Treppe hinuntergeworfen." Der

Alte nickte bedächtig und erklärte: „Ja, diesmal habe ich mich noch bezähmt. Aber wenn er wiederkommt, dann fliegt er."

Es gab auch ernste Situationen. Die Jahre zwischen den beiden Weltkriegen waren erfüllt mit politischen Leidenschaften. So hatte ich einmal eine Haustrauung. Der Brautvater war Kommunist, der Bräutigam Stahlhelm-Mann, also ein Nationalist. Es war erschreckend, wie auf einmal der Brautvater mit einem Brotmesser auf mich losstürzte. Ich schien verloren. Aber dann griff der Bräutigam zu. Und weil er jünger war, siegte er in dem Getümmel. In wildem Ringen verschwanden die beiden durch die Tür. Und die Hausfrau sagte begütigend: „Nehmen Sie noch eine Tasse Kaffee!"

Über all diesem Ringen und Menschen-Suchen gewann ich immer mehr Vertrauen. Es mag dazu mitgeholfen haben, daß die Männer merkten: Ich hatte nichts einzuwenden gegen ihren politischen und gewerkschaftlichen Kampf. Denn die Lebensverhältnisse waren wirklich unerträglich. Das kann man sich heute einfach nicht mehr vorstellen.

Ich habe den Männern oft gesagt: „Ich verstehe nicht, daß eure Führer nicht im Namen Gottes Recht fordern. Warum verbinden sie einen gerechten Kampf mit dem Atheismus?" Aber meine Aufgabe war nicht die Politik. Ich wollte den Namen „Jesus" bekanntmachen. Und der wurde bekannt.

Aber je mehr ich in meinem Bezirk heimisch wurde, desto mehr sah ich: Ich komme nicht ernstlich weiter, wenn ich jetzt nicht einen Raum finde, in dem ich die Menschen um das Wort Gottes sammeln kann. Was halfen mir eine Kirche oder ein Gemeindehaus fern von meinem Bezirk!

Ich wandte mich um Hilfe an den Mann, der mich nach Essen gerufen hatte und der mir ein väterlicher Freund wurde: Kaufmann Hermann Böhmer. Der suchte einen geeigneten Bauplatz, ließ auch schon Pläne machen. Aber die Kirche war damals arm. Und so wurden alle Pläne im Presbyterium abgelehnt.

Und dann hörte Gott mein Schreien. Das Wunder geschah! Vater Bläsing tauchte auf!

Ich sehe ihn noch vor mir, wie er in meinem Studierzimmer mir gegenübersaß und mir eine seltsame Geschichte erzählte: „Sie kennen doch den Elisenplatz?"

Wie sollte ich ihn nicht kennen! Dieser trostlose Platz lag genau in der Mitte meines Bezirks. Die Stadtverwaltung hatte einstmals versucht, hier einige Bäume anzupflanzen und Bänke aufzustellen. Aber im nächsten Winter wurden die Bänke abmontiert und verheizt. Und die Bäumchen waren vorher schon ausgerissen und geknickt worden von Gesellen, denen jede Schönheit ein Ärgernis ist.

Vater Bläsing erzählte weiter: „Da steht so ein kleines, einstöckiges Häuschen, in dem nur ein Obergeschoß mit schrägen Wänden ausgebaut ist."

„Ja, das kenne ich! Es grenzt hinten an den Zechenhof!"

„Also, in diesem Häuschen wohnte vor mehreren Jahren ein gläubiger Bergmann namens Brepohl. Der hielt in seinem Wohnzimmer Versammlungen ab. Hier sammelte sich eine kleine Schar um Gottes Wort. Als Brepohl starb, ging die Sache ein. Ich selbst hatte nicht den Mut, sie weiterzuführen. Aber eins tat ich: Ich ging zur Kirchengemeinde und bat, man möge doch das Brepohlsche Wohnzimmer anmieten. Vielleicht fände sich eines Tages jemand, der die Stunden wieder aufnähme. Das Presbyterium war einverstanden, wahrscheinlich deshalb, weil die Zeche nur 5 Mark für das Zimmer haben wollte. Diese 5 Mark wurden Jahr für Jahr im Etat weitergeführt. Im übrigen kümmerte sich kein Mensch um das Zimmer. Jahrelang habe ich den Schlüssel in Verwahrung gehabt und gewartet, ob wohl jemand käme, dem ich ihn geben könnte. Nun habe ich auf Sie achtgehabt. Ich habe festgestellt, daß Sie den Herrn Jesus liebhaben und für ihn Beute machen wollen. Darum sind Sie der Mann, dem ich den Schlüssel anvertrauen möchte. Vielleicht kommt Ihnen dies Zimmer gelegen."

Ich fiel dem „Vater Bläsing" – so nannten wir ihn später alle – fast um den Hals. Sofort begab ich mich mit ihm zu dem kleinen Häuschen am Elisenplatz. Vater Bläsing strahlte, als er merkte, wie glücklich dieser „Saal" mich machte.

Jetzt ging's an die Arbeit! Zuerst bettelte ich mir 20 Stühle zusammen. Mehr gingen in mein „Gemeindehaus" nicht hinein. Dann ließ ich 10 000 knallrote Handzettel drucken: „Wir laden Sie ein zu der Bibelstunde am Montag um 19.30 Uhr im Gemeindesaal am Elisenplatz." Oben drüber stand das Bibelwort: „Jesus Christus ist gekommen, zu suchen und selig zu machen, was verloren ist." Diese 10 000 Handzettel verteilte ich selbst auf den Straßen und an den Zechentoren – mit dem Erfolg, daß in der ersten Stunde etwa 10 Frauen und ein Mann kamen. Dazu noch Vater Bläsing, meine Frau und ich. Jesus hat gesagt: „Wo zwei oder drei versammelt sind in meinem Namen, da bin ich mitten unter ihnen." Die Mindestgrenze war also bereits überschritten.

Es war ein Anfang. Der Herr Jesus hat auch gesagt, daß im Reiche Gottes das Gesetz des Senfkorns herrsche: „Es ist das kleinste unter allen Samen; wenn es aber erwächst, so wird es ein Baum, daß die Vögel unter dem Himmel kommen und wohnen unter seinen Zweigen."

Ich habe in meinem Leben viele kirchliche Arbeiten gesehen, die mit Gepränge, Haus-Einweihungen, Festreden und Programmen ins Leben traten. Von ihrem Vergehen und Verschwinden oft nach wenigen Jahren erfuhr die Öffentlichkeit nichts mehr.

Die wirklichen Reich-Gottes-Veranstaltungen fangen klein und in der Stille an. Aber dann wachsen sie.

Vater Bläsing hatte mir den Stützpunkt verschafft. Der war sehr klein. Aber nun konnte die Kreuzesfahne gehißt werden. Und unser Herr bekannte sich dazu.

Nach einem Jahr war das „Sälchen" wirklich zu klein. Es gab nun schon ein schlimmes Gedränge in den Bibelstunden und Männerabenden.

Und dann faßte ich einen kühnen Plan. Mit Herzklopfen ging ich zu dem Generaldirektor Spindler, der die Stinneszechen leitete. Ich kann nicht aussprechen, wie sehr ich mich vor dem großen Mann fürchtete. Aber er war die Freundlichkeit selbst. Er mußte lachen, als ich ihm unser Sälchen schilderte. Und das Ende war sein Versprechen: „Ich mache die untere

Wohnung in dem Häuschen frei. Und dann können Sie das Ganze zu einem Saal machen, den wir Ihnen zur Verfügung stellen."

Wie fröhlich zog ich nach Hause! Wie beglückt war mein Gemeindlein, als ich die Freudenbotschaft verkündete! Und die Leute, die die Wohnung räumen mußten, waren erst recht beglückt. Der Generaldirektor hatte angeordnet, sie sollten eine feine Wohnung bekommen, damit kein Ärgernis aus der Sache entstehe.

Einer meiner Männer schleppte einen Bauunternehmer an, der die Sache billig und so machen wollte, daß ich abbezahlen sollte, wenn ich Geld hätte. Ach ja! Geld hatte ich überhaupt nicht.

Doch nun begannen die wirklichen Nöte. Die Baupolizei verweigerte die Genehmigung, weil der Saal so nicht die nötige Höhe hatte. Ach, die Leute ahnten ja nicht, mit wie wenig Luft wir auskamen! Als ich die Baupolizei endlich fast soweit hatte, daß sie die Genehmigung versprach, machte das Wohnungsamt Schwierigkeiten: Eine Wohnung dürfe nicht in einen gewerblichen Raum verwandelt werden! Als wenn wir ein gewerblicher Betrieb gewesen wären! Ich rannte von Pontius zu Pilatus. Aber die Sache ging nicht weiter. Endlich meldete sich auch die Zechenverwaltung wieder und erklärte: „Wenn Sie die Wohnung doch nicht ausbauen, setzen wir Ihnen wieder Leute hinein!"

Und nun sei es gestanden! Wir taten etwas Verbotenes: Wir bauten einfach ohne Genehmigung. Dabei hofften wir, daß in unserer verlorenen Gegend am Ende doch kein Mensch sich für unser Bauen interessieren würde.

Aber – am letzten Tag, als alles fertig war, ließ ein Anstreicher eine Karre vor dem Häuschen stehen. Ein Beamter sah das, ging hinein, entdeckte die Bescherung . . . und nun tanzten die Puppen!

Ich kam aus meinem Bezirk nach Hause. Da traf ich meine Frau weinend an: Alle Ämter hatten nacheinander telephoniert. Die Zeche wollte keine Schwierigkeiten, das Wohnungsamt forderte Wiederherstellung des alten Zustandes auf meine Kosten, die Baubehörde winkte sogar mit harten Strafen.

Mir war, als stürze der Himmel ein.

Und dann erlebte ich, was ein rechter Männerzorn vermag. Ich stürzte auf das Wohnungsamt und tobte wie ein Wilder. Alles rannte zusammen: „Herr Pfarrer, beruhigen Sie sich doch!" Nein! Ich beruhigte mich nicht. Ich drohte mit einem Sprung in die Öffentlichkeit: „Ich werde jetzt die Presse informieren usw."

Und was geschah? Nach einer Stunde hatte ich alle Genehmigungen in der Hand.

„Des Menschen Zorn tut nicht, was vor Gott recht ist", sagt die Bibel! Und dabei soll es bleiben. Aber der himmlische Vater hatte auch ein Einsehen mit seinem armen, geplagten Knecht. Und was er dann in heimlicher Stunde ihm vorzuhalten hatte, das geht weder das Wohnungsamt noch die Baubehörde etwas an.

Nun ging ein fröhliches Arbeiten los. 70 Stühle standen jetzt in unserm Sälchen. Das Geld kam auch. Ich weiß nicht mehr, woher. Meist waren 100 Leute im Saal. Die Jungen saßen auf den Fensterbänken. Und die Alten entdeckten, daß auf zwei Stühlen drei Leute sitzen können. Meine Frau spielte Harmonium und gründete einen Männerchor. Das waren rauhe Bergmanns-Stimmen. „Bach" und „Schütz" wurden da nicht gesungen. Aber mit Liebe und Begeisterung wurden die Choräle und Erweckungslieder angestimmt.

60 Männer saßen oft in den Männerabenden. Jeder, der neu hinzukam, stellte die Frage: „Adam und Eva hatten zwei Söhne. Einer schlug den andern tot. Woher hatte nun Kain sein Weib?"

Geduldig habe ich die Frage beantwortet: „In der Bibel steht, daß Adam und Eva viele Kinder hatten. Und so erlaubte Gott zuerst die Geschwister-Ehe. Denn es steht in der Apostelgeschichte: ‚Er hat gemacht, daß von einem Blut aller Menschen Geschlechter auf Erden wohnen sollten.' Später dann verbot Gott die Ehe zwischen Geschwistern."

Wenn ich so Schwierigkeiten aus dem Wege geräumt hatte, machte ich klar, daß in der Bibel der Weg zur Gotteskindschaft gezeigt werde. Darauf wollten wir doch lieber hören. Dann wurden neue ähnliche Fragen aufgebracht. Und ich wurde müde, darauf zu antworten. Bis mir eines Tages der Grubenschmied Grubert zurechthalf. Ich vergesse nicht, wie er in meinem Studierzimmer saß und mir erklärte: „Bei meiner Bekehrung hat die Frage nach Kains Weib keine Rolle gespielt. Halten Sie sich doch nicht auf mit diesen dummen Fangfragen. Kommen Sie gleich zur Hauptsache!"

Wie dankbar war ich ihm für diesen Rat. Ich habe ihn später sehr bewährt befunden. Hätten doch alle Pfarrer solch einen Grubenschmied!

Du liebes Sälchen! Ort meiner großen Kämpfe und Niederlagen! Stätte der herrlichen Siege unseres auferstandenen Herrn, der „die Starken zum Raube" hat.

Und Vater Bläsing? Er war dabei. Sonst nichts! Er war nur einmal in der entscheidenden Stunde hervorgetreten.

Von da ab war er still dabei, redete nicht viel und – betete für das Werk.

Kürzlich ging ich wieder durch den Bezirk. Wie ist heute alles verändert! Die Mietskasernen fielen den Bomben zum Opfer. In der Mitte des Bezirks stehen Kirchsaal, Gemeindehaus und Pfarrhaus.

Vater Bläsing ist längst in der Ewigkeit. Aber sein Bild hängt in meinem Zimmer und soll immer einen Ehrenplatz behalten.

Charles Haddon Spurgeon und eine große Entdeckung in der Weltstadt Berlin

Nun, eine Schönheit war er nicht, dieser „Fürst unter den Predigern".

Die gedrungene Figur – der mächtige Kopf, der fast ohne Hals auf dem Körper sitzt – das wirre Haar – der strähnige Bart – die kleinen Augen in dem massigen Gesicht – die vollen Lippen – – – so zeigt ihn das Bild an der Wand meines Studierzimmers.

Aber je länger man das Gesicht ansieht, desto mehr spürt man: Dieser Mann war ein Vulkan.

Ja, das war er! Aber was aus diesem Vulkan ausbrach, war nicht das unheilige Feuer eines zügellosen Temperaments. Hier war ein Mann, an dem das Wort des Täufers Johannes wahr wurde: „Er wird euch mit dem heiligen Geist und mit Feuer taufen."

Als junger Mann war er ein schüchterner, innerlich zerrissener und gehemmter Mensch. Er stammte aus einer Familie mit einer reichen geistlichen Tradition: Seine Vorfahren waren aus den Niederlanden nach England geflüchtet, als der grausame spanische König Philipp II. dort Herr war und die Evangelischen blutig verfolgte. Spätere Vorfahren wurden in England um ihres Gewissens willen bestraft, weil sie „nonkonformistische" Versammlungen besucht hatten.

Auch die Eltern Spurgeons lebten im Evangelium. So war er von Jugend an auf Gott gewiesen. Aber gerade das bedeutete ihm eine große Not. Er berichtet selbst:

„Es gefiel Gott, schon in meiner Kindheit mich von der Sünde zu überzeugen. Ich lebte als ein elendes Geschöpf dahin und fand weder Hoffnung noch Trost, ja ich fürchtete, Gott werde mich gewiß nie selig machen. Mein Zustand wurde immer schlimmer; ich fühlte mich so elend, daß ich kaum imstande war, etwas zu tun. Mein Herz war zerbrochen."

Der junge Mann lief von einer Kirche zur andern und von einer Kapelle zur andern. Was er dabei erlebte und was später seine eigene Verkündigung bestimmte, erzählt er selbst:

„Die Männer auf den Kanzeln predigten Wahrheiten, große Wahrheiten, viele gute Wahrheiten, die vielen geistlich gesinnten Zuhörern ihrer Gemeinde angemessen waren. Aber was ich zu wissen begehrte, war: ‚Wie kann ich Vergebung meiner Sünden erlangen?' Und das sagten sie mir nie. Mein Verlangen war zu hören, wie ein armer Sünder in seinem Schuldgefühl Frieden mit Gott finden könne. Als ich aber hinging, hörte ich eine Predigt über das Wort: ‚Irret euch nicht, Gott läßt sich nicht spotten', das mein Herz noch mehr zerriß, mir aber nicht sagte, wie ich dem Zorn Gottes entfliehen könne.

Ich ging an einem anderen Tage wieder hin, und der Text handelte von der Herrlichkeit der Gerechten; ach, wieder nichts für mich Armen! . . .

Endlich, an einem schneeigen Tage – es schneite so stark, daß ich nicht dahin gehen konnte, wohin zu gehen ich beabsichtigt hatte, und ich auf dem Wege halten mußte – (es war ein gesegneter Haltepunkt für mich), also endlich fand ich eine ziemlich abgelegene Straße, ging durch einen Hof und stand alsbald vor einer kleinen Kapelle. Ich wollte ja irgendwohin zum Gottesdienst gehen, aber diese Kapelle war mir bis dahin unbekannt geblieben. Sie gehörte den Primitiv-Methodisten. Ich hatte schon vielerlei von diesen Leuten gehört, unter anderm, daß sie so laut sängen, daß man Kopfschmerzen davon bekomme. Aber das hielt mich nicht zurück. Ich wollte ja so gerne wissen, wie ich selig werden könne, und wenn ihr Gesang mir auch noch soviel Kopfschmerzen verursachen würde, was kümmerte mich das! Ich ging also hinein und setzte mich.

Der Gottesdienst begann, aber kein Prediger ließ sich blikken, bis endlich ein sehr hagerer Mann auf die Kanzel kam, die Bibel aufschlug und die Worte las: ‚Blicket auf mich (deutsch: wendet euch zu mir), so werdet ihr selig, aller Welt Enden' (Jes. 45, 22).

Die Augen gerade auf mich richtend, als ob er mein ganzes Herz durchschaut hätte, sagte der Prediger: ‚Junger Mann, du bist bekümmert.' Nun, das war leider wahr genug. Er fuhr fort: ‚Du wirst nie aus dem Kummer herauskommen, bis du auf Christus blickst.'

Und dann, die Hände emporhebend, rief er, wie nur ein Primitiv-Methodist es kann: ‚Blicke! Blicke! Blicke! Es heißt nur blicken!'

Da sah ich mit einem Male den Weg des Heils klar vor mir. O, wie hüpfte in diesem Augenblick mein Herz vor Freude! Ich weiß nicht, was er sonst noch sagte; ich nahm wenig Notiz davon, so sehr erfüllte dieser eine Gedanke meine Seele. Es war wie damals, als die eherne Schlange erhöht wurde: die tödlich Gebissenen blickten nur auf und waren geheilt."

Das war im Jahre 1850. Spurgeon war damals 16 Jahre alt. Bald fing er an, in der Sonntagsschule zu helfen. Da und dort holte man ihn zu einer Predigt in kleinen Kapellen. Mit 20 Jahren wurde er nach London berufen. Er hielt das für ein Mißverständnis und wandte ein, er habe ja keine theologische Ausbildung. Die Antwort lautete, dann „werden Sie ja nicht vor Salbung triefen und vor Würde erstarren wie die ausgebildeten Prediger".

Die größten damaligen Säle waren bald zu klein, die Hörer zu fassen. Spurgeon baute das „Tabernakel", eine Predigtstätte mit 6000 Plätzen. Oft kamen dort 10 000 Menschen zusammen.

Feindschaft meldete sich: „Er ist ein Marktschreier!" – „Er ist ein Witzereißer auf der Kanzel." Karikatur-Zeichner fanden an ihm ein ergiebiges Objekt. Und der ehrwürdige Bischof von Wilberforce sagte trocken, als jemand bedauerte, daß dieser Mann nicht der Kirche von England angehöre: „Laß dich nicht gelüsten deines Nächsten – Esels!"

Aber Spurgeon wurde davon wenig berührt. Denn es ging ihm nicht um seine Ehre, sondern darum, Menschen vom ewigen Verderben zu retten und sie zu dem Heiland Jesus Christus zu rufen. 30 Jahre lang hat Spurgeon hier gepredigt. Und nie war das Tabernakel leer.

Wie kühn dieser Mann war, zeigt eine kleine Geschichte, die mir immer besonders charakteristisch für Spurgeon erscheint: Spurgeon geht eines Tages durch eine Straße, in welcher Steinklopfer beschäftigt sind. Einer derselben, ein wüster, roher Gesell, dessen Gesicht von vielem Trinken zeugt, verrichtet sehr widerwillig und lässig sein Geschäft. Zwischen den Schlägen flucht er in den gotteslästerlichsten Ausdrükken. Da legt sich ihm eine Hand auf die Schulter, und ein durchdringendes Augenpaar schaut ihm in das unwillkürlich umgewandte Gesicht.

„Du kannst ja recht schön fluchen", sagt Spurgeon mit ernster Stimme, „kannst du auch beten?"

„Gott verdamme mich", erwiderte der Arbeiter mit widerlichem Lachen, „das ist mir, beim Teufel, noch nie eingefallen!"

Da nimmt Spurgeon ein Fünfschillingstück aus seiner Tasche, hält es dem Flucher vor die Augen und sagt: „Willst du versprechen, niemals zu beten, wenn ich dir dies hier schenke?"

„Das ist leicht verdient", höhnt der Mann, verspricht es mit einem neuen Fluch und steckt das Silber ein.

Sobald aber Spurgeon aus seinem Gesichtskreis verschwunden ist, wird es dem unseligen Menschen ganz sonderbar zumute. Es ist ihm, als lasse sich in seinem Innern eine längst verklungene Stimme hören und rufe ihm zu: „Was hast du getan! Was hast du getan!"

Sofort nach vollendeter Arbeit geht er nach Hause. Seine Frau starrt ihn, der sonst nie vor Mitternacht heimkehrte, ganz überrascht und zugleich ob seiner verstörten Blicke erschreckt an. „Was ist dir? Was hast du?" stammelt sie. „Mir ist etwas Entsetzliches begegnet", erwidert er, an allen Gliedern zitternd. „Der Teufel hat mich angerührt – er hat mir das Versprechen abgenommen, niemals zu beten! Da, das ist das Judasgeld – es brennt mich –, ich kann's nicht behalten." Damit reißt er das Geldstück aus der Tasche und schleudert es mit Abscheu auf den Tisch.

Durch eine wunderbare Fügung gelang es der Frau, ausfindig zu machen, wer der Geber gewesen war. Der Mann selbst brachte es Spurgeon zurück, der ihm scharf ins Gewissen redete, mit ihm betete – ihn rettete. Der Säufer wurde ein treues Glied seiner Gemeinde. In seinem Hause wohnte der Friede Gottes.

„Ja, es war ein gewagtes Stück", sagte Spurgeon, als er darauf angeredet wurde. „Aber es kam über mich wie ein unwiderstehlicher Drang. Ich mußte es wagen; ich tat es mit Zittern. Nie vielleicht habe ich so ernstlich für eine Seele gebetet, als da ich dem Steinklopfer den Rücken gekehrt hatte. Aber Gott hat sich zu meinem Wagestück bekannt. Der Mann wandelt heute noch in Gottes Wegen."

„Sie werden nicht vor Salbung triefen und vor Würde erstarren", schrieb man Spurgeon, als man ihn nach London berief. So war es in der Tat. Als ihm jemand Vorwürfe machte, daß die Leute während seiner Predigt laut gelacht hätten, erwiderte er: „Es ist mir lieber, sie lachen, als daß sie schlafen."

Später gliederte er seiner Arbeit eine Ausbildungsstätte für Prediger an. Zwischen diesen jungen Leuten, die unter seiner Predigt zum Glauben an den Herrn Jesus Christus gekommen waren, entfaltete sich seine köstliche Originalität.

Einst erklärte er seinen Studenten: „Ein Prediger muß so flüstern können, daß ihn doch jeder versteht, wie groß das Gebäude auch ist." Die jungen Männer machten ungläubige Gesichter.

„Gut!" rief Spurgeon. „Gehen wir ins Tabernakel!"

Die Studenten nahmen dort die abgelegensten und entferntesten Plätze ein.

Spurgeon betrat lächelnd die Plattform. Er erhob seine Hand und flüsterte: „Brüder, wenn ihr mich versteht, so winkt mit dem Taschentuch!" Alle Taschentücher flogen hoch.

Darauf dröhnte es wie Donner durch das Tabernakel: „Brüder, steckt die Taschentücher ein! Sie sind nicht mehr ganz sauber!"

– – –

Es wird wohl so gegen Ende der zwanziger Jahre gewesen sein – genau weiß ich es nicht mehr –, als ich einen Brief vom CVJM Berlin-Wilhelmstraße bekam. Ich wurde eingeladen, eine Evangelisation für junge Männer zu halten.

Nun, von diesem ersten und bedeutendsten Großstadt-CVJM hatte ich schon viel gehört. In der Wilhelmstraße standen damals die wichtigsten Ministerien und Regierungsgebäude. Es mußten schon tüchtige Christen sein, die sich dort anzusiedeln wagten. Es lohnte sich, diese Arbeit kennenzulernen. Und dann lockte Berlin. Ich war bis dahin noch nie in des damaligen Reiches Hauptstadt gewesen.

Andererseits – ich hatte einfach Angst, ob es mir gelingen könnte, diese schnodderigen Berliner zu Jesus zu rufen.

Nach langem Zögern schrieb ich, daß ich bereit sei zu kommen. Und damit hatte ich – ohne es zu ahnen – einen neuen Abschnitt meines Lebens begonnen.

Schon der Weg vom Anhalter-Bahnhof zur Wilhelmstraße gab mir einen Eindruck von dem wirbelnden Leben dieser Stadt. Ich fühlte mich ganz klein, als ich das gewaltige Gebäude betrat: Im Vorderhaus das Hospiz Michael, wo ich wohnte. Im Hinterhaus die vielfältigen Räume des CVJM. Als ich begrüßt war und alles besichtigt hatte, ging ich in mein Hotelzimmer, völlig zerschmettert: „Nein! Hier passe ich nicht her! Hier werde ich nur das Evangelium und mich selbst blamieren! Und – wer in aller Welt sollte in dieser Stadt, die einem jungen Mann alles bot, in meine Evangelisation kommen!"

Aber als ich am Abend den großen Saal betrat, war der ganz gefüllt mit jungen Männern. Mir verschlug's die Sprache.

Der Generalsekretär Heilmann sah wohl meine Not. Während das Volk sich noch immer sammelte, führte er mich in ein kleines Zimmer. Dort fanden wir schon den Sportsekretär Albert Michaelis vor.

Mit ein paar Worten berichteten sie mir: „Heute, am Sonntagnachmittag, sind viele unserer jungen Mitarbeiter auf die Straßen gegangen und haben eingeladen. Das machen wir immer sonntags so. Man redet jeden jungen Mann an, sucht ein Gespräch mit ihm, gibt ihm einen bedruckten Zettel und lädt ihn für den Abend ein. Wir haben jeden Sonntagabend eine Evangelisations-Versammlung . . ."

Über ihrem Bericht ging es mir auf: Hier ist nichts von jener christlichen Verlegenheit, wo man sich förmlich entschuldigt, daß man dem Wort der Bibel glaubt. Hier ist eine Streiterschar Jesu Christi in der Offensive. Hier weiß man: Wenn wir Jesus-Jünger in Berlin auch in der Minderzahl sind – wir sind auf der Seite des Siegers.

Wir haben dann noch miteinander gebetet. Und getrost ging ich in meine Versammlung.

Es war eine Freude, zu diesen Berlinern und den vielen fremden jungen Männern zu sprechen, die oft sehr einsam und angefochten in der Großstadt stehen.

Und nun folgte eine Woche in der Gemeinschaft mit Albert Michaelis und Heilmann. Bei ihnen lernte ich, alle Schüchternheit über Bord zu werfen. Das waren Männer! Richtige Männer! Lachen konnten sie, daß die Wände dröhnten. Und beten konnte man mit ihnen, daß man es spürte: „Gott ist gegenwärtig."

Eines Tages fragte mich Heilmann: „Sie sollten bei Spurgeon lernen! Kennen Sie Spurgeon?"

„Na, ich weiß, daß er ein großer Prediger in London war. Aber – gelesen habe ich nie etwas von ihm. Gibt es denn Bücher von Spurgeon?"

Heilmann griff in den Bücherschrank und holte einen großen Band heraus: „Das sind Spurgeons ‚Alttestamentliche Bilder‘."

Und dann – nach kurzem Zögern: „Ich will Ihnen dies Buch leihen. Es ist längst vergriffen und auf dem Büchermarkt nicht mehr zu haben. Sie müssen mir also versprechen, daß Sie es mir zurückgeben."

Ich versprach's und zog mich mit dem Band in mein Hotelzimmer zurück.

In jener Nacht fing ich an zu lesen. Und dabei ging mir eine neue Welt auf: So also konnte man predigen! So unkompliziert! So direkt auf die Gewissen zielend! So drastisch und anschaulich!

Und so also konnte man das Alte Testament lesen! Ich wußte bisher nur, daß das Alte Testament für uns Theologen eine gewisse Verlegenheit war. Mein Studium wenigstens hatte mir nichts mitgegeben zum Verständnis dieses großartigen Buches. Und nun – so also konnte man das Alte Testament auslegen, daß die Menschen in London merkten: Das geht uns ja an!

Es sei erlaubt, ein paar Sätze aus der zweiten Predigt über die Sintflut hier abzudrucken, auch wenn diese herausgerissenen Sätze nur einen schwachen Eindruck von Spurgeons Vollmacht widerspiegeln.

Da spricht er zunächst über den Satz: „Die Flut nahm sie alle dahin."

„Der, welcher die Straßen fegte und dastand, auf ein Almosen wartend, ward hinweggerissen mit den Aristokraten. Die Flut kam und fegte sie alle fort; die unerbittlichen Wogen maßen gleiches Schicksal allen zu, die außerhalb der einen Sicherheitsarche waren ...

Dort sinkt der Philosoph, ihr könnt sein Todesgurgeln hören. Dort schwimmt auf dem Strom der Kopf eines antediluvianischen Salomo. Die Flut hat Magister, Doktoren der Rechte und Rabbinen der Theologie dahingerafft. Niemand war imstande, der Sündflut zu entrinnen durch alles, was er je gelernt hatte. Wissen ist keine Rettungsboje, Logik ist kein Schwimmgürtel, Rhetorik kein Rettungsboot. Hinunter, hinunter sinken sie, und all ihre Wissenschaften mit ihnen, unter die uferlosen Wellen. Und die Ungelehrten, die ohne Zweifel zahlreich waren, wie sie es jetzt sind, die nichts von den Feinheiten der Gelehrsamkeit oder der Beredsamkeit wußten, als die Flut kam, raffte sie diese alle hinweg. So, daß Kenntnis, ausgenommen eine besondere Art, nämlich die Herzenskenntnis Jesu Christi, uns nicht von dem schließlichen Untergang retten wird."

Später spricht der Prediger von den Leuten, die den Noah verteidigen und freundlich von ihm reden:

„Einige von ihnen sind hier heute abend. Hört ihre artigen Reden; wie großmütig sprechen sie: ‚Nun ja, ich mag gern diese christlichen Leute so ernst sehen; ich glaube wohl, daß sie sehr viel Gutes tun; ihr wißt, ich höre gern einen Prediger offen und deutlich sprechen; ich sehe gern diese Leute sehr eifrig, in unserer Zeit ist es recht erquicklich, Leute in irgend etwas eifrig zu finden, denn es gibt so viel Laxheit und Weltklugheit und dergleichen, daß wir gern Leute entschieden sehen, selbst wenn wir sie für ein bißchen zu dogmatisch und bigott halten.' Meine Herren, wir danken euch für eure gute Meinung von uns, aber so ihr euch nicht bessert, werdet ihr alle auch also umkommen. Eure vortrefflichen Bemerkungen werden euch nicht erretten, und eure sehr milden, artigen und freisinnigen religiösen Ansichten werden euch nicht helfen. Ihr könnt alle diese Ansichten haben, die so tolerant und trefflich sind, und wir sind froh, daß ihr sie habt, und dennoch habt ihr vielleicht keinen Anteil an dem Heile Christi."

Und dann folgt ein Abschnitt, der mich erschütterte. Denn hier wurde ich selbst, der hier Vorträge hielt, direkt angesprochen:

„Um diese Aufzählung zu schließen: man hat euch oft gesagt, daß sogar die Arbeiter, die für Noah arbeiteten, und die ohne Zweifel ihren Lohn dafür bezahlt erhielten, denn sonst hätten sie nicht gearbeitet, auch umkamen. Sie halfen, das Holz zu sägen, den Kiel zu legen, die Bolzen einzutreiben, das Werg hereinzubringen, es zu verpichen, die Spannen zu befestigen, aber nach allem, was sie getan hatten, ward doch keiner gerettet. Und so müssen der Kirchendiener, der Küster, der Älteste, der Gemeindevorsteher, der Prediger, der Bischof, der Erzbischof, alle die, welche ein Amt in der Kirche verwalten, welche irgend etwas zu tun haben mit dem guten, tüchtigen Schiff des Evangeliums Christi, wenn sie nicht selber durch einen lebendigen Glauben in Christo sind, umkommen, ebensowohl wie die Verächter und von der Gesellschaft Ausgestoßenen. Hier ist also die ernste Scheidelinie: Alle außer Christo verloren; alle in Christo errettet; alle Ungläubigen zugrunde gehend; alle Gläubigen in ihm bewahrt. Hier ist eine Regel ohne Ausnahme."

In einem weiteren Abschnitt predigt Spurgeon über die Arche, in der Noah, die Seinen und alle die Tiere, die er hineingebracht hatte, völlig sicher waren:

„Die Arche erhielt sie alle, und so wird Jesus Christus alle erhalten, die in ihm sind. Wer zu ihm kommt, soll sicher sein. Keiner von ihnen soll umkommen, noch soll jemand sie aus seiner Hand reißen.

Denkt daran, was für sonderbare Geschöpfe es waren, die bewahrt blieben! Wie? Es gingen in die Arche unreine Tiere zu Paaren. Möge Gott einige von euch, die wie unreine Tiere gewesen sind, zu Christo bringen; große Schweine der Sünde, ihr seid am weitesten in dem Bösen gegangen und habt euch verunreinigt – doch, als die Schweine in der Arche waren, da waren sie sicher, und ihr sollt es auch sein. Ihr Raben, ihr schwarzen Raben der Sünde, wenn ihr zu Christo fliegt, wird er euch nicht hinausstoßen, sondern ihr sollt sicher sein. Wenn die erwählende Liebe euch aussondert und die wirksame Gnade euch zur Tür der Arche zieht, so soll sie hinter euch sich schließen, und ihr sollt errettet sein. In der Arche war der furchtsame Hase, aber seine Furchtsamkeit brachte ihm kein Verderben; da war das schwache Kaninchen, aber trotz seiner Schwäche war es in der Arche ganz sicher. Da fanden sich solche langsamen Geschöpfe wie die Schnecke; einige das Dunkel liebende Tiere wie die Fledermäuse, aber sie waren alle sicher; und die Maus war so sicher wie der Stier, und die Schnecke war so sicher wie der Windhund, und das Eichhörnchen war so sicher wie der Elefant, und der furchtsame Hase war so sicher wie der mutige Löwe – nicht sicher um deswillen, was sie waren, sondern sicher um deswillen, wo sie waren, nämlich in der Arche."

Und so geht es nun, sagt Spurgeon, mit den Menschen, die „in Christo sind". Sie sind gerettet, geborgen, bewahrt in Zeit und Ewigkeit.

„Doch alle sicher, alle gleich geborgen, wie verschieden sie auch sein mögen; veränderliches Temperament, aber unveränderliche Sicherheit; verschieden an Erfahrung, aber gleich in der Einheit mit Christo, und alle in ihm. ‚Nun wir denn sind gerecht geworden durch den Glauben, so haben wir Frieden mit Gott, durch unsern Herrn Jesum Christ'; und den haben wir, ob wir groß sind oder klein.

> ‚Der feste Grund hat dieses Siegel:
> Wer dein ist, Herr, den kennest du.
> Laß Erd' und Himmel untergeh'n,
> Dies Wort der Wahrheit bleibet steh'n.'

. . . Wie ich schon gesagt, alles hängt von der Frage ab: ‚Glaubst du an Christum?' Wenn dein Herz Christo vertraut, bist du sicher, komme, was da wolle; aber wenn du nicht in ihm ruhest, bist du verloren, komme, was da wolle."

Sehr bewegte mich eine kleine Spurgeon-Anekdote, die mir Heilmann erzählte. Sie ist typisch für die Glaubenshaltung Spurgeons. Und es schien mir bezeichnend für den glaubensmäßigen Angriffsgeist des Berliner CVJM, daß diese Geschichte ausgerechnet dort erzählt wurde:

Es kam einmal ein verzagter Pfarrer zu Spurgeon und klagte ihm: „Ich predige doch dasselbe Evangelium wie Sie. Und doch geschieht bei mir nichts, gar nichts! Wie kommt es denn nur, daß bei Ihrer Predigt sich so viele Menschen zum Herrn Jesus bekehren?"

Spurgeon antwortete mit einer Frage: „Ja, meinen Sie denn, daß bei jeder Predigt etwas geschehen müßte?"

„Nun, das meine ich natürlich nicht. Aber . . ."

Da fiel ihm Spurgeon ins Wort: „Das ist eben Ihr Fehler. Sie erwarten nichts und darum wird Ihnen nichts geschenkt von Gott. Er hat gesagt: ‚Mein Wort soll nicht leer zurückkommen, sondern ausrichten, wozu ich es gesandt habe.'"

Diese Anekdote zeigt, wie sowohl Spurgeon als auch der Berliner CVJM überzeugt waren: „Wir stehen auf der Seite des Siegers!"

Dort wollte ich also nun auch stehen in fröhlicher Gewißheit. Sehr aufgewühlt fuhr ich damals von Berlin nach Hause. Ich hatte einen Dienst tun sollen – und mir war ein Dienst getan worden.

Heute stehen sämtliche erreichbaren Bände Spurgeons in meinem Bücherschrank. Und sein Bild hängt an der Wand. Noch einmal sehe ich dies Bild an. Seltsamer Mann! Umkämpft! Verspottet! Geliebt!

Er hat eine Segensspur hinterlassen, als man ihn am 31. Januar 1892 zu Grabe trug. Tausende gaben ihm das Geleit: Reiche und Arme, Vornehme und Geringe. Der Bischof von Rochester sprach neben einfachen Brüdern an dem Grab. Und vier Trauer-Versammlungen wurden gehalten, um allen die Möglichkeit zu geben, daran teilzunehmen.

Ja, er hat eine Segensspur hinterlassen. Und zu denen, die Gott durch Spurgeon gesegnet hat, gehöre auch ich.

Wilhelm Böhm
und die richtige Weichenstellung im richtigen Augenblick

Manchmal stehe ich vor dem Bild von Wilhelm Böhm und überlege, wie es wohl kam, daß dieser Mann so stark meinen Weg bestimmt hat.

Die Photographie zeigt einen älteren Herrn mit kahlem Kopf und einem grauen Bart. Wangen und Oberlippe sind glatt rasiert. Durch die randlose Brille schauen wache Augen. Sein Anzug verrät eine gewisse solide Eleganz.

Böhm besaß ein großes Schuhhaus in Gelsenkirchen. Er war also ein gutsituierter Kaufmann.

Wenn man das Bild betrachtet, fühlt man sofort: „Dies ist eine väterliche Gestalt!" Und so habe ich Böhm kennengelernt.

Böhm war durch die Predigt des gewaltigen Pfarrers Julius Dammann in Essen zum lebendigen Glauben an den Herrn Jesus Christus gekommen und hatte mit ganzer Hingabe sein Leben dem Manne von Golgatha geweiht. Er nahm es ernst mit seiner Jesus-Nachfolge. Wer mit ihm zu tun bekam, spürte ihm an, daß er unter der Zucht des Heiligen Geistes stand. Das gab ihm eine große Autorität, der auch ich mich widerspruchslos beugte. Aber diese Autorität war verbunden mit einer herzlichen Gütigkeit.

Man mußte ihn liebhaben.

Ich lernte Böhm im Jahre 1924, als die große Gemeinde Essen-Altstadt mich zu ihrem Pfarrer wählte, flüchtig kennen. Er leitete damals den Arbeiter-Verein, in dem sich Hunderte von Kruppschen Arbeitern sammelten, die durch die Erweckung unter Dammann zum Glauben an den Herrn Jesus gekommen waren. Nun bestand die Sitte, daß jeder neue Pfarrer der Altstadt-Gemeinde sogleich nach seinem Amtsantritt zum Ehrenmitglied im Arbeiter-Verein ernannt wurde. Das geschah in einer Feierstunde, zu der eine große Schar von Arbeitern zusammenkam.

Die volle Versammlung hat mir Eindruck gemacht, zumal man sonst in kirchlichen Veranstaltungen selten so viele Arbeiter beieinander sieht. Eindruck machte mir auch die klare, geistlich-biblische Gestaltung dieser Stunde. Aber es kam mir doch ein wenig komisch vor, daß ich Ehrenmitglied wurde, ohne bisher auch nur das Geringste getan zu haben. Doch ließ ich die Sache über mich ergehen. Ich kann nicht sagen, daß Böhm mich damals besonders beeindruckt hätte. Das geschah erst wenige Wochen später. Da fand in Essen die jährliche Gemeinschaftskonferenz, die Tersteegensruh-Konferenz, statt. Mein Vater hatte kurz vor seinem Heimgang bei dieser Konferenz einen biblischen Vortrag gehalten. Er war tiefbewegt zurückgekommen und hatte immer wieder erzählt, wie eindrücklich und herrlich es gewesen sei, zu einer solch großen Schar von Leuten zu sprechen, die „mit Ernst Christen sein wollten".

So besuchte ich denn mit meiner jungen Frau eine der Versammlungen. Wir setzten uns in die letzte Reihe. Denn ich wollte eigentlich nur mal beobachten, was denn da vor sich ginge. Als Pfarrer interessiert man sich schließlich für alle geistigen und geistlichen Bewegungen in der Gemeinde.

Da ging, ehe die Versammlung begann, Böhm durch den Saal. Er sah mich, kam auf mich zu, begrüßte mich freundlich und sagte dann: „Setzen Sie sich bitte auf das Podium!" Ich wehrte erschrocken ab. Denn ich war ja eben 27 Jahre alt geworden. Und da oben saßen alte, gereifte Männer. Nein! Dahin paßte ich nicht. So lehnte ich also ein wenig verlegen diese Zumutung ab.

Aber nun lernte ich zum erstenmal Böhm richtig kennen. Mit großem Nachdruck sagte er: „Bekennen Sie sich doch zu den Kindern Gottes!"

In diesem Augenblick stürmte mir eine Menge von Gedanken durch den Kopf. Ich erkannte, wie die Menschen, die ihres Heils gewiß sind und die mit Ernst Jesus nachfolgen wollen, auch in der Kirche oft verachtet sind. Ich erinnerte mich daran, wie mein Vater auf dem Sterbebett zu mir gesagt hatte: „Halte dich immer zu den Stillen im Lande! Sie sind oft wunderlich. Denn sie bekommen Prügel von den Weltmenschen und von den Kirchenleuten. Aber hier findest du Brüder, auf die du dich verlassen kannst. Und bei diesen Leuten hast du immer einen Halt in Anfechtungen!" Ja, ich ahnte, daß der Schritt auf das Podium meinem Leben eine ganz bestimmte Richtung geben würde. Und davor fürchtete ich mich ein wenig. Über allem aber wirkte die Autorität Böhms, der schwer zu widerstehen war. Immer noch zeigte er auf das Podium.

Da verließ ich meine Frau und stieg hinauf. Und damit tat sich mir eine neue Welt auf.

Ich hatte solche lieben Brüder wohl schon gefunden in den schwäbischen Gemeinschaften. So war ich also vorbereitet. Aber hier war es noch ein wenig anders als in den schwäbischen Bauernstuben. Ich kann schlecht sagen, worin das Andere bestand. Vielleicht war es dies: In ein schwäbisches Dorf paßt solch eine Gemeinschaft hinein. Aber hier in der lauten, aufstrebenden, gewaltigen Industriestadt war sie wie ein Wunder.

Und dann – hier auf dem Podium saßen bedeutende Leute. Da war Dannert, der langjährige Herausgeber des „Neukirchener Abreißkalenders". Da waren Kaufleute, deren Namen ich auf den Werbetafeln ihrer Firmen schon gelesen hatte. Da war der geistesgewaltige, stille, liebe Pfarrer Christlieb aus Heidberg, der mich mit den Worten begrüßte: „Wir sind in derselben Lage: Kleine Söhne großer Väter!" Da saßen die Missionsinspektoren Nitsch, Henrichs und Hoffmann.

Als Böhm mich Hoffmann vorstellte, stammelte ich: „Sie kenne ich schon!" Es stand nämlich vor mir eine köstliche Erinnerung, die ich hier einfügen möchte:

Mein Vater, Dr. Wilhelm Busch, Pfarrer in Frankfurt am Main, war ein großer Missionsfreund. Und darum war es ihm ein Schmerz, daß seine reiche Parochie in Frankfurt-Süd keinerlei Missions-Interesse zeigte. Nun kam ihm eines

Tages eine großartige Idee. Er sagte sich: „Bei diesen Leuten gilt nur, was viel Geld kostet." So lud er in einem persönlichen Schreiben 100 ganz reiche Leute der Parochie zu einem Missions-Tee ein. Eintritt: 10 Goldmark. Ein Goldstück war damals um das Jahr 1910 viel, sehr viel Geld. Und siehe, sie kamen! Herrliche Kutschen fuhren vor. Ich durfte mit meinen 14 Jahren an der Kasse sitzen und die Eintrittskarten verkaufen. Und dann kostete alles Geld: die Garderobe, der Tee und der Kuchen.

Bei diesem gesellschaftlichen Ereignis wurde nichts weiter geboten, als daß Hoffmann von seiner Arbeit als Pioniermissionar in Neuguinea berichtete. Der Eindruck war ungeheuer. All den Geldleuten ging eine neue Welt auf. So gab es am Schluß noch eine Sammlung für die Mission, wie sie wohl selten zusammengekommen ist. Das Wichtigste aber war: Dem Missionssinn war eine Bahn gebrochen, und einige Zeit später konnte eine Missions-Ausstellung stattfinden, zu der alles Volk erschien.

Damals also hatte ich als Junge den Missionar Hoffmann gesehen. Nun durfte ich neben ihm auf dem Podium sitzen. Es war aufregend! Ich hätte mir in dieser Stunde nicht träumen lassen, daß ich einst selber diese Konferenz leiten würde. So hat Böhm mich in die Kreise des rheinischen Pietismus hineingeführt. Der Einfluß der Menschen, mit denen ich durch diese Konferenzen in Verbindung kam, hat mein Glaubensleben nachdrücklich bestimmt.

Je mehr ich nun in die Tersteegensruh-Konferenz hineinwuchs, desto mehr lernte ich Böhm schätzen. Welch ein demütiger Mann war er! Ich habe nie erlebt, daß er das Wort ergriffen hätte, obwohl er sicher viel zu sagen hatte. Er blieb im Hintergrund und sorgte dafür, daß es keine Pannen gab. Er hatte Kaffee bereit für die müden Redner. Er kümmerte sich darum, daß schwärmerische Geister dem Redner-Podium fernblieben. Er sorgte dafür, daß die Redner Autos zur Verfügung hatten, die sie in die Quartiere brachten. Er ermunterte schüchterne Leute, sich am Gebet und an der

Aussprache zu beteiligen. Er war der gute Geist im Hintergrund.

Daß er dabei mit großer Energie verfahren konnte, zeigt die Geschichte der Konferenz:

Die Konferenz war im Jahre 1900 zum erstenmal in Mülheim a. d. Ruhr zusammengetreten. Dort gab es eine Waldhöhe, auf der der Gottesmann und Liederdichter Tersteegen gern geweilt hatte. Es findet sich noch ein Stein an der Stelle, wo er oft geruht und auch gepredigt hat. Darum heißt die Höhe „Tersteegensruh". In einer Kaffeewirtschaft auf der Höhe, die einem gläubigen Christen gehörte, fanden die ersten Versammlungen statt.

Als nun in den Anfangsjahren des neuen Jahrhunderts die schwärmerische Pfingstbewegung die Geister gerade in Mülheim verwirrte, verlegte Böhm selbständig die Konferenz zuerst nach Gelsenkirchen und dann nach Essen, um sie aus diesen Wirren herauszuhalten. Wenn es die klare geistliche Linie galt, konnte er unerbittlich sein.

Aber als wirklicher Vater trat er in Erscheinung an dem Tag nach den Konferenzen. Da kamen die Brüder vom Komitee und die Redner in seinem schönen Hause im Essener Stadtwald zusammen. Man betrachtete zuerst Gottes Wort, dann wurde die verflossene Konferenz einer Kritik unterzogen. Und schließlich wurden Thema und Redner für die nächste Konferenz besprochen.

Anschließend waren wir Böhms Gäste beim Mittagessen. Meist war das Wetter schön, so daß man unter einer blühenden Rosen-Pergola tafeln konnte. Diese Gastmähler unter den Rosen sind mir unvergeßlich. Wie köstlich war die Gemeinschaft der Brüder! Wie wurde da oft herzlich gelacht! Welchen Reichtum empfing ich junger Mann, wenn die Brüder aus ihren mancherlei Erfahrungen berichteten!

Besonders dankbar bin ich diesem Vater in Christo für die Unerbittlichkeit seines Urteils, wenn er mit einer Predigt oder Bibelstunde nicht zufrieden war.

Einst hatte ich über die alttestamentliche Geschichte gesprochen, in der berichtet wird, wie Gottes Volk in der Wüste kein Wasser hatte; wie Gott dem Mose befahl, den Felsen zu schlagen, und wie dann reichlich Wasser aus dem Felsen floß. Ich führte aus, wie Gott für sein Volk sorgt und wie er es erquickt in der Wüste dieser Welt.

Ich war überzeugt, daß ich herrlich gesprochen hatte. Ja, diesmal war es mir gelungen, die Herzen zu bewegen. Sogar meine Frau drückte mir nachher dankbar die Hand.

Und dann trat Böhm auf mich zu. Ob er mir wohl auch ein Lob spenden wollte?! Es kam ganz anders. Er sagte: „Im Neuen Testament ist von dieser Geschichte auch die Rede. Dort steht: ‚Der geistliche Fels, der nachfolgte, war Christus.' Davon habe ich in Ihrer Auslegung nichts gehört!"

Dann verabschiedete er sich. Ich war tief erschüttert. Mir gingen viele Lichter auf:

1. Daß die Predigten, die wir für gut halten, oft die allerkümmerlichsten sind und in der Kritik reifer Christen mit Recht verworfen werden. Ja, wahrscheinlich werden sie auch von Gott verworfen um unseres Hochmuts willen.

2. Daß ich noch wenig Ahnung hatte von den Geheimnissen der Bibel und von dem wichtigen Zusammenhang zwischen dem Alten und dem Neuen Testament.

3. Daß es eine wundervolle Sache ist, Brüder zu haben, die einem jungen Pfarrer weiterhelfen.

Eine nette Geschichte habe ich mit Böhm erlebt, bei der er selber gar nicht dabei war:

Ich saß während der Hitler-Herrschaft einige Wochen im Gelsenkirchener Polizei-Gefängnis, im Keller des Präsidiums. Es war eine bedrückend schwere Zeit, denn ich weiß bis heute nicht recht, warum man mich verhaftet hatte. So war mir auch ganz unklar, was wohl mit mir geschehen würde. Zugleich aber gehören diese Wochen zu den herrlichsten meines Lebens. Denn mitten in der tiefsten Verzweiflung kam Jesus zu mir und erfüllte meine schmutzige Zelle mit solcher Herrlichkeit, daß ich reich wurde an Trost und Freude. Ich verstand auf einmal den Apostel Paulus, der in Philippi in der Zelle Loblieder sang.

Eines Tages ging die Zellentür auf, und es erschien ein Wachtmeister: „Draußen ist ein alter Mann, der Ihnen einen Korb mit Obst gebracht hat. Das Obst bekommen Sie nicht! Aber die Karte, die dabei war, darf ich Ihnen ausliefern."

Ich nahm die Karte. Es stand ein Bibelwort darauf, das mich mit seinem Trost geradezu überflutete. „Danke!" sagte ich. Aber der Wächter war noch nicht fertig. „Eine Karte mit einem Bibelspruch!" meinte er verächtlich. „Das ist wohl ein Sektenprediger, der Ihnen das gebracht hat!" Nun mußte ich lachen. „Nein! Das ist kein Sektenprediger! Das ist der Herr Böhm, der das große Schuhhaus in der Bahnhofstraße hat."

Nun war er „platt". „Was? Das ist der Böhm vom Schuhhaus Böhmer?! Na ja! Aber überspannt ist es doch!"

„Nein! Das ist nicht überspannt! Ich fürchte, Sie kennen den Herrn Jesus nicht! Sie wissen nichts vom Frieden mit Gott!"

Jetzt wurde er böse: „*Sie* sind wohl ein Sektenprediger!" brüllte er. „*Sie* sind völlig überspannt!"

„Nein!" schrie ich. „Aber *Sie* sind ein armer Mann. Und ich möchte lieber mein Leben lang hier in meiner Zelle sitzen als mit Ihnen tauschen!"

„Das ist überspannt!" keuchte er geradezu vor Wut und schlug die eiserne Tür zu. Auf dem Gang hörte ich ihn noch brüllen: „Das ist überspannt! Das ist überspannt!" Ich aber sang leise – laut durfte man nicht –: „Jesu, meine Freude . . ."

Später hat mich Gott über diesem Gespräch sehr gedemütigt und mir gesagt, daß ich ein schlechter Seelsorger sei und daß Seelsorge im Zorn eine ungute Sache sei.

Es scheint, daß der Wärter auch hinterher noch einiges gedacht hat, denn er behandelte mich von da an sehr freundlich, und wir wurden – soweit das unter solchen Umständen geht – noch gute Freunde. Als ich einst hörte, daß im Hof des Gefängnisses Koks geschippt wurde, bat ich ihn, er möge mich doch mitarbeiten lassen, denn ich hätte jetzt körperliche Bewegung nötig. Da erwiderte er lachend: „Ach, Sie gehören zu der Sorte von Gefangenen, die nachher Bücher über ihre Gefängniszeit schreibt. Da soll's mal nicht heißen, ich hätte Sie Koks schippen lassen!"

So verdanke ich dem lieben Wilhelm Böhm nicht nur die Bruderschaft mit den Männern der Tersteegensruh-Konferenz, sondern sogar die zarte Freundschaft mit einem Gefängniswärter.

Zum Schluß sei der Satz gesagt, den ich wohl am meisten aus dem Munde dieses treuen väterlichen Freundes gehört habe: „Der Herr ist gut, in dessen Dienst wir steh'n!"

Hans Haberl
und wo einer am besten schlief

Mit ein paar Freunden ging ich einst durch Wien.

„Liebe Brüder", sagte ich, „habt ihr schon einmal einen Wiener richtig schimpfen gehört? Ich nicht! Wir wollen jetzt bei unserm Stadtbummel ein wenig aufpassen, ob wir nicht einen schimpfenden oder unfreundlichen Wiener sehen!"

Alle lachten. Aber alle hielten die Augen und Ohren offen. Und siehe da: Irgendwo in einem Torbogen hörten wir eine rauhe, scheltende Stimme. Wir rannten hin, um den unfreundlichen Wiener zu sehen. Und was stellten wir fest? Es war ein Deutscher, der dort im Torbogen seinem Zorn freien Lauf ließ.

Sie sind freundliche, höfliche Leute, die Österreicher. Mit einem österreichischen Rechtsanwalt ging ich einst zum Abendessen in ein Hotel. Dort wurde dann nicht einfach ein Essen bestellt. Nein! In ernster Beratung mit dem „Herrn Ober" wurde ein Dinner komponiert – wie eine Symphonie. Wie sprang der „Herr Ober", um solch einem Kenner guter Mahlzeiten sogar die rohen Fleischstücke auf großer Platte herbeizutragen, damit der verehrte Gast sich die gewünschten heraussuchen konnte, ehe sie in den Grill oder in die Pfanne kamen.

Welch ein herzliches Verhältnis war da nach wenigen Minuten zwischen dem Gast und dem „Herrn Ober"!

Und als das alles zur Zufriedenheit in die Wege geleitet war, erklärte mir der Rechtsanwalt die verschiedenen Stufen der österreichischen Grüße. Nichts von einem monotonen „Mahlzeit!" oder „'n-Tach!". Das ging von „Habe die Ehre!" durch viele Grade der Ehrerbietung und Zuneigung bis zum höchsten („Aber das müssen'S zerschmelzen!"): „Erge-e-ebenheit!" Und dann machte er vor, wie ein starker Mann „zerschmilzt".

In der Tat: Höfliche und freundliche Leute sind die Österreicher.

Und wenn nun ein solcher Österreicher sich zum Herrn Jesus bekehrt und unter dem Einfluß des Heiligen Geistes steht, dessen Früchte ja Liebe, Freude, Friede, Geduld, Freundlichkeit, Gütigkeit sind, – ja, dann kommt etwas Bezauberndes heraus.

Und solch einen Österreicher habe ich kennengelernt. Sein Bild hängt an der Wand meines Studierzimmers. Er hieß Hans Haberl, war Professor an einer höheren Schule und „Doktor E. h. der Heiligen Schrift".

Wie soll ich das Bild beschreiben? Die untere Gesichtshälfte ist verdeckt durch ein wildes, ziemlich ungepflegtes Bartgewucher. Aber was darüber ist, scheint wie die helle Sonne, ist strahlende Güte, ist erfüllt mit gottgeschenkter Heiterkeit.

Ja, diese mitreißende Heiterkeit bekamen meine Freunde und ich einmal zu spüren, als er uns zu einer „Jause" abends um 11.00 Uhr einlud. „Na! Vorher haben Sie doch einen Vortrag, zu dem ich – beiläufig gesagt – auch kommen werde", meinte er. „Und dann müssen Sie sich ein wenig ausruhen. Drum sagen wir um 11.00 Uhr heute abend!"

Spät am Abend also saßen wir bei festlichem Mahl in seinem Wohnzimmer. Mitten aus einem tiefsinnigen Gespräch heraus sagte Haberl: „Jetzt müssen Sie aber auch ein paar österreichische Liedlein hören!" Schon hatte er die Klampfe in der Hand und sang mit seiner rauhen Stimme entzückende und geistreiche „Schnadahüpfel".

Und dann zeigte er uns sein Studierzimmer. Wie sah es da aus! Bücherwände! Stapel von Büchern und gelehrten Broschüren auf Tischen, Stühlen, Sesseln. Ja, sogar auf dem Boden! Und dazwischen – wie eingemauert – Kaffeemaschinen: uralte, mit Petroleumflamme zu heizen, und ganz moderne mit elektrischem Anschluß. „Da mache ich mir einen Kaffee, wenn ich nachts arbeite und ein wenig müde werde."

Erschrocken stammelte ich: „Und wann schlafen Sie denn, Herr Professor?" Wie aus der Pistole geschossen kam die Antwort: „In Sitzungen!"

Alles lachte. Und in dem Gelächter ging jede weitere Frage unter.

Dabei war dieser originelle Mann alles andere als ein Spaßmacher. Jahrelang war er Vorsitzender des CVJM in Wien. Und er war nicht nur der Mann, der „vorsaß". Er war ein Seelsorger für viele junge Männer. Und er rang mit tödlichem Ernst darum, daß die kleine evangelische Christenheit in Österreich eine geistliche Gewalt habe.

Ich hielt damals Vorträge auf Einladung des CVJM. Haberl war jeden Abend dabei. Und ich merkte ihm an, wie er betend und mitkämpfend vor dem Rednerpult saß.

Einige Sätze aus einem von ihm veröffentlichten Buch lassen erkennen, wie er das „Evangelisch-Sein" verstand. In diesen Sätzen spricht er vom „Priestertum". Und dabei hat er immer unsern großen Hohenpriester, den Sohn Gottes, im Blickfeld. Aber ebenso auch die Jesus-Jünger, denen ja der Apostel Petrus sagt, sie sollen ein „priesterlich Volk" sein. „Ein echter Priester, der sich eins setzt mit seinem Volk, macht sich zur Mauer für sie. Daß Gott ihm selber hold und gut ist, kann ihm nicht genügen, und daß er ihm entgegenkommt, befriedigt ihn noch nicht. Nichts ist seinem Begehren zu hoch ... Eines Priesters Amt ist es, vor Gott für sein Volk einzustehen. Die Schuld und die Not seiner Leute hat er erbarmend zu tragen und Gnade und Abhilfe zu begehren ..."

Gottfried Daniel Krummacher und was man als Luftschutzgepäck mitnahm

Oft stehen Besucher nachdenklich vor den Bildern in meinem Studierzimmer. Dann kann es wohl geschehen, daß jemand erstaunt auf ein schwarzgerahmtes Bild zeigt und fast erregt fragt: „Wer ist denn das?! Das ist ja ein seltsamer Kopf!"

Das Bild zeigt einen Pfarrer im Talar. Nun, Talare gibt es häufig. Aber solch ein Kopf ist einmalig. Ein richtiger „Quadratschädel". Dichtes, schwarzes Haar wächst wie ein Pelz weit in die Stirn und in die Schläfen. Große, nachdenkliche Augen unter hochgeschweiften Augenbrauen schauen den Besucher an. Über dem Gesicht liegt ein schwer deutbarer Zug. Ich glaube, so hat der alttestamentliche Erzvater Jakob ausgesehen, als er nach einer Nacht, in der er mit dem „Engel des Herrn" gekämpft hatte, seinem feindlichen Bruder Esau entgegenzog. Da konnte man auf seinem Gesicht lesen: „Was können mir Menschen tun?! Ich habe mit Gott gekämpft, und meine Seele ist genesen!"

Ja, das könnte man auch aus dem Gesicht dieses Mannes lesen. Und es ist charakteristisch, daß Gottfried Daniel Krummacher über den Kampf Jakobs mit dem „Engel des Herrn" zwölf Predigten gehalten hat, die weit über das hinausgehen, was man sonst in Predigtbüchern findet. Diese Predigten, in denen Krummacher den Kampf einer Menschenseele mit dem geoffenbarten Gott Jesus schildert, gehören zu den Kleinodien meiner Bücherei. Hier spricht ein Mann, der in Abgründen der Angst vor Gott war und der in Jesus das ewige Heil gefunden hat.

„Der Mann muß etwas Besonderes gewesen sein!" sagte einmal einer meiner Besucher. Und das ist wahr. Er war etwas Besonderes. Und darum tut es mir weh, daß so wenige heute von ihm wissen.

Nun, ich wußte als junger Pfarrer auch nichts von ihm. Ich hatte wohl in manchen Semestern Kirchengeschichte studiert. Aber Gottfried Daniel Krummacher war dabei nicht erwähnt worden. Ich bin froh darüber, daß heute ein Professor der Theologie, Erich Beyreuther, sich das Studium der großen Erwecker zur Aufgabe gemacht hat und durch viele Veröffentlichungen die Gemeinde auf diese Leute hinweist.

Wie kam es denn, daß ich Krummacher entdeckte? Er war nämlich eine Entdeckung, die für mich so wichtig war wie die Entdeckung Amerikas für Kolumbus.

In der Mitte der dreißiger Jahre bekam ich einen Brief vom Furche-Verlag. In dem wurde ich aufgefordert, ein Buch zu schreiben über die Männer des rheinisch-westfälischen Pietismus.

Das war ein Auftrag nach meinem Herzen. Sofort machte ich mich an die schöne Arbeit, soweit mein Jugendpfarramt mir Zeit dazu ließ.

Diese Arbeit führte mich besonders in das 19. Jahrhundert. Da bietet sich folgendes Bild: Um 1800 hatte die Weltanschauung der „Aufklärung" sich über alle Länder Europas verbreitet. Man nennt diese Bewegung auch „Rationalismus" (von dem lateinischen Wort „ratio" = Vernunft). Die menschliche Vernunft war die alles beherrschende Göttin. Es war eine geistig lebendige Zeit. Kürzlich las ich den Satz: „Damals war jeder Schneider und Schuster ein kleiner Philosoph."

Die Kirchen fühlten sich verpflichtet, dem Zeitgeist entgegenzukommen. Das Christentum der Bibel, das von „Offenbarung Gottes" spricht, trat immer mehr zurück vor einer Theologie der Vernunft. Und das nun war eine unsagbar dünne Suppe, die sich zum Evangelium verhielt wie eine warme Limonade zu starkem „Freudenwein". Das Schlimme war, daß die Menschen diese Bereitschaft, modern zu sein, nicht honorierten. Die Kirchen veródeten. Wer wollte auch das hören, was in jeder Zeitung stand!

Aber dann traten um die Mitte des Jahrhunderts Männer hervor, Laien und Theologen, die zur Bibel zurückfanden und gegen den Strom schwammen. Um sie herum entstanden gewaltige Bewegungen. Wir nennen sie „Erweckungsbewegung". Ihre Haupt-Träger waren in Württemberg Ludwig Hofacker, in Baden Aloys Henhöfer, im Siegerland der Gerbermeister Tillmann Siebel, im westfälischen Ravensberger-Land Johann Heinrich Volkening, im Wuppertal Gottfried Daniel Krummacher, in der Lüneburger Heide Ludwig Harms. So stieß ich also bei der Arbeit an meinem Buch auf diesen Gottfried Daniel Krummacher. *)

Daß man bei ihm so ausführlich die Vornamen nennt, ist nicht Spielerei. Denn als ich anfing, über Krummacher zu arbeiten, wurde ich zuerst sehr verwirrt, weil es so viele Krummacher gegeben hat, die im geistlichen Leben unseres Vaterlandes eine Rolle gespielt haben.

Erst allmählich lernte ich sie unterscheiden. Da ist der älteste, *Friedrich Adolf Krummacher*, zuerst Professor in Duisburg, später Pfarrer in Bremen. Von dem stammt das schöne Lied: „Eine Herde und ein Hirt ..." Wie hat mich schon als Junge auf Missionsfesten der Vers gepackt:

> „Sieh, das Heer der Nebel flieht
> Vor des Morgenrotes Helle,
> Und der Sohn der Wüste kniet
> Dürstend an der Lebensquelle,
> Ihn umleuchtet Morgenlicht.
> Jesus hält, was er verspricht."

Daß dies Lied im „Dritten Reich" als besonders verwerflich von dem weltanschaulichen Leiter Rosenberg angeprangert wurde, war eine späte Ehrung für den ersten Krummacher. Rosenberg war der Gedanke „Eine Herde und ein Hirt" unerträglich, weil er dem Gedanken einer „Herrenrasse" auffällig widerspricht.

---

*) Das Buch erschien 1938 unter dem Titel „Die von Herzen dir nachwandeln". Später übernahm es der Schriftenmissions-Verlag, Gladbeck, der es kürzlich in einer neuen Auflage herausgab.

Die Lieder von Friedrich Adolf Krummacher hatten offenbar das Schicksal, im „Dritten Reich" besonders anstößig zu wirken. So war es ja fast eine politische Aussage, wenn wir sein Lied sangen: „Stern, auf den ich schaue, / Fels, auf dem ich steh, / Führer, dem ich traue . . .", wo von uns Gehorsam verlangt wurde einem andern Führer gegenüber, dem wir nicht mehr trauen konnten.

Dann entdeckte ich den Sohn Friedrich Adolfs, den *Friedrich Wilhelm Krummacher*, zuerst Prediger in Wuppertal, dann Hof- und Domprediger in Potsdam. Von ihm stammt das Lied: „Du Stern in allen Nächten . . .", das wir in den Vereinen des „Westdeutschen Jungmännerbundes" gern singen. Wie hat es oft die Herzen junger Männer mitgerissen, wenn gesungen wurde:

> „Es ist ein froh Getöne
> Ringsum im Land erwacht,
> Das hat uns, deine Söhne,
> Vom Schlafe wach gemacht.
> Weinleselieder schwingen
> Sich durch die öde Welt,
> Und Sens' und Sichel klingen
> In deinem Erntefeld.

> Das klingt uns wundersüße,
> Das dringt durch Mark und Bein.
> Ach, stünden unsre Füße
> Auch bei den Schnittern dein!
> Ach, wär dein Garbenacker
> Auch unser Arbeitsplan!
> Herr Jesu, mach uns wacker;
> Nimm unser Helfen an."

Und wie hat es getröstet und wieder aufgerichtet, wenn es in dem Lied heißt:

> „Das war ja so dein Wesen
> Von alten Tagen her,
> Daß du dir hast erlesen,
> Was arm, gebeugt und leer,

> Daß mit zerbroch'nen Stäben
> Du deine Wunder tatst
> Und mit geknickten Reben
> Die Feinde untertratst."

Wenn ich in den Vorstands-Sitzungen des „Westdeutschen Jungmännerbundes" in der Besenbruchstraße in Wuppertal saß, ging mein Blick immer hinüber zu einem Bild, auf dem der „Jünglings-Vater", *Karl Krummacher*, zu sehen war, ein Mann, der in der Geschichte der rheinisch-westfälischen Jugendarbeit eine wichtige Rolle gespielt hat.

Ja, bis in die Gegenwart hinein stoße ich auf die Krummachers. Da hatte ich nach dem Zweiten Weltkrieg eine Evangelisation in dem von uns getrennten Teil Deutschlands, in Saßnitz auf Rügen. Als ich ankam, teilten mir die Brüder mit: „Unser Bischof Krummacher ist zwar bei einer Tagung in Berlin. Aber er kommt doch heute abend extra von Berlin her, um diese Evangelisation zu eröffnen."

Das Bild vergesse ich nicht: Auf den Dünen über Saßnitz saßen etwa 1000 Menschen auf alten Fischkisten, die unsere Freunde aus dem Fischkombinat bekommen hatten. Trotz des fürchterlichen Regens saßen sie da und hörten zuerst den Posaunen zu. Wie schallten die Klänge des Chorals über die Dächer von Saßnitz und hinaus auf die See, wo einige russische Kanonenboote kreuzten!

Und unbekümmert um den Regen stand dann auf dem Podium Bischof Krummacher und sprach so herzlich, daß er die Türen für meine Verkündigung weit aufstieß.

Wir vergaßen darüber den strömenden Regen und die traurige Tatsache, daß die Kirche so baufällig war, daß sie nicht benutzt werden konnte.

Allmählich lernte ich also die vielen Krummacher unterscheiden. Und immer deutlicher trat das Bild des geistesgewaltigen *Gottfried Daniel* hervor.

1774 wurde er geboren. Der Bruder Friedrich Adolf erzählte später, die Jungen wären dem Gottfried Daniel manchmal „kainitisch böse gewesen" und hätten ihn „von sich ausgestoßen". Denn sie hätten ihm den Namen Daniel nicht gegönnt, der so „eigentümlich und seltsamen Wesens" war. Das bezieht sich wohl ebensosehr auf den Namen Daniel wie auf den Jungen selbst.

Als Theologiestudent geriet Gottfried Daniel in schwere innere Kämpfe. Bald wurde er von dieser Aufklärungstheologie angezogen, bald aber stieß ihn ihre Art, von heiligen Dingen zu reden, ab.

Er liebte ein Buch, das F. A. Hasenkampf über „die verdunkelnde Aufklärung" geschrieben hatte, „wo man Parforce-Jagd macht auf alles, was Offenbarung heißt". Es wurde ihm immer mehr klar: „Diese Aufklärer plündern die Bibel und entweihen das Christentum. Welche sich ihnen widersetzen, die Wahrheit in Schutz nehmen und öffentlich fürs Christentum herauskommen, werden von ihnen und ihren Gesellen als Schwärmer und Dummköpfe weggeschlagen, damit die andern desto sicherer plündern und rauben können."

Ein entscheidendes Erlebnis hatte Krummacher, als er Pfarrer in Baerl am Niederrhein geworden war.

Eines Abends ging er an einer Schule vorbei. Da hörte er ein geistliches Lied, gesungen von ein paar Männerstimmen. Neugierig trat er ein und fand drei Männer, einen Lehrer, einen Schneider und einen Bauern. Auf die Frage, was sie denn hier machten, erklärten sie ihm, sie läsen zusammen Tersteegens Schriften und die Bibel und anschließend beteten sie. Krummacher bat, daß er dableiben dürfe. Und nun sprachen sie über die „Gaben des Heiligen Geistes". Krummacher bekannte, davon habe er keine Ahnung.

Statt ihm Vorwürfe zu machen über seine geringe geistliche Erkenntnis, legte ihm der alte Schneider die Hand auf die Schulter und sagte nur: „O Herr Prediger! Was für ein Amt ist Ihnen übertragen! Sie sollen ein Brautwerber des Herrn Jesus sein und ihm seine mit Blut erkauften Schäflein hüten! O daß doch der Heilige Geist in reichem Maße über Sie kommen und auf Ihnen ruhen möge!"

Da liefen dem tiefbewegten Gottfried Daniel die Tränen aus den Augen. Der Alte fuhr fort: „Die Lehrer werden leuchten wie des Himmels Glanz und die, so viele zur Gerechtigkeit weisen, wie die Sterne immer und ewiglich."

Krummacher war keines Wortes mächtig. Stumm ging er heim. Dort warf er sich auf die Knie. Und nun begann ein ungeheures inneres Ringen.

Hier wurde der große Erweckungsprediger des Wuppertals neu-geboren. Von da an hielt er sich zu den „Fienen" oder „Pietisten".

Das war ihm selbst verwunderlich. Denn als er noch ein junger Student war, hatte er einmal gefragt, was das denn für Leute seien. Da bekam er die Antwort: „Ein Pietist ist ein Heuchler." Das war – und ist weithin heute noch – die allgemeine Meinung. Es gibt aus jener Zeit eine köstliche Geschichte. Im Jahre 1853 fragte Bismarck, der in naher Verbindung zu Pietisten stand, den damaligen Prinzen, den späteren Kaiser Wilhelm I., was er denn unter einem Pietisten sich vorstelle. Der Prinz antwortete: „Ein Pietist ist ein Mensch, der in der Religion heuchelt, um Karriere zu machen." Darauf Bismarck: „Ich würde so sagen: Ein Pietist ist ein Mensch, der orthodox an die göttliche Offenbarung in Christus glaubt und aus seinem Glauben kein Geheimnis macht." – „Was heißt denn orthodox?" fragte der Prinz. Darauf Bismarck: „Beispielsweise jemand, der ernstlich daran glaubt, daß Jesus Christus Gottes Sohn und für uns gestorben ist als ein Opfer zur Vergebung unserer Sünden." Errötend rief der Prinz: „Wer ist denn so gottverlassen, daß er das nicht glaubt?!" Bismarck lächelte und meinte: „Wenn diese Äußerung öffentlich bekannt würde, so würde Ew. Königliche Hoheit selbst zu den Pietisten gezählt werden."

Nun, Krummacher zählte sich zu ihnen, als er sein Amt in Wuppertal antrat. Hier gab Gott durch ihn eine gewaltige Bewegung, deren Spuren bis heute im Wuppertal nicht auszulöschen sind. In einem alten Bericht heißt es: „Die Kirchen faßten die sich herzudrängenden Hörermassen nicht mehr." Im Mittelpunkt seiner Predigt stand die „Rechtfertigung des

Sünders". „Die Gläubigen sind straffrei und sind es von Rechts wegen." So verkündete er.

Krummacher konnte nicht genug rühmen, daß der Sohn Gottes am Kreuz die Strafe und das Gericht Gottes für uns getragen hat. „Straft nun die weltliche Obrigkeit das nämliche Verbrechen nie zweimal, wieviel weniger ist dies von der göttlichen Gerechtigkeit zu erwarten!"

Das war Trost für unruhige Gewissen. Und doch gingen die Hörer von der Predigt fort in der starken Überzeugung, daß aus dieser „Rechtfertigung" nun Früchte im praktischen Leben erwachsen müßten. „Wie?! Sollte Christus die in der Sünde fortleben lassen, welche er davon erlöst und erkauft hat?!" rief Krummacher.

Von weither kamen die Menschen, diese vollmächtige Predigt zu hören.

Bald stand Krummacher im Mittelpunkt des öffentlichen Interesses. Der Mitbegründer des Marxismus, Friedrich Engels, schreibt in „Briefe aus dem Wuppertal": „Krummacher war von so merkwürdigen Sitten, daß tausend Anekdoten von ihm zirkulieren, nach denen man ihn für einen kuriosen Sonderling oder einen herzlich groben Mann halten muß."

Nun, dies Urteil war nicht ganz abwegig. Der immer unverheiratet gebliebene Mann hatte harte Ecken, an denen sich viele stießen.

So kam einst ein Kandidat der Theologie zu ihm und fragte ihn nach einer schweren Stelle in der Bibel. Krummacher sagte kurz angebunden: „Die verstehe ich auch nicht." Verwirrt wandte der Kandidat ein: „Warum stehen denn solche Stellen in der Bibel?" Krummacher entgegnete: „Damit solche Leute, wie Sie es sind, sich die Hörner daran abstoßen."

Viel Humor rief die seltsame Grabrede hervor, die er einem rationalistischen Konsistorialrat hielt: „Der Mann, dessen Leiche hier im Sarg liegt, war bei Lebzeiten Konsistorialrat und Prediger. Und was er noch mehr gewesen sein mag, mögen euch die Tränen der Umstehenden sagen." Die Tränen aber fehlten.

Bis in sein Sterben behielt er diese schroffe Art. Da fragte ihn jemand, ob er auch „Freudigkeit des Glaubens" habe. Er antwortete: „Nein! Aber ich weiß, daß mein Heiland für meine Sünden gestorben ist."

Gewiß war er ein „herzlich grober Mann". Aber suchenden Seelen gegenüber erwies er sich als ein wundervoll zarter Seelsorger.

Das erlebte der Gerbermeister Tillmann Siebel, der von Freudenberg bei Siegen hergewandert kam, um Krummacher zu hören. Als er nach dem Gottesdienst einen Mann fragte, wo denn Krummacher wohne, warnte der ihn: „Gehen Sie nicht hin! Der ist imstande, Ihnen die Tür zu weisen."

Das aber tat Krummacher nicht. Er erkannte in seinem Besucher die heilsverlangende Seele. So nahm er ihn freundlich auf und zeigte ihm klar den Weg zum ewigen Leben. Es entstand zwischen diesen Männern eine tiefe Freundschaft.

Und als durch Siebel die Erweckung in dem Land um Siegen herum aufbrach, nahm Krummacher herzlich Anteil. Ergreifend war es, als Siebel mit einigen Siegerländern kurz vor dem Tode Krummachers den letzten Besuch machte. Ihr Gespräch führte sie an die Tore des Himmels. Und als zum Schluß der Alte die viel Jüngeren segnete, da war es eine geradezu apostolische Situation.

Nun muß ich noch erzählen, wie ich selbst völlig unter die Gewalt der Krummacherschen Predigten geriet.

Ich hatte viel über Krummacher gelesen. Dabei fiel mir auf, daß in allen Berichten über ihn immer wieder gesagt wurde: „Wie wunderlich der Mann war, sieht man daraus, daß er zwei Jahre lang über die Lagerstätten des wandernden Israel in der Wüste predigte."

Das kam mir zuerst auch seltsam vor. Wie kann man denn predigen über einen Text wie den: „Von Moseroth zogen sie aus und lagerten sich in Bne-Jaakan" (4. Mose 33, 31)! Je öfter ich aber über diese „verrückten" Predigten las, desto größer wurde meine Neugier, sie selbst kennenzulernen. Im Buchhandel waren sie natürlich nicht zu haben. Doch hatte ich einen Freund, den Buchhändler Alfred Braun.

Den bat ich: „Versuche bitte, diese Predigten Krummachers über Israels Lagerstätten antiquarisch zu beschaffen!"

Es verging ein Jahr darüber. Eines Tages arbeitete ich in meinem Garten. Da kam mein Freund Alfred Braun und rief: „Ich hab's! Ich hab's! Aber – das bekommst du nicht! Das ist zu herrlich!"

Nun erfuhr ich: Er hatte den Band aufgetrieben. Der Titel heißt: „Die Wanderungen Israels durch die Wüste nach Kanaan. In Beziehung auf die inneren Führungen der Gläubigen beleuchtet in 91 Predigten".

Alfred Braun hatte angefangen, darin zu lesen, und war so gefesselt, daß er erklärte: „Dies Buch kann ich nicht hergeben!"

Er hat es mir dann doch geliehen. Und ich verstand, daß er dies Buch behalten wollte.

Nicht lange nachher ist Braun noch in jungen Jahren in die Ewigkeit abberufen worden. Den „Krummacher" vererbte er mir.

Es kam der Zweite Weltkrieg. In Essen nahmen die Fliegerangriffe zu. Unsere Keller boten keinen Schutz mehr. So rannte die ganze Familie, wenn die Sirenen ertönten, in einen nahen, tiefen, großen öffentlichen Bunker. Das „Luftschutzgepäck" wurde abends immer schon bereitgestellt, damit man es nur zu ergreifen brauchte und loslaufen konnte.

Dies Gepäck bekam eine eigenartige Bedeutung. Denn jetzt mußte jeder sich klar werden: „Was will ich unter allen Umständen retten? Was ist mir das Wichtigste von meinem Besitz? Es kann ja sein, daß ich nach dem Angriff meine Wohnung nur noch als Trümmerstätte vorfinde." Immer wieder habe ich mir gewünscht, ich könnte den Leuten in ihre Taschen und Koffer hineinsehen.

In meinem Luftschutzgepäck lag neben der Bibel der dicke Band „Krummacher: Die Wanderungen Israels". So lieb war mir das Buch geworden.

In all den Stunden, die man im Bunker verbrachte, las ich im „Krummacher". Und während draußen die Bomben die

Stadt in eine Wüste verwandelten, ließ ich mir von ihm zeigen, wie Gottes Volk durch die Wüste dieser Welt hindurchgeführt wird.

Und wenn große Nazi-Führer redeten, und wenn die Welt mit dem Gebrüll aus den Radios erfüllt war, nahm ich mir den „Krummacher" vor und hielt es mit dem König Salomo, der sagte: „Der Weisen Worte, in der Stille vernommen, sind besser denn der Herren Schreien unter den Narren" (Prediger 9, 17).

Nun muß ich hier einen kleinen Exkurs anschließen. Der Leser darf ihn getrost überschlagen. Aber mir ist er wichtig. Es hat mich immer wieder die Frage beschäftigt, woher diesen Erweckungspredigern die Macht kam, ganze Landstriche und Städte umzuwandeln. Bei der geringen Tiefenwirkung der heutigen Kirchen ist die Frage ja brennend.

Ich habe die Antwort, die ich für mich gefunden habe, 1962 aufgeschrieben in einer Festschrift für Präses Kurt Scharf („Männer der Evangelischen Kirche in Deutschland", Lettner-Verlag, Berlin-Stuttgart). Ich möchte hier wiederholen, was ich damals sagte:

„Als junger Pfarrer konnte ich mich nicht damit abfinden, daß von unseren Gottesdiensten so wenig Wirkung ausgeht. Wir haben doch eine Botschaft, die Menschen und Welt verändern kann!

Und da sagte ich mir: Es hat Prediger gegeben, unter deren Verkündigung wirklich etwas geschehen ist. Durch Volkenings Predigt in Jöllenbeck wurde das Ravensberger-Land von Grund auf verändert. Zu den Predigten des jungen Hofacker in Württemberg strömten Menschen herzu, die bisher völlig gleichgültig gewesen waren. Die Wirkungen von Ludwig Harms in der Lüneburger Heide sind heute noch festzustellen. – So sammelte ich mir aus Antiquariaten die Predigten dieser Männer. Ich geriet an den badischen Erweckungsprediger Henhöfer; an Gottfried Daniel Krummacher, der das Wuppertal bewegt hat; an den gewaltigen schwedischen Zeugen Rosenius, an den Engländer Spurgeon, an Zinzendorfs ‚Berliner Reden'. Es waren Lutheraner und

Reformierte darunter. Aber in einem waren sie eins: Ihre Predigt kreiste um Römer 3, um die Rechtfertigung des Sünders.

Nun, die Botschaft von Römer 3 ist seit der Reformation viel gepredigt worden. Aber je länger, je mehr wurde solche Predigt unaktuell, trocken, lehrhaft. Sie versenkte die Gemeinde in Schlaf. Und nun machte ich die Entdeckung: Die Erweckungsprediger verkündeten die freie Gnade Gottes für Sünder niemals so, daß die Menschen in eine trübe Sicherheit gerieten. Es geschah vielmehr das Eigentümliche, daß der Mensch durch die Predigt von dem, was Gott für ihn getan hat, im Gewissen getroffen und erweckt wurde, daß er aufstand und umkehrte. So entstand lebendige Gemeinde. Es wurde mir deutlich, daß wir viel mehr als bisher bei diesen von Gott legitimierten Predigern in die Schule gehen müßten. Ich bin gewiß, daß die evangelische Kirche steht und fällt mit ihrer Predigt. Und ich bin überzeugt, daß darin die eigentliche Aufgabe unserer Predigt besteht: die Rechtfertigung ‚erwecklich‘ zu predigen. Das gilt ebenso für unsere Predigten wie für die besondere Verkündigung der Evangelisation, die trotz mancher Veränderung der Zeiten auch heute noch ihre Bedeutung hat. Ein Leben lang habe ich mich darum gemüht. Dabei bin ich ein Schüler geblieben bis zu diesem Tag. Es gab Gottesdienste, in denen ich mich geradezu entschuldigte, daß ich so unaktuell predigen müsse. Aber ich habe erleben dürfen, daß solche Predigt Bewegung schafft. Es stellte sich heraus, daß die Predigt vom Kreuz in der Tat hochaktuell ist. Wenn vom ‚Frieden mit Gott‘ gepredigt wird, entdeckt der Mensch, was ihm fehlt und woher alle seine Nöte kommen. Ich lernte Paulus verstehen: ‚... daß ich nichts wüßte als Jesum Christum, den Gekreuzigten.‘

Die Frage nach der Predigt hat sich für mich zugespitzt, als ich Jugendpfarrer wurde. Jugend im Ruhrgebiet! Junges Volk, das von den Fragen unserer Zeit bewegt ist. Wird es das wirklich? Immer mehr sah ich, daß diese Jugend von Jahrzehnt zu Jahrzehnt leerer und snobistischer wurde. Ja,

111

ich habe entdeckt, daß dies die eigentliche geistige Not unserer Jugend ist, daß sie nichts mehr ernst nehmen kann. Nun dürfen wir erfahren, daß die Botschaft von Römer 3 eine Botschaft ist, die zum Ernst-Nehmen zwingt. Junges Volk horcht auf, wenn es diese Botschaft hört.

Ich weiß, daß die Vernunft vor diesem Wege warnt. Aber wir haben nicht der Vernunft zu folgen, sondern in Glauben und Gehorsam die uns befohlene Botschaft auszurichten – ohne nach dem ‚Erfolg' zu fragen. Dann stellt es sich aber heraus, daß Gott sich zu dieser Botschaft bekennt. Und wir dürfen staunend erfahren, daß unter unserer Verkündigung Menschen erweckt werden, Buße tun, umkehren. Und so sah ich Gemeinde entstehen, wirkliche, aktive, lebendige, opferfreudige, missionswillige Gemeinde."

Aber offenbar ist diese Antwort nicht genügend. Denn ein Jahr später etwa, nachdem ich dies geschrieben hatte, fand im badischen Land ein Henhöfertag statt, zu dem etwa 4000 Menschen zusammenströmten. Nach meiner Ansprache saß ich zusammen mit meinem Freund Dekan D. Friedrich Hauß, der auch viel über die Erwecker, namentlich über Henhöfer, veröffentlicht hat. Unser Gespräch drehte sich natürlich um das uns bewegende Thema „Erweckung". Da erklärte mir Hauß: „Ich glaube, Bruder Busch, du hast in der Festschrift das Entscheidende noch nicht gesagt. Das Wichtigste bei den Männern der Erweckung war, daß sie selbst demütig und zerschlagen waren und allezeit das Zeichen der Schwachheit an sich trugen. Weil sie ihr Vertrauen nicht auf sich selbst setzten, waren sie angewiesen auf anhaltendes Gebet. Sie suchten nicht eigene, glänzende Gedanken, sondern sie predigten das Wort Gottes in großer Schlichtheit. Sie wurden der Gnade Gottes ganz gewiß und lebten persönlich allein durch den Glauben an den Herrn Jesus Christus, den Gekreuzigten, in völligem Frieden."

Als Hauß das sagte, stand vor meiner Seele Gottfried Daniel Krummacher. Und ich bestätigte Bruder Hauß: „Du hast gewiß recht!"

John Mott
und die Wellen gingen hoch

Es ist nur ein Amateur-Photo, ein Schnappschuß, der den großen Amerikaner bei einer Jungmänner-Versammlung zeigt.

Welch eindrucksvoller Kopf! Unerhörte Energie, große Gedanken und schwere Verantwortung haben das Gesicht geprägt. Und ich glaube, auch etwas von der stillen Gelassenheit, ja Heiterkeit eines rechten Christen darin zu finden.

Wenn ich dies Bild ansehe, tauchen Erinnerungen auf:

Ein weißes Schiff fährt an einem Sommertag des Jahres 1926 aus dem Hafen von Stettin in die Ostsee hinaus in Richtung Riga-Helsingfors. Zum Dinner treffen sich ein paar junge Männer, unter ihnen der jetzige Bischof von Hannover, Hanns Lilje, und der Londoner CVJM-Sekretär Klammt (später Generalsekretär in Wien).

Die erste Fremdheit ist schnell überwunden. Denn wir passen gut zusammen: Alle sind wir jung, neugierig, die Welt und fremde Menschen kennenzulernen, – und alle sind wir von Herzen engagiert in unserer Arbeit als Zeugen des Evangeliums.

Hanns Lilje nimmt die Karte auf, die neben dem Gedeck liegt, und sagt: „Hier ist eine Einladung zum Tanzabend an Bord. Morgen ist Sonntag. Da sollte doch neben dem Frühstücksgedeck eine Einladung zum Gottesdienst liegen."

Alle sind einverstanden. Die Rollen werden verteilt. Einer muß die Sache mit dem Kapitän regeln. Hanns Lilje will die Lieder auf dem Klavier begleiten. „Mister Klammt" – wie wir ihn nennen – wird die Predigt ins Englische dolmetschen, weil ja die Passagiere buntgewürfelt aus aller Herren Länder stammen. Und ich soll predigen.

Leider ist am Sonntagmorgen die Welt verändert. Ein böser Sturm wühlt die See auf. Die Ostsee kann abscheulich kurze und stoßende Wellen haben, daß auch erprobte Seefahrer bleich werden.

Leicht angeschlagen liegen wir in den Deckstühlen. Vergeblich bitte ich, es möge doch einer der andern die Predigt übernehmen. Da ruft auch schon der Gong zum Gottesdienst.

Zu unserm Erstaunen ist der große Gesellschaftssaal bis in die letzte Ecke hinein besetzt. Sogar der Kapitän hat sich eingefunden. Ein Franzose erklärt sich bereit, in seine Sprache zu dolmetschen.

Ich sehe noch das Klavier vor mir, das mit Hanns Lilje auf und ab tanzt, als wir in drei Sprachen anstimmen: „Morgenglanz der Ewigkeit..."

Und dann ist alle Übelkeit wie weggeblasen, als ich den Text aus dem 2. Korinther-Brief vorlese: „Gott, der da hieß das Licht aus der Finsternis hervorleuchten, der hat einen hellen Schein in unsere Herzen gegeben..."

Es wurde ein richtiger Sonntag!

Aber dieser Sturm war nur ein schwaches Vorbild für den, der uns erwartete.

Wir fuhren nämlich einer schwierigen Aufgabe entgegen. In Helsingfors sollte eine Weltkonferenz der CVJM (Christliche Vereine Junger Männer) stattfinden. Man hatte uns zu einer kleineren Vorkonferenz gesandt, bei der die durch den Ersten Weltkrieg zerrissenen Fäden wieder aufgenommen werden sollten. „Wenn ihr's gut macht, dann kann die deutsche Delegation auf eurer Arbeit weiterbauen", sagte mir ein führender Mann des deutschen „Reichsverbandes". „Wenn ihr versagt – nun, dann verleugnen wir euch."

Nun hatten die amerikanischen CVJM und mit ihnen die ostasiatischen und südafrikanischen – während unsere Arbeiten durch Krieg und Nachkriegszeit getrennt waren – eine bedrohliche Entwicklung erlebt. Riesige Klubhäuser waren entstanden. Hier betrieb man Charakterbildung durch wissenschaftlich-erzieherische Behandlung des jungen Mannes nach psychologischen und soziologischen Grundsätzen. In unsern Augen war das ein Abrücken von der biblischen Botschaft, wie sie in der „Pariser Basis" für den Weltbund der CVJM festgelegt ist. An die Stelle des biblischen Evangeliums war das „social gospel", ein soziales oder gesellschaftliches Evangelium, getreten.

Eine Woche lang redeten wir in einem Kreis von etwa 60 Männern aus den verschiedensten Nationen verzweifelt aneinander vorbei. Und das hat später auch die große deutsche Delegation, die zur eigentlichen Konferenz eintraf, nicht ändern können.

Ja, der Graben im Verständnis des Evangeliums war auch auf der Weltkonferenz 1931 in Toronto (Kanada), die ich noch mitmachte, nicht überbrückt.

In Helsingfors nun sah ich zum erstenmal John Mott. Wenn er in die zerstrittene Gesellschaft trat, spürte ich: „Dieser Mann wird den Weltbund zusammenhalten, weil er zu beiden Gruppen gehört."

Man hat ihm das zum Vorwurf gemacht. Konnte man denn wirklich zu beiden Gruppen gehören?

Es gehört zu den Geheimnissen John Motts, daß er es konnte. Wer war dieser Mann?

Schon 1895 war er Mitbegründer des Christlichen Studenten-Weltbundes. 1910 war er Vorsitzender der ersten Internationalen Weltkonferenz in Edinburgh, 1921 Begründer des Internationalen Missionsrats, 1926 Präsident des Weltbundes der CVJM. Die Welt war seine Parochie. Er war in Indien ebenso zu Hause wie in USA, Südafrika oder Europa.

Er stammte aus einer der alten Pionierfamilien, die im Kampf mit der Natur und den Indianern sich das Land eroberten. Von diesem Pioniergeist hat John Mott viel mitbekommen, der um die Jahrhundertwende die Parole ausgab: „Weltevangelisation noch in diesem Menschenalter!" Man hat diesen Satz als schwärmerisch abgetan. Aber John Mott – man muß nur sein Bild ansehen – war alles andere als ein Schwärmer. „Welch unwiderstehliche Aufforderung, nur für Gott zu

115

leben, lag in dem Mann!" sagte einer, der ihn reden gehört hatte.

Seine Jugend verbrachte er zwischen Wäldern und Prärie in Jowa, wo sein Vater Holz fällte und verkaufte. Oft stand er an dem einsamen Schienenstrang, der in der Nähe seines Elternhauses vorbeiführte. Und die Weite lockte.

Er wurde Student. Sein Weg war ihm nicht klar. So beschäftigte er sich mit Sprachen, Naturkunde, Geschichte, Wirtschaftskunde und anderem, was ihm später sehr nützlich gewesen ist. Seine ersten öffentlichen Reden waren leidenschaftlicher Kampf gegen ein Gesetz, das den Chinesen die Einwanderung in die USA verbieten sollte. „Was hat man", sagte er, „den Chinesen vorzuwerfen? Daß sie nüchterner und sparsamer als die Amerikaner sind? Oder daß sie Heiden sind? Als ob es in unserem Land nicht Millionen von Heiden gäbe!"

Das hätte auch der alte John Mott sagen können.

Im Jahre 1883 kam es zu einem geistlichen Durchbruch im Leben des jungen Studenten. Er nahm an einer Evangelisation teil, die in der örtlichen Methodistenkirche für Studenten durchgeführt wurde. So stark fühlte sich John Mott dabei angesprochen, daß er am Schluß einer dieser Versammlungen aufstand und in klaren, männlichen Worten von seiner eigenen Erfahrung redete. Mutig bezeugte er, daß er sich vor etwa vier Jahren in seiner Heimatgemeinde bekehrt, aus falscher Scheu aber niemandem in Fayette ein Wörtlein davon gesagt habe. Nun schäme er sich, und in Zukunft wolle er in aller Öffentlichkeit christlich leben und für Gott tätig sein.

Groß war der Eindruck, den dieses jugendliche Bekenntnis unter seinen Mitstudenten auslöste. Als nur kurze Zeit später an der Universität ein CVJM gegründet wurde, war John Mott eines der ersten und eifrigsten Mitglieder dieser Gruppe.

Einen weiteren kräftigen Anstoß bekam er durch den damals berühmten Sportsmann und späteren Bürgermeister von London, Sir K. Studd, der auf eine Einladung Moodys hin in

USA Evangelisationsversammlungen hielt. An der Universität Cornell, wo John Mott studierte, sollte dieser vor Studenten sprechen. John Mott überlegte lange bei sich, ob er an den Evangelisations-Versammlungen teilnehmen sollte, um zu hören, was dieser berühmte Athlet zu sagen habe. Endlich entschloß er sich dazu, mußte aber feststellen, daß die Versammlung bereits begonnen hatte. Nur mit großer Mühe fand er zwischen den vielen Studenten doch noch einen freien Platz.

Bald bemerkte er, daß er nicht vergeblich gekommen war; denn was der Redner zu sagen hatte, schien ganz allein auf ihn gemünzt zu sein und ging ihm geradewegs ins Herz.

Wie benommen verließ er am Schluß dieser Versammlung die Menge seiner Mitstudenten und kehrte unruhig in sein Studierzimmer heim, „nicht um zu studieren, sondern um zu kämpfen". Nach einer schlaflosen Nacht ward ihm zum erstenmal in seinem Leben klar, daß Gott ihn so, wie er war, noch nicht gebrauchen konnte, sondern daß er mehr von seinem Leben forderte.

Am nächsten Morgen ging er in die Einsamkeit einer Bergschlucht am mächtigen Wasserfall, um noch einmal alles gründlich zu überdenken. Dann endlich, am Nachmittag, machte er sich auf, um den fremden Evangelisten zu fragen, was er denn tun solle, um völlig seines Heils gewiß zu werden.

Im Jahre 1888, nachdem Mott promoviert und seine Studien zu einem gewissen Abschluß gebracht hatte, übernahm er das Amt eines Studenten-Reisesekretärs des CVJM. Und damit fing seine weltweite Tätigkeit an. Auf seiner ersten Weltreise kam er auch nach Deutschland. Er war tief enttäuscht von der inneren Gleichgültigkeit der Studenten an den deutschen Universitäten. Damals schrieb er: „Ach, daß doch ein gebildeter und begabter Mann aufstehen möchte, der die Tapferkeit und Begeisterung Petrus' oder Luthers besäße, gefüllt mit dem Geist Gottes, um jener großen geistlichen Not zu steuern, die sich gegenwärtig an den Universitäten Deutschlands zeigt!"

Und dieser Mann mit dem brennenden Herzen für Jesus hatte die Veränderung der amerikanischen CVJM zugelassen! Die ernsten Christen in Deutschland waren merkwürdig gespalten in ihrem Urteil über John Mott. Der große Mann der „Deutschen Christlichen Studenten-Vereinigung", Graf Pückler, lehnte ihn vorsichtig ab. Dagegen habe ich D. Paul Humburg selber erzählen hören, welche tiefe Wirkung Mott auf ihn ausgeübt hat. „Bei ihm", sagte er, „habe ich gelernt, die Bibel ganz ernst zu nehmen."

Mich hat die gewaltige Persönlichkeit John Motts jedesmal mitgerissen, wenn ich ihn sah. Allerdings – es blieb das große Problem, wie dieser Mann zwei Welten in sich vereinigen konnte: Persönlich war er ein frommer Pietist, der in der Methodisten-Kirche sich „bekehrt" hatte, der sicher ein ernstes Gebetsleben führte und für sich in der Stille die Bibel las. Zugleich aber waren unter seiner Leitung die amerikanischen CVJM von ihrer evangelistischen Aufgabe abgegangen und hatten sich aufgrund der liberalen Theologie sozialen Aufgaben zugewandt. Das verstand ich damals in Helsingfors nicht.

Aber zwischen den beiden Weltkonferenzen Helsingfors und Toronto wurde ich in eine seltsame Aufgabe hineingeführt, die mich John Motts „Zwiespältigkeit" ein wenig ahnungsvoll verstehen ließ.

Mit dem Jahr 1930 begann bei uns in Deutschland die große Arbeitslosigkeit. Davon kann man sich heute nur schwer noch eine Vorstellung machen. Ich erinnere mich, wie ich im Frühjahr 1931 durch das Sauerland wanderte und wie es mich erschütterte, all die wackeren kleinen Fabriken und Betriebe still und verlassen zu sehen. Vor den „Stempelstellen" drängten sich Tausende.

Eines Tages saß vor mir ein junger Mann. „Sehen Sie", sagte er, „wenn ich jetzt in die Ruhr springe, entsteht überhaupt keine Lücke. Mein Vater ist froh, daß er den unnützen Esser los ist, der Staat und die Gesellschaft sind froh, daß einer weniger das Stempelgeld abholt. Ein sinnloses Dasein!"

Das ließ mich nicht mehr los. Schließlich kam mir eine Idee: Es gibt noch einen Stand auf der Welt, der keine produktiven Werte leistet und doch nie das verzweifelte Gefühl der Wertlosigkeit hat: die Studenten! Ich könnte die besten der jungen Menschen aus ihrer Verzweiflung retten, wenn ich die Arbeitslosen in Studenten verwandelte.

Das Weigle-Haus, das große Heim meiner Jugendarbeit, stand an den Vormittagen leer. Hier waren Räume genug, eine „Universität" einzurichten.

Ich erließ also in den Zeitungen einen Aufruf, in dem ich junge Männer in die „UfA" (Universität für Arbeitslose) einlud.

Der erste Erfolg war der, daß die Film-Produktion UfA mir einen Prozeß androhte, weil ich ihren Namen gestohlen hatte. Nur mit Mühe und viel Demütigung konnte ich die großen Herren beruhigen. Nun nannte ich meine Unternehmung „UfE" (Universität für Erwerbslose). Bis zu diesem Tage bin ich den richtigen Universitäten dankbar, daß sie mir nicht auch einen Prozeß androhten. Offenbar hatten die Professoren mehr Humor als die Filmleute.

Als Dozenten hatte ich zunächst einige Studienräte gewonnen, die bereitwillig ihre Freistunden opferten. Bald aber wuchs der Dozentenstab. Es meldete sich ein stellungsloser Ingenieur und fragte, ob er auch Student werden könne. „Nein!" sagte ich. „Aber Sie werden höhere Mathematik unterrichten." Und wirklich – er sammelte eine Gruppe intelligenter junger Männer. Es erschien ein Dr. agr. und fragte, ob ich denn für Leute der Landwirtschaft nichts hätte. Ich erklärte ihm: „Sie werden Dozent für Farmwesen. Arbeiten Sie da weiter und lehren Sie!" Bei ihm meldeten sich junge Männer, die sobald wie möglich nach Kanada oder Australien auswandern wollten und nun ihre ersten Wissenschaften über Farmerei bei ihm bezogen. Die Berlitz-Schule wurde für Sprachkurse in Englisch und Französisch gewonnen. Ein arbeitsloser Dekorateur lehrte, wie man Schaufenster dekoriert. Ich gab Geographie und Literatur. Ein Studienrat gab Geschichte. Ein stellungsloser Musiker bildete ein Orchester. Der deutsche Jiu-Jitsu-Meister erklärte sich bereit, diesen japanischen Sport zu unterrichten. Ein Jurist lehrte über „Rechtsfragen". Der Essener CVJM schaltete sich ein mit vielen Hilfskräften. Kurz, wir konnten nach einem halben Jahr ein Vorlesungsprogramm mit den verschiedensten Fächern veröffentlichen.

Immer mehr bedrückte es mich zu sehen: Die jungen Männer haben ja Hunger! So fing ich an zu betteln, um jedem „Studenten" an jedem Morgen ein Frühstück anbieten zu können. Unser wackerer Hausmeister mit seiner Familie hatte alle Hände voll zu tun, für 500 junge Männer Wurstbrote und Kaffee zuzubereiten. Ein Lob hier diesem Hausmeister, dem „Onkel Hermann"!

Im Jahre 1932 verschärften sich die politischen Gegensätze in Deutschland. Die National-Sozialisten trugen SA-Uniform. Das regte die anwesenden Kommunisten auf, und sie erschienen in Rotfront-Kämpfer-Uniform. Jetzt konnten die Saalschlachten, die überall ausgefochten wurden, auch bei uns beginnen. Manchmal kam ich mir vor wie Daniel in der Löwengrube, wenn die Geister aufeinanderplatzten.

Dann fuhr ich wohl zornig zwischen die streitenden Genossen und brüllte so gewaltig „Ruhe!", daß es still wurde. Und nun erklärte ich ihnen: „Hier ist eine Universität! Da wird nur mit geistigen Waffen gekämpft! Schande über jeden, der den Burgfrieden bricht! Hier darf jeder seine eigene Meinung haben!"

Und dann wurde es wieder friedlich – und sogar fröhlich. Tatsächlich verschwand in vielen Gesichtern der verbissene, verzweifelte Zug. Man hatte wieder einen Lebensinhalt. Man mußte früh aufstehen, um rechtzeitig in den „Kollegs" zu sein. Man fand neue Freunde. Man lernte, andere Standpunkte zu verstehen. Man hatte Hausaufgaben zu machen.

Herrlich waren in jedem Semester die zweitägigen Exkursionen! Wenn ich da mit meinen Hunderten von jungen Burschen durch das Sauerland oder das Bergische Land zog – manche in SA-Uniform, andere in Rotfront-Kämpfer-Montur, wieder andere in Räuberzivil –, dann ließen die Kaufleute in den Städtchen die Rolläden herunter, und die Bauern trieben das Vieh von der Weide, weil sie meinten, jetzt ginge die Revolution los.

Es war herrlich! Aber nachts lag ich wach und quälte mich. Als Bote des Evangeliums war ich doch angetreten. Hatte ich jetzt nicht meine eigentliche Berufung verlassen? War dieser soziale Dienst meine Aufgabe? War das nicht die Aufgabe anderer Stellen? Und immer standen die amerikanischen CVJM vor meiner Seele. Waren sie nicht so wie ich jetzt in die sozialen Aufgaben hineingerutscht und auf diesem Wege abgeglitten von ihrem eigentlichen Dienst, das Evangelium den jungen Männern zu sagen? Damals begann es, daß ich John Mott in seiner Zwiespältigkeit begreifen lernte.

Aber den Weg der Amerikaner wollte ich auf keinen Fall mitgehen. Und so wagte ich es eines Tages, mit viel innerlicher Furcht, den „Studenten" bekanntzugeben: „Im neuen Semester findet jede Woche einmal eine Weltanschauungs-Stunde für alle Teilnehmer statt. Freie Diskussion wird zugesichert!"

Und nun gestaltete es sich so, daß gerade diese Stunde der geistige Mittelpunkt der „UfE" wurde. Ich sprach zuerst etwa 10 Minuten über die Botschaft der Bibel. Dann folgte die Diskussion. Hier bedurfte es großer Vollmacht, die jungen Männer zum Zuhören auf den andern zu bringen. In der letzten Viertelstunde antwortete ich auf alle gestellten Fragen.

Diese Stunde bekam Gewicht. Das liegt am Evangelium von Jesus Christus, durch die Herzen bewegt und die Gewissen getroffen werden.

Nur eins von vielen Erlebnissen sei hier erzählt: Ein wilder Atheist hatte sich immer wieder zum Wort gemeldet und sich endlich beschwert, er komme nicht genug zum Zuge. Darauf gab ich ihm die Erlaubnis: „Beim nächstenmal dürfen Sie die einleitende Rede halten!"

Die Weltanschauungs-Stunde am nächsten Mittwoch kam. Im gedrängt vollen Saal erwartungsvolle Stille! Der Redner wird aufgerufen. Aber er meldet sich nicht. Endlich stellt man fest: Er ist gar nicht erschienen!

Und nun meldet sich sein Freund und sagt verlegen: „Es hat ihn getroffen! Er glaubt nicht mehr an seinen Unglauben. Aber – er kann noch nicht darüber sprechen!"

Große Stille! Alle spürten etwas von der überwindenden Macht des auferstandenen Herrn Jesus.

Der frühere Atheist – er ist nun inzwischen reichlich älter geworden – ist heute noch mein Freund, mit dem ich herzlich verbunden bin. Ergreifend war, wie er eines Tages vor dem versammelten Volke ein Zeugnis für seinen Glauben an den Herrn Jesus ablegte.

In jener Zeit habe ich oft im Geist eine stille Zwiesprache mit John Mott gehalten. Ich sagte: „Ich verstehe, daß eure CVJM in soziale Aufgaben hineingerissen werden. Aber sollte es nicht euer beständiges Ringen sein, daß ihr bei all dem in dem Gesetz bleibt, nach dem ihr angetreten seid? Daß ihr nämlich junge Männer zu Jesus führt!" Und dann war mir, als antworte er: „Traust du mir nicht zu, daß dies mein größtes Anliegen ist? Und mit mir tun viele meiner Freunde diesen stillen Dienst in den CVJM der Welt."

So hängte ich eines Tages sein Bild in meinem Zimmer auf. Manche meiner Freunde haben darüber den Kopf geschüttelt. Aber zu meinem Leben gehört dieser Mann.

Wilhelm Weigle
und wozu man Autoschlosser braucht

Es war ein paar Jahre nach dem Ersten Weltkrieg. Da stand ich an einem strahlenden, schönen Sommertag an der großen Landstraße, die von Bielefeld nach Süden in das herrliche Ravensberger-Land hineinführt. Der Anblick des lieblichen Landes mit seinen reichen Bauernhöfen hatte mich oft mit Entzücken erfüllt.

Heute aber hatte ich keinen Blick dafür. Mich fesselte der Anblick eines langen Menschenzuges, der mit schmetternder Musik von Bielefeld hermarschiert kam.

Was mochte das sein? Für eine politische Demonstration war die Sache offenbar zu friedlich. Denn die Musik spielte das Sommerlied von Paul Gerhardt:

> „Geh aus, mein Herz, und suche Freud
> In dieser lieben Sommerzeit
> An deines Gottes Gaben . . ."

War es vielleicht ein Gesangverein, der einen Ausflug machte? Dafür war der Zug zu lang.

Gespannt schaute ich aus. Und da kam's heran: Posaunenchor, Jungen in kleidsamer „Fahrtenkluft", junge Männer in großer Zahl. Und am Ende ein wirrer Haufe von Frauen und Männern und Kindern. Und über allem wehten Wimpel mit christlichen Abzeichen.

„Was ist das für ein Klub?" fragte ich einen Nachzügler, der sich gerade eine Pfeife ansteckte. „Christlicher Verein Junger Männer Johannis", sagte er und eilte, um den Anschluß wieder zu bekommen.

Ich hatte damals keine Ahnung von evangelischer Jugendarbeit. Doch muß ich gestehen, daß mir diese fröhliche Kolonne Freude machte.

Aber am meisten Eindruck hinterließ bei mir doch der Mann, der ganz allein an der Spitze gegangen war. Es war ein gro-

ßer Mann mit einem schon grauen, etwas altmodischen Spitz-
bart und einem sehr fröhlichen, guten Gesicht.

Es dauerte nicht lange, da hatte ich den Weg zu ihm gefunden. Es war Pfarrer Knolle. Da er sehr reich war, hatte er aus
eigenen Mitteln den Jungen seiner Gemeinde ein entzücken-
des Jugendheim gebaut. Er selbst war die Seele dieses
Hauses.

Ein köstliches Jahr lang habe ich mit diesem Manne arbeiten
dürfen. Er litt darunter, daß die Kirche weithin eine rein weib-
liche Angelegenheit ist. „Der Herr Jesus hat zunächst einmal
Jünger gesammelt", sagte er, „junge Männer und Männer."
Dann fuhr er fort: „Im übrigen – meine Jugendarbeit ist ja
nur ein kümmerlicher Anfang. Du müßtest einmal nach
Essen kommen zu dem Pfarrer Weigle! Das ist Jugendarbeit!"

Begeistert erzählte er mir, wie er einst dort eine Festpredigt
gehalten habe. „Stell' dir vor, wie ich am Bahnhof ankam,
stand da ein Trommler- und Pfeiferchor. Und mit schmet-
terndem Getöse und festlichem Schall wurde ich nach
meinem Quartier geleitet."

Dann kam der Tag, an dem man meinen lieben väterlichen
Freund in seiner Kirche aufgebahrt hatte. Mein Schmerz ließ
mich kein Wort der Trauerfeier vernehmen. Aber dann ging
es mir durchs Herz, als junge Männer den Sarg aufnahmen
und ihn durch die schweigende Menge hinaustrugen und als
dabei auf einmal eine himmlische Melodie erklang. Der
bekannte Posaunenpfarrer Kuhlo blies seinem Freund den
Vers:

> „Ach Herr, laß dein lieb Engelein
> Am letzten End' die Seele mein
> In Abrahams Schoß tragen.
> Den Leib in sein'm Schlafkämmerlein
> Gar sanft ohn' ein'ge Qual und Pein
> Ruh'n bis zum Jüngsten Tage.
> Alsdann vom Tod erwecke mich,
> Daß meine Augen sehen dich
> In aller Freud', o Gottes Sohn . . ."

Wie jubelte Kuhlos Horn in seligem Triumph über den Tod!

Während wir zum Friedhof schritten, fiel mir Knolles Wort über Wilhelm Weigle ein. Es war mir, als hätte er mich nun an den verwiesen.

Zwei Jahre später bekam ich die Aufforderung, eine Gastpredigt in Essen zu halten.

Ich wohnte damals bei einem angesehenen Kaufmann, einem Ältesten der Gemeinde Essen-Altstadt. Der nahm sich rührend um mich an und führte mich durch diese gewaltige Industriestadt, die mit ihren dichtgedrängten Menschenmassen einen bedrückenden Eindruck auf mich machte. Mitten auf einer belebten Straße hielt mich mein Begleiter an: „Da drüben geht unser Jugendpfarrer Weigle!" Ich fuhr herum: „Wo?" – „Kommen Sie, wir wollen ihn begrüßen!"

Und dann – stürzten Welten bei mir ein. Ich sah einen alten, sehr hageren Mann. Der graue Bart erschreckte mich ebenso wie die entsetzlich zitternden Hände. Ich kam aus der Jugendbewegung, in der man viel Wert auf „Stil" legte. Dieser alte Mann mit seinem Lodenhütchen und der wunderlichen hochgeschlossenen Joppe widersprach wirklich in jedem Zuge dem Bilde, das ich mir von einem eindrucksvollen Jugendführer gemacht hatte.

Ich war grenzenlos enttäuscht...

Wenige Monate danach war ich Pfarrer in Essen. Nun lernte ich den Mann wirklich kennen, an den Tausende in dieser Stadt in glühender Dankbarkeit gedenken. Und heute ist mir, als hätte er gar nicht anders aussehen können. In dieser unscheinbaren Gestalt lebte ein Feuergeist. Aber dieser feurige Geist verbarg sich nicht nur hinter dem unscheinbaren Äußeren, sondern noch mehr hinter einem stillen Gesammeltsein, das ihm eine eigenartige Dynamik gab.

Wilhelm Weigle war genau das Gegenteil von dem, was man „Hans Dampf in allen Gassen" nennt. Ich habe selten einen Menschen gesehen, der sich in derartiger Einseitigkeit und Konzentration einem einzigen Werk gewidmet hat: Er wollte die Jungen in Essen zu Jesus führen.

Es gibt Menschen, denen hat Gott einen kleinen Lebensraum zugewiesen, aus dem sie nicht heraus können. Bei Wilhelm

125

Weigle war es anders: Die Türen standen ihm jeden Tag offen für eine in die Weite gehende Arbeit. Aber abgesehen von gelegentlichen Artikeln und wenigen Vorträgen beschränkte er sich auf die Arbeit in Essen.

Ich habe es oft bedauert, daß Weigle seine originellen und großartigen Methoden der Jugendarbeit nicht viel mehr bekanntgemacht hat. Er hätte sich „einen Namen machen" können.

Gerade in jenen Jahren um die Jahrhundertwende fingen weite Kreise an, sich für die Arbeit an der Jugend zu interessieren. Nicht nur die Kirche, sondern auch der Staat, politische Parteien und kulturelle Kreise erklärten: „Wir müssen uns der Jugend annehmen!" Und dann wurde manches gutgemeinte, aber wunderliche Werk in Szene gesetzt. Hier hätte Weigle, der wirklich etwas von Jugendarbeit verstand, Gewichtiges zu sagen gehabt. Und wir müssen es fast bedauern, daß er es so wenig tat. Ich glaube, daß er hier ganz bewußt ein Opfer brachte. An dieser einen Stelle, an die er sich von Gott gestellt wußte, verschwendete er in großartiger Unbekümmertheit seine reichen Fähigkeiten. Es war ihm wichtiger, einem einzigen kleinen und schmutzigen Jungen nachzugehen, als in hundert Konferenzen und Sitzungen Bedeutsames über die Theorie einer evangelischen Jugendarbeit zu sagen.

Auch diese Beschränkung diente dazu, daß sein Wesen die unheimliche Dynamik bekam, die jeder spürte, der mit ihm zu tun hatte.

Den ersten Eindruck davon erhielt ich bei einem sehr belanglosen Ereignis: Ich stand eines Tages in meinem Konfirmandensaal und versuchte, die Zehn Gebote in die harten Kinderköpfe hineinzubringen.

Da klopfte es. Ich ging hinaus. Weigle stand draußen und sagte: „Bei dir im Saal ist der Karl N. Der hat am Sonntag im Jugendhaus einen dummen Streich gemacht. Würdest du mir erlauben, daß ich jetzt mit ihm spreche?"

„Gern!" Und dann rief ich den Jungen. Er war ein großer und frecher Kerl, der mir viel Not machte.

„Mein Junge!" sagte Weigle. „Du hast mich sehr betrübt ...
Weißt du, daß du auch Jesus betrübt hast?"

In dem Augenblick ertappte ich mich bei dem Gedanken:
„Ich bin froh, daß ich nicht dieser Junge bin." Jeder andere
hätte so sprechen können, ohne daß es dem dickfelligen
Bengel auch nur die Haut geritzt hätte. Aus Weigles Mund
aber hatten diese Worte die Wirkung, daß der Junge völlig
zusammenbrach.

Während ich zu meiner Schar zurückging und die beiden
allein ließ, überlegte ich krampfhaft: „Worin liegt diese Gewalt?" Und es wurde mir ganz gewiß: Weigle hatte über solch
einem Fall ernst gebetet und vor dem Gespräch mit Gott
gerungen um das Herz dieses e i n e n Jungen. Nun bekam
sein Wort eine unerhörte Gewalt.

Das kleine Erlebnis ließ mich nicht los. Es wurde mir hieran
noch ein Weiteres deutlich: Weigle nahm die Jungen ganz
ernst. Und gewiß hatte der Junge dieses Ernstnehmen und
die Liebe hinter den vorwurfsvollen Worten gespürt.

Damit unterschied sich Weigles Arbeit von dem meisten, was
unter der Flagge Jugendarbeit fährt. Denn sehr häufig wird
Jugendarbeit getrieben, um für irgendeine Sache „Nachwuchs" zu gewinnen. Darum hat ein Kaninchenzuchtverein
eine Jugendgruppe, damit der „wertvolle Gedanke der
Kaninchenzucht in der kommenden Generation verankert
bleibe".

Man verzeihe den Spott! Aber die Parole: „Wer die Jugend
hat, der hat die Zukunft!" hat der Jugend mehr geschadet als
Typhus und Cholera. Dieser Satz hat sie zum Jagdgebiet ge-
macht für allerlei Interessen und Vereine und Bestrebungen.
Ich habe sogar den Verdacht, daß man da und dort in der
Kirche Jugendarbeit treibt, damit die Kirche nicht aussterbe.
Nun, wo das auch immer geschieht, hat man weder eine
Ahnung, was Kirche Jesu ist, noch auch ein Herz für die
Jugend.

Von solchen Gedanken war Weigle weit entfernt. Er nahm
alle Jungen um ihrer selbst willen ernst. Ganz ernst! Und darum wußte er viel über Not in einem Jungen-Herzen. Dieser

Not aber ging er nun nicht zu Leibe mit Psychoanalyse (wovon er mehr verstand als viele, die heute groß davon reden), auch nicht mit Moral und pädagogischen Unternehmungen (er wußte übrigens nur zu gut, wie ein echter Junge auf solche Versuche reagiert), sondern so, daß er den Jungen zum Herrn Jesus wies.

„Jesus ist dein bester Freund!" Wieviel Jungen haben den Satz von ihm zu hören bekommen! Auch in dieser Verkündigung war er von einer unerhörten Einseitigkeit, die tief beeindruckte.

Ich muß da erzählen von meinem ersten Besuch im Jugendhaus, heute heißt es Weigle-Haus. Man frage nur irgendeinen Mann, der in den Jahren 1911 - 1933 als Junge in Essen war, nach dem Jugendhaus. Wahrscheinlich wird man die Antwort bekommen: „Es war die schönste Zeit meines Lebens, die ich dort verbrachte."

Nun, dies Haus muß einem jeden Eindruck machen. Es steht im Herzen Essens. Dies riesige Haus ist ein Paradies für Jungen. Da sind Spielsäle, stille Lesezimmer, Tischtennissäle, eine Turnhalle, eine richtige Jungenrestauration, wo man für ein paar Pfennige alles bekommt, vom Rollmops bis zum „Dauerlutscher". Da sind Duschräume und Dunkelkammern für die Photographen. Und da ist der große Saal mit der Filmapparatur. Und ringsumher der herrliche Spielplatz. Und jedem Jungen von 14 - 18 wird beständig versichert: „Das gehört dir, dies mit allem, was da drin ist." Hier kann man toben, ohne daß entsetzte Leute mahnen: „Schont die Möbel!"

Und dann die Bücherei! Hunderte von Karl-May-Bänden werden ausgeliehen. In Weigles Zeit ereiferte man sich gewaltig über die Unmöglichkeit der Karl-May-Lektüre. Weigle diskutierte nicht mit. Er schaffte einfach „Karl May" an. Denn er sagte: „Ein Junge will Abenteuer-Bücher lesen. Und diese Bände sind saubere Abenteuer-Lektüre."

Dies Haus hatte Weigle mit Hilfe der Gemeinde und namentlich mit der Unterstützung der Industrie geschaffen. Er hatte den Generaldirektoren in wundervoller Eindrücklichkeit klar-

gemacht, welch ein Unrecht es sei, daß man solch eine Industriestadt wie Essen habe werden lassen, ohne an den
Menschen zu denken. Nun sei hier eine großartige Gelegenheit, von diesem Unrecht etwas gutzumachen, indem man der
gefährdeten Jugend ein Heim schenke.

Es war an einem Sonntagnachmittag, als ich zum erstenmal
in das Jugendhaus kam. Schon auf der Straße hörte ich schal-
lenden Gesang. Ich mußte einen Augenblick stehenbleiben.
Denn dieser Gesang war schon etwas Erstaunliches. Die Jungen sangen ein geistliches Lied! Nun ja, ich habe manches
geistliche Lied gehört. Entweder war es Kunstgesang oder es
war sehr feierlich. Und oft war es auch – langweilig.

Aber dies hier!

Ich trat in den Saal. Da saßen etwa 800 Jungen zwischen 14
und 18 Jahren und sangen:

> „Mein Jesus ist mein Leben,
> Mein Teil und mein Gewinn.
> Drum will ich ihn erheben,
> Weil ich im Leben bin . . ."

Ich habe es gut begriffen, daß Weigle alle Kirchenmusiker
zur Verzweiflung brachte. Denn diese Hunderte von Jungen
sangen weder schön noch rein. Und sie sangen ein Lied, das
in keinem Gesangbuch steht. Es war eines jener Lieder, die
um ihrer Melodie willen bei allen musikalischen Fachleuten
und bei den meisten Pfarrern höchst unbeliebt sind. „Heils-
armee-Melodien!" sagt man verächtlich.

Die Jungen aber sangen laut und hingerissen. Und das war
einfach unwiderstehlich.

Weigle erklärte mir später: „Sieh, ich kann mit Jungen, die
von der Straße hereinkommen, unmöglich reformatorische
Choräle singen. Das kommt später. Sie müssen ein Lied
haben, wo sie beim zweiten Vers mitmachen können." Unvergeßlich ist mir sein Satz: „Nur eine Bewegung, die singt,
ist lebendig!"

Nun stehe ich also hier in dem großen Saal und schaue mich
um: Wirklich, das Ganze ist eine Sache aus *einem* Guß. Da
hängt ein einziges Bild im Saal: der wiederkommende Herr

Jesus Christus auf einem weißen Pferd. Über der Stirnwand ein Bibelwort: „Gib mir, mein Sohn, dein Herz, und laß deinen Augen meine Wege wohlgefallen!" Über der Tür das Wort: „Fürwahr, er ist nicht ferne von einem jeglichen unter uns."

Dazu die Scharen von Jungen, die so fröhlich Jesus-Lieder singen. Dann spricht Weigle. Er zwingt diese große, wilde Schar einfach dadurch, daß er leicht die Hand erhebt. Das genügt! Ich habe sogenannte Jugendführer „Ruhe" brüllen hören ohne merkliche Wirkung. Hier genügt eine leicht erhobene, schrecklich zitternde Hand.

Weigle spricht. Er redet von Jesus. Wovon könnte er sonst sprechen zu Jungen! Seine Rede ist erstaunlich einfach. Der völlig zerfahrene Großstadtjunge, der nicht fünf Minuten lang einen Gedanken fortdenken kann, kann leicht folgen. Die Worte sind so, daß man den alten Mann dort auf dem hohen Podium vergißt und in die Gegenwart des auferstandenen Heilands gestellt wird. Es durchfährt mich: Hier ist nicht Christentum, sondern Christus. Hier ist nicht Religion, sondern der Herr. Dieser Mann hat nicht eine christliche „Weltanschauung". Er hat es mit der Realität des auferstandenen Herrn zu tun.

Die Versammlung ist zu Ende. Mit einem ungeheuren Lärm stürmen die Jungen hinaus und verteilen sich über das ganze Haus. Während ich mit Weigle langsam durch das Getümmel wandere, geht mir auf, daß die scheinbare Unordnung eine geheime Ordnung hat.

Hier gibt es keine allein gelassenen Jungen. Eine Schar von älteren Leitern und jüngeren Helfern steht im Dienst. Ja, das Ganze ist eine wundervolle Maschinerie, oder besser, eine herrlich funktionierende Jungen-Republik: Jungen geben in der Bücherei die Bücher aus, junge Männer leiten die Spiele, andere tun Dienst am Spielschrank, am Tor, in der Restauration. Sie sind fast alle irgendwie beteiligt.

Ich muß hier ein kleines Erlebnis aus dem Jahre 1947 einschalten. Mit Propst Lorenzen, der mit einem brennenden

Herzen in seinem Amt stand, ging ich durch die zerstörte Stadt Kiel.

Hoch auf einer Mauer saß ein etwa 16jähriger Junge und lachte über das Entsetzen der Vorübergehenden, die sich auszurechnen versuchten, wie lange diese brüchige Mauer wohl noch halten würde.

Der alte Propst blieb stehen und fragte etwas seufzend: „Wer soll nun so einen Boy ansprechen?" Ich antwortete: „Den können Sie nicht ansprechen, den kann auch ich nicht erreichen, den muß ein 18jähriger Autoschlosser ansprechen."

Und so war es nun in Weigles Jugendarbeit, daß in jedem Bezirk dieser „18jährige Autoschlosser" vorhanden war, der den Jungen nachging und sie „zu Jesus" rief. Dieser Mitarbeiterstab von Arbeitern, Handwerkern, Schülern, Kaufleuten und Technikern war so organisiert, daß jeder seinen Bezirk hatte, in dem er wirkte.

„Weißt du", sagte Weigle, als er mir das erklärte, „eine gute Organisation kann kein Leben schaffen. Aber eine schlechte kann das Leben hindern."

Inzwischen hatten wir unseren Rundgang beendet und standen wieder in dem großen, nun verlassenen Saal. Das einzige Bild zog meinen Blick auf sich: der wiederkommende Christus auf einem weißen Pferd. Ehe ich eine Bemerkung machen konnte, daß dieses Bild doch nicht gerade als großes Kunstwerk anzusprechen sei, sagte Weigle schlicht: „Das hat einer unserer Mitarbeiter gemalt!"

Ich aber meinte, daß die Wiederkunft Jesu die Jungen sicher nicht so sehr interessiere und daß ich jedenfalls ein anderes Motiv gesucht hätte, wenn nur ein einziges Bild hier hängen sollte.

Da erwiderte Weigle sehr ernst: „Sieh, diese Jungen hier sind morgen wieder in ihren Schulklassen, auf ihren Büroschemeln, in Fabriken und Werkstätten. Und da müssen sie viel Spott ertragen und viel Feindseliges gegen das Christentum anhören. Da sagt ihnen nun dies Bild jeden Sonntag:

„Daß Jesus siegt, bleibt ewig ausgemacht, / Sein wird die ganze Welt..."

Seitdem ist mir das Bild auch über alles lieb. Und es gehört zu dem ganz wenigen, das wir aus dem brennenden Jugendhaus gerettet haben. –

Eins der interessantesten Missionsbücher ist Stanley Jones' „Der Christus der indischen Landstraße". Da sagt Jones: „Ich merkte bald in meiner Arbeit, daß ich nicht die lange Front der Kirchengeschichte und der kirchlichen Institutionen verteidigen konnte in meinen Gesprächen mit den fragenden Indern. So verkündete ich ihnen den lebendigen Christus, der heute über die Landstraßen Indiens geht."

So hat es Weigle gemacht. Hier in diesem Haus wurde man auf Schritt und Tritt vor die Gegenwart des auferstandenen Herrn Jesus gestellt.

Daß man ganz selbstverständlich mit dieser Wirklichkeit rechnete, kam mir deutlich zum Bewußtsein, als ich später eine der Bibelstunden mitmachte. Da sprachen die jungen Leiter. Einer nach dem andern erhob sich und sagte ein Wort der Auslegung. Und dann – ich war einen Augenblick bestürzt – kniete diese Versammlung von ein paar hundert jungen Leuten nieder. Und nun beteten etwa zwanzig wirklich so einfältig und herzbeweglich, daß es mich erschütterte.

Ich fragte nachher einen gebildeten jungen Studenten: „Kommt Ihnen dies kniende Beten in solch großer Versammlung nicht seltsam vor?"

Da antwortete der: „Nein! Wenn man schon den Mut hat, mit der höchsten Majestät zu reden, dann muß man auch wirklich damit rechnen, daß sie gegenwärtig ist." Und Weigle antwortete auf meine Frage nur: „Wie anders soll ich den Jungen zum Bewußtsein bringen, daß sie wirklich mit dem höchsten Herrn zu tun haben? Er ist es wert, daß wir vor ihm knien."

Es wird in der Essener Jugendarbeit heute noch immer so gebetet. Und die jungen Menschen finden es ganz in der

Ordnung, daß man vor dem Herrn der Herrlichkeit niederkniet.

Ich habe mich, als ich die Arbeit kennenlernte, manchmal gefragt: „Wird bei dieser Betonung des lebendigen Herrn das Evangelium, die Botschaft vom Kreuz und von der Versöhnung der Sünder, nicht verkürzt? Kommt es nicht so zu einem christlich gefärbten Idealismus?

Aber ich mußte auch hier Weigle bald besser kennenlernen. Es war damals jene Zeit nach dem Ersten Weltkrieg, als die „Jugendbewegung" einen starken Einfluß auch auf die evangelische Jugendarbeit ausübte. Während nun aber das Evangelium klar die Verlorenheit des Menschen lehrt und alles Heil in Jesus Christus sieht, bekannte sich die idealistische Jugendbewegung zum Glauben an den guten Menschen, der mit ehrlichem Streben sich selbst erlöst.

Es haben nun nicht alle evangelischen Jugendkreise in jenen stürmischen Jahren klaren Kurs gesteuert. Es kam zu allerlei unklaren Mischungen von Evangelium und Idealismus. Weigle glaubte, solch eine unklare Verkündigung auch in der Leitung der BK-Bewegung zu sehen.

Diese BK (Bibelkreise für Schüler Höherer Lehranstalten) waren eine große Jugendorganisation geworden, seitdem Weigle sie mit seinem Freunde Mockert als junger Student ins Leben gerufen hatte.

Es ist hier nicht der Platz zu untersuchen, ob Weigle in seiner Beurteilung der damaligen BK recht hatte. Aber es hat mich tief beeindruckt, daß er aus seiner Sorge um eine klare Verkündigung den Essener BK von der großen, von ihm selbst gegründeten Bewegung lostrennte. Das war sein Ruf zur Besinnung für die ganze evangelische Jugendarbeit. Nicht um die Verkündigung eines christlich gefärbten Idealismus durfte es gehen, sondern um die biblische Botschaft von der völligen Verlorenheit des Menschen und der Errettung in Jesus Christus. Weigle hat mit diesem Schritt deutlich gemacht, daß die Kirche der Jugend ein unverfälschtes Evangelium schuldig ist und daß jede Vermischung des Evan-

133

geliums mit dem Zeitgeist ein Betrug an den Herzen der jungen Menschen ist.

Die Wirkung dieser geraden Haltung war zunächst, daß seine Arbeit zahlenmäßig stark zurückging. Die idealistischen Jugendverbände überfuhren geradezu sein Werk.

Damals bewunderte ich an ihm die Sicherheit eines guten Gewissens. Er blieb völlig ruhig. Und nach kurzer Zeit war die Krise überwunden ...

Wie schwer ist es doch, ein Bild eines Menschen zu zeichnen, namentlich eines so lebendigen Menschen, wie Weigle es war.

Es muß ja nun davon gesprochen werden, daß dieser Mann von einer wundervollen Natürlichkeit war. Ich kenne Christen, die sehr natürlich und weltoffen sind. Aber man kann sich dem Eindruck nicht entziehen, daß ihr Christenstand irgendwie kraftlos ist. Und andererseits kenne ich feine Christenleute, die einen gekünstelten und weltfremden Eindruck machen. Es ist ja kein Wunder, daß es so steht. Es ist billig, darüber zu spotten. Denn für Menschen, denen das Wort gilt: „Euer Wandel ist im Himmel" (Phil. 2, 20), ist die rechte Stellung zur Welt eine ungeheure Aufgabe. Da kann man schon die Balance verlieren.

Daß ich so sage: Weigle hatte die Balance! Man mußte ihn einmal lachen sehen. Ja, Weigle konnte lachen! So lachen, daß er den ganzen Saal mit Jungen ansteckte. Und Ferienfahrten konnte er arrangieren, als noch kein Mensch Jugendlager kannte.

Und Ideen hatte der Mann! Und organisieren konnte er! Und dann hatte er eine großartige Fähigkeit, den Leuten, die über ein gutes Bankkonto verfügten, das Geld aus der Tasche zu zaubern. Und erzählen konnte er! Und vorlesen! Einmal las er eine Geschichte vor, die fing so an: „Es waren einst zwei arme, alte Fräulein ..." Da weinten wir schon fast aus Mitleid mit den „armen, alten Fräulein".

Und in einen richtigen, guten, männlichen Zorn konnte er auch mal geraten. Das war für alle Beteiligten erfrischend.

Aber ich vergesse es nicht, wie eines Tages ein Mitarbeiter Weigles mir ganz erschüttert berichtete, daß Weigle am Tage nach solch einem Zornausbruch zu ihm gekommen sei und ihn um Verzeihung gebeten habe. „Können Sie sich das vorstellen, wie mir zumute war? Der alte Mann bat mich ganz demütig, ich möchte ihm vergeben, daß er sich vom Zorn habe fortreißen lassen." Der junge Mann hatte eine Ahnung davon bekommen, wie die gewaltige Dynamik dieses leidenschaftlichen Herzens unter der Zucht des Heiligen Geistes stand.

Im Zentrum Essens stand die alte Marktkirche (sie wurde im Kriege zerstört und später sehr viel kleiner wieder aufgebaut). Hier in dieser Kirche hat Weigle jahrelang seine Jugendgottesdienste gehalten. Auf den Galerien drängten sich die Jungen und die jungen Männer. Und unten im Schiff saß eine große Gemeinde.

Als ich zum erstenmal diesen Gottesdienst besuchte, predigte er über die Geschichte vom Propheten Jona, der von einem großen Fisch verschlungen wurde und im Bauch des Fisches zum Herrn schrie.

Auf einem ganz bestimmten Teil der Galerie saßen die BKler, die höheren Schüler. Denen mochten nun wohl allerlei Zweifel kommen an der Glaubwürdigkeit dieser Geschichte. Weigle fühlte das. Und so wandte er sich nur eben nach jener Seite und sagte mit großem Nachdruck: „Mein Gott kann das! Es ist ihm ein Geringes, einen solchen Fisch zu erschaffen." Und damit war dieser Fall erledigt.

Mir ging hier das Geheimnis von Weigles Art zu predigen auf. Seine Predigt war ein Gespräch mit dem Hörer. Da war keine Spur von Pathos. Es war unmöglich, nicht zuzuhören. Man wurde von Anfang an hineingenommen in das Gespräch.

Und noch etwas anderes: In einer Zeit, in der jeder an der Bibel herumkritisierte, war es Weigles Anliegen, seiner Jugend die Herrlichkeit der Schrift zu zeigen. Er stand – wie Professor Schlatter es einmal ausdrückte – „nicht *auf* der Schrift, sondern *unter* der Schrift".

Gerade dieses Anliegen Weigles wurde der Anlaß, daß ich ihm wirklich nahekam. Und das geschah so:

Ich war schon mehrere Jahre in Essen. Aber es war mir nicht gelungen, mit Weigles Jugendarbeit in nähere Verbindung zu kommen. Ich merkte, daß Weigle mich von seiner Arbeit fernhielt. Den Grund hat er mir später selbst gesagt: „Ich wußte, daß du aus der idealistischen Jugendbewegung kamst, und nichts fürchte ich mehr als die Vermengung von Idealismus und Evangelium."

Eines Tages bat er mich nun doch, ich solle bei einem Bibelkurs seinen Mitarbeitern ein Wort über die Bibel sagen.

Da stand ich vor diesen 150 jungen Männern. Als ich unter ihnen viele Primaner entdeckte, fiel mir der kümmerliche Religionsunterricht ein, den ich in der Schule hatte über mich ergehen lassen müssen. Und so sagte ich etwa folgendes:

„Die schlimmen Feinde der Bibel sind nicht diejenigen, die sie offen angreifen. Viel gefährlicher sind die, welche positiv von ihr reden wollen und doch ,das Wort Gottes in den Wörtern' nie gehört haben." Und dann erzählte ich ihnen, wie unser Lehrer immer sagte: „Natürlich ist die Bibel kein Geographiebuch. Natürlich ist sie kein Geschichtsbuch! Natürlich ist sie kein Naturkundebuch ..." Und wir spotteten: „Was die Bibel n i c h t ist, das weiß er. Aber was sie nun wirklich ist, das weiß er ebensowenig wie wir."

Und dann erklärte ich den jungen Leuten, wie es dem jetzt lebenden Gott gefällt, durch dies Buch zu uns zu reden. Wie wir nur hier unser eigenes, verlorenes Herz kennenlernen und ebenso die herrliche Errettung durch Jesus.

Am nächsten Tag war Weigle bei mir: „Lieber Bruder! Ich habe dir viel abzubitten! Wir gehören zusammen." 30 Jahre lang habe ich später als sein Nachfolger in dieser Arbeit gestanden.

Weigles Predigten und Bibelstunden waren so anziehend, weil er die Gabe hatte, die Bibel seelsorgerlich auszulegen.

Es war im Jahre 1931. Ich hatte die Arbeit übernommen und leitete meine erste Mitarbeiterfreizeit auf der herrlichen Elsenburg bei Kaub am Rhein.

Da besuchte uns der schwerkranke Mann, um von seinen jungen Freunden Abschied zu nehmen. Große Freude war bei den jungen Männern, die mit so glühender Verehrung an ihm hingen. Schnell hatten sich alle um ihn geschart. Mit seinen zitternden Händen schlug er die Bibel auf und las ein Wort Jesu aus Johannes 10: „Meine Schafe hören meine Stimme ... und niemand wird sie mir aus meiner Hand reißen." Und nun begann ein zwangloses Gespräch über dies Wort. Ein Stücklein daraus ist mir besonders in der Erinnerung geblieben.

„Sag' mal, Karl", wandte sich Weigle an einen starken jungen Mann, der durch ganz besondere Anfechtungen gehen mußte, „gehörst du dem Herrn Jesus an?" „Ja!" sagte der freudig.

„Nun sagt der Herr: ,Niemand soll meine Schafe aus meiner Hand reißen.' Jetzt kann dich niemand von Jesus trennen – außer ...?!"

„Außer: Ich selbst!"

„Falsch! Ganz falsch!" rief Weigle fröhlich. „Wenn der Heiland sagt: ,Niemand kann sie aus meiner Hand reißen', dann kannst du dich selbst auch nicht mehr von ihm reißen."

Das mächtige Aufatmen des jungen Mannes war herzbewegend. Er fühlte Grund unter seinen Füßen.

Ich habe viel gelehrte Ausführungen über die „ewige Erwählung Gottes" gehört, die das Geheimnis nur mehr verdunkelten. Hier wurde sie gezeigt als Grundlage des Heils, so daß ein junger Arbeiter es fassen konnte.

Oder ich denke an eine Bibelstunde über das Wort: „Selig sind, die reines Herzens sind, denn sie werden Gott schauen."

Da saßen nun 200 Jungen und redeten sich die Köpfe heiß. Die einen meinten, man müsse es ganz gewiß eines Tages dahin bringen, daß man ein reines Herz bekomme. Die anderen waren skeptisch. Sie hatten an sich selbst die Macht der Sünde erfahren. „Das würde ja bedeuten, daß wir hier auf Erden schon vollkommen würden. Das gibt es doch nicht! Wir brauchen doch täglich Vergebung!" sagten sie.

Endlich ergriff Weigle das Wort: „Jungens! Das Herz eines rechten Jesus-Jüngers ist wie ein Auge. Wir können nicht verhindern, daß uns Schmutz ins Auge fliegt. Bei uns hier in Essen, wo die großen Schornsteine die Luft mit Ruß erfüllen, erleben wir das ja jeden Tag. Aber wie reagiert nun unser Auge darauf? Findet es sich mit dem Ruß ab? Nein! Es fängt an zu tränen und zu weinen und zu rumoren, bis die Sache in Ordnung ist. Und wenn es zwanzigmal am Tag geschieht – das Auge findet sich damit nicht ab. Und so ist es mit einem Christenherzen. Es kennt die Macht der Sünde und erfährt sie täglich. Aber es findet sich nicht damit ab. Es weint und rumort, bis es wieder Vergebung und Befreiung hat." Das verstand nun auch ein 14jähriger Junge.

Während ich mit diesen Erinnerungen an Weigle beschäftigt war, traf ich einen Oberstudiendirektor und einen Studienrat, die beide tätig im Leben der christlichen Gemeinde stehen. Beide waren bei Weigle im BK gewesen. Ich erzählte ihnen: „Ich werde etwas schreiben über meine Begegnungen mit P. W." (So nannte man ihn unter den Jungen.)

Die beiden fuhren auf: „Wie können Sie das! Sie haben ihn doch nicht gekannt!" „Doch! Ich bin ihm begegnet." „Aber den jungen Weigle haben Sie nicht gekannt!" sagte der Studienrat. „Ich war 9 Jahre, als er seine Einführungspredigt hielt. Ich sage Ihnen: die Augen! Die feurigen Augen hielten mich einfach fest..." Der andere unterbrach: „Weigle war eine sakrale Persönlichkeit." Und als ich über den Ausdruck lächelte: „Doch, das war er." Und warum war er das? Als er im Jahre 1929 (drei Jahre vor seinem Tode) in den Ruhestand trat, schrieb er ein Abschiedswort, das den ganzen Mann zeigt:

„Wie gern wäre ich noch ein Wegweiser zum Heiland für die Alten und für die Jungen geblieben, wie er für mich der Heiland und Erlöser heute noch ist. Aber die Kräfte reichen nicht mehr. So kann es nur ein kurzes Abschiedswort sein, in dem ich mich stütze auf das Wort des Apostels 1. Kor. 2, 2: ‚Ich hielt mich nicht dafür, daß ich etwas wüßte, ohne allein Jesum Christum, den Gekreuzigten.' Jeder, der sich auf diesen Jesus verläßt, den Retter, den Freund, den Erlöser für alt und jung, wird in seinem Leben ein gesegneter Mensch sein für sich und andere. Jesus lebt heute noch und beweist sich als der Lebendige an allen, die sich ihm anvertrauen. Er hat die Herzen vieler junger Leute für sich gewonnen. Er hat uns im Jugendhaus die Stätte geschaffen, wo wir unser Werk für ihn treiben konnten und es noch heute treiben dürfen. Sein Segen ruhe auf unserer ganzen Arbeit, bis wir einst vor seinem Throne stehen!"

Dieser Aufsatz erschien zuerst 1948 in: Hanns Lilje „Begegnungen", Laetare-Verlag, Nürnberg.

D. Walter Alfred Siebel
und wir sangen und sangen und sangen . . .

„Wie ich ihn geliebt habe! Und verehrt! Und – ja, auch ein
wenig gefürchtet, den Mann, den das Bild über dem linken
Bücherschrank zeigt."

Der Besucher mustert das Bild: „Der starke Schnurrbart und
der Knebelbart am Kinn – und vor allem der ‚stählerne Blick‘ –
das könnte ein Politiker aus der Zeit um die Jahrhundertwende sein! Oder ein General! Allerdings – die schwarze
Krawatte! – Ich würde doch lieber auf Kirchenfürst tippen."

„Gar nicht schlecht!" muß ich lachen. „Der Mann gehört in
die Industrie. Er besaß eine Fabrik. Aber er hatte auch den
Ehrendoktor von der Theologischen Fakultät Münster."

Es handelt sich um Walter Alfred Siebel aus Freudenberg.
Im Siegerland hat es so viele herrliche Gottesmänner gegeben, daß es sich lohnte, für die allein eine Bildergalerie auf-
zumachen. So muß nun der D. Walter Alfred Siebel für alle
andern in meinem Zimmer repräsentieren.

„Warum haben Sie ihn gefürchtet?" fragt mein Besucher.

„Ich war ein junger Pfarrer, als ich zum erstenmal im Siegerland öffentlich reden durfte. Dabei begrüßte mich Siebel. Die
‚stählernen Augen‘ – wie Sie es so richtig ausdrückten –
schauten mich kritisch an, als wenn sie sagen wollten: ‚Junger
Mann! Hier wird dir eine Menge reifer Christen zuhören.
Hoffentlich bist du kein Schaumschläger, Schwätzer oder
Windmacher!‘ Man wurde sehr klein vor diesen Augen."

„Und warum haben Sie ihn bewundert?"

„Der Mann bekleidete hohe und höchste Ämter in der Kirche.
Dazu hatte er in der männlichen Jugendarbeit und in der Ge-
meinschaftsbewegung leitende Aufgaben. Dafür wurde ihm
der ‚D.‘-Titel verliehen. Aber bei all dem war er ja schließlich Fabrikant, der seine Firma mit Umsicht leitete. Und nun

passen Sie auf – dieser überbeschäftigte Mann war nie ‚Manager'. Eine große geistliche Würde zeichnete ihn aus. Und er hatte eine Vollmacht, wie sie nur aus dem stillen Umgang mit Gott und dem Leben in der Heiligen Schrift kommt. Ich habe ihn in großen Versammlungen in der Siegener Hammerhütte reden gehört. Das war gewaltig."

„Hammerhütte? Was ist das – Hammerhütte?"

„Da haben wir's! Man kann vom Siegerland nicht reden, ohne das Ganze zu erzählen. Das Ganze? Das ist dies, daß Gott vor 150 Jahren dort eine große geistliche Bewegung schenkte. Wir nennen das eine Erweckung. Wie gesagt – 150 Jahre sind seitdem vergangen. Aber Sie sollten mal einen Jungmännertag dort mitmachen. Da können Sie Männerchöre hören, wie man sie sonst nirgendwo kennt. Und Hunderte, ja Tausende hören dem Worte Gottes zu.

Der Sammelpunkt dieser heute noch lebendigen Bewegung ist ein Gemeindehaus, die ‚Hammerhütte'. Dreitausend Plätze hat der große Saal. Aber er ist zu klein bei den Allianzversammlungen, den Jahresfesten und Missionsversammlungen. Und sehen Sie, einer der geistlichen Leiter dieser Bewegung war Walter Alfred Siebel."

„Nun müssen Sie mir nur noch sagen: Warum haben Sie ihn geliebt?"

„Ich könnte jetzt einfach antworten: Weil eine solche faszinierende Persönlichkeit mich als jungen Anfänger im Pfarramt magnetisch anzog. Das ist ja kein Wunder!

Aber es war ein kleines Erlebnis, das mich diesen Mann ins Herz schließen ließ:

Bei einer Konferenz in der Hammerhütte sollte ich einen Vortrag halten. Ich weiß nicht mehr, wie es dazu kam, daß ich am Abend vorher bei Walter Alfred Siebel in Freudenberg zu Gast war. Ich übernachtete auch bei ihm.

Am nächsten Morgen fuhren wir in einem Sonderomnibus nach Siegen zu der Glaubenskonferenz. Als ich einstieg, fiel mir gleich auf – was die Versammlungen in der Hammerhütte bis heute auszeichnet –, daß so viele Männer dabei waren. Während doch das kirchliche Leben weithin von den Frauen bestritten wird, kann man hier noch in Scharen Männer und junge Männer sehen.

Alle begrüßten Siebel sehr fröhlich. Man merkte sofort: Er war der geistliche Vater dieser Leute.

Als wir losfuhren, schlug Siebel vor, jetzt solle man singen. Nie werde ich vergessen: Nun wurde gesungen! Jesus-Lieder! Geistliche Gesänge! Wie es in den Psalmen heißt: ‚Lieder im höheren Chor'. Neben mir saß Siebel. Jede Miene seines Gesichts sagte: ‚Hier wohne ich unter meinem Volke! Hier fühle ich mich wohl! Hier ist mein Herz glücklich!' Und wir sangen und sangen und sangen . . .

Und sehen Sie, in dieser Stunde begann ich diesen großen Mann zu lieben, der ein ‚Bruder unter Brüdern' war."

Baron von Kottwitz
und wie einer sich in besten Kreisen bewegt

Jedem Kenner fällt der gute Kupferstich aus dem Anfang des vorigen Jahrhunderts auf.

Ja, es lohnt sich, dies markante Gesicht anzusehen. Die großen, weit aufgerissenen Augen schauen in Fernen – es sieht aus, als ginge es ihm wie dem Apostel Johannes: „Und ich sah den Himmel aufgetan . . .“

Aber der energische Mund, das starke Kinn, die kräftige Nase und vor allem die langfingerigen Hände, die sich fast wie Krallen über einem Krückstock falten – das könnte ein friderizianischer General sein. Jedenfalls, das alles offenbart einen Mann, der tatkräftig im Leben steht und große Aufgaben meistert.

Das Bild zeigt Hans Freiherrn von Kottwitz. Er war ein Mann, der wirklich einen Blick für die ewige Welt hatte und zugleich den Nöten seiner Zeit entgegentrat – mit Wort und Tat.

Zum erstenmal bin ich als Student auf diesen Mann gestoßen. Ich hatte damals eine beunruhigende Entdeckung gemacht: daß ich nämlich gar nicht beten konnte.

Als ich mich zum Herrn Jesus bekehrte und ihm mein Leben übergab, da hatte ich gebetet. Das war in Ordnung! Dabei kam man ohne ein „Gespräch des Herzens mit ihm“ nicht aus. Aber später erschien mir das Beten so unnötig. Was hatte es für einen Sinn, dem Herrn Dinge vorzutragen, die er ja längst wußte!? In der Bibel steht: „Euer himmlischer Vater weiß, was ihr bedürft.“ Und ich fand den Vers: „Ehe sie rufen, will ich antworten.“ Macht dies das Beten nicht überflüssig?

So redete ich es mir ein. Aber im Grunde wußte ich: Ich kann ja gar nicht beten. Meine Eltern konnten beten. Das merkte ich deutlich. Aber ich – nein, ich konnte es nicht. Und so suchte ich Gründe dafür, einen Christenstand ohne Gebet zu führen. Damals nun las ich irgendwo eine Geschichte vom Baron von Kottwitz. Der Name dieses Mannes war mir nicht ganz unbekannt. Ich hatte eine unklare Vorstellung davon, daß er ein Freund der Armen in Berlin war, ja, vielleicht ein vorzeitiger Wichern, vielleicht sogar ein etwas unklarer christlicher Sozial-Reformer. Aber das alles waren nur Erinnerungsfetzen.

Und dann also geriet ich an die Geschichte:

In Berlin wirkte damals – im Anfang des vorigen Jahrhunderts – der Philosoph Fichte.

Der kam eines Tages in ein Gespräch mit Baron Kottwitz. Dabei dozierte der Professor ein wenig von oben herab wie ein Lehrer zu seinem Schüler: „Das Kind betet; der Mann aber will."

Sehr ernst entgegnete Kottwitz: „Herr Professor! Ich habe 600 Menschen zu versorgen und weiß oft nicht, wo ich das Brot für sie hernehmen soll; da weiß ich mir manchmal nicht anders zu helfen, als daß ich bete."

Einige Sekunden war es still. Dann meinte Fichte: „Herr Baron, dahin reicht meine Philosophie nicht."

Diese kleine Geschichte machte mir einen tiefen Eindruck. Es ging mir auf: Unser himmlischer Vater braucht unser Gebet nicht. Aber – wir haben das Beten nötig in all den Problemen, Nöten und all der Schuld unseres Lebens.

Damals begann ich zu lernen, daß wir unsere inneren und äußeren Lasten im Gebet abladen dürfen; daß wir die Freude und die Vitalität unseres Herzens ausströmen lassen dürfen in Anbetung und Dank. Ich erkannte: Das Recht zum Gebet ist ein wundervolles Geschenk Gottes an uns.

Von da an interessierte ich mich auch für diesen Baron Kottwitz. Ich verschaffte mir sein Bild und suchte mir eine deutliche Vorstellung von ihm zu machen.

Kottwitz hat es vorgelebt, wie ein Christ, in klarem Glauben an das Versöhnungswerk Jesu Christi, ein Leben mit Gott führt. Und wie er aus dieser Glaubensstellung heraus seine Aufgaben an der Welt zu erfüllen sucht.

Beides gehört zusammen! Eine Christenheit, die ohne Erlösung und ohne Leben mit Gott Aufgaben an der Welt erfüllen will, wird nur zu hohler Schwätzerei kommen. Und andererseits: Christen, die sich aus den ihnen von Gott gewiesenen Aufgaben an der Welt zurückziehen wollen, werden unfruchtbar. Das Mönchsleben ist kein evangelisches, biblisches Ideal.

Hans von Kottwitz wurde 1757 geboren auf dem Kottwitz'schen Gut Tschepplau in Schlesien. Hier verbrachte er seine ersten Jugendjahre.

„Schon früh wurde er nach dem Tode des Vaters Besitzer großer Güter. Und als ihm dann seine Braut die Herrschaft Peilau am Fuß des Eulengebirges zubrachte, kam Reichtum zu Reichtum."

So heißt es in den Lebensbeschreibungen von Baron Kottwitz.

Nun muß ich gestehen: Was weiß denn einer, der – wie ich – in westdeutschen Großstädten aufgewachsen ist, von der Weiträumigkeit des Lebens solcher reichen Grundbesitzer! Ich hätte mir kaum eine Vorstellung machen können von dem großartigen Lebensstil des jungen Mannes, wenn in meinem Dasein nicht zehn Tage gewesen wären, die mich ein wenig die prächtige Umgebung des jungen Freiherrn ahnen ließen.

Es mag im Jahr 1930 gewesen sein. Ich war Pfarrer in Essen. Durch einige Veröffentlichungen über Arbeiterfragen war ich weiteren Kreisen bekannt geworden.

Da kam eines Tages ein erregender Brief vom Berliner Oberkirchenrat bei mir an. Der teilte mir mit: In den östlichen Gebieten unserer Kirche fänden jährlich umfassende Kirchenvisitationen statt. Und weil der Oberkirchenrat nicht genug Beamte habe, fordere er ab und zu Pfarrer aus dem Westen auf, als Vertreter der Kirchenbehörde solche Visitationen mitzumachen. Ich sei ausersehen, bei einer Visitation in der sogenannten Grenzmark (heute polnisches Gebiet) als Vertreter des Oberkirchenrats mitzuwirken. Anzug: Gehrock und Zylinder!

Dieser Brief brachte das Essener Pfarrhaus in nicht gelinde Aufregung. Vertreter des Oberkirchenrats! Sofort versuchte ich, mein Gesicht in ernste Falten zu legen und mir einen würdigen Schritt anzugewöhnen. Aber ich kam mir dabei vor wie der kleine David in der Rüstung Sauls. Und wie David legte ich diese Rüstung schnell wieder ab.

Die nächste Schwierigkeit war, daß ich wohl einen Zylinderhut, aber keinen Gehrock besaß. Und wir waren damals viel zu arm, um solch ein Kleidungsstück zu beschaffen, mit dem ich als Pfarrer unter den Bergleuten später doch nichts hätte anfangen können.

Zum Glück besaß mein Bruder Johannes solch ein würdiges Gewand. Das entlieh ich mir.

Aber es war mir nachher doch etwas seltsam zumute, als ich in dem „gepumpten" Gehrock inmitten der Honoratioren in Neu-Bentschen bei der Eröffnungs-Versammlung saß und der Superintendent mir, als dem Vertreter des Oberkirchenrats, mit herzlich bewegten Worten dankte, daß die Behörde beim Neubau der Kirche so wundervoll Hilfe geleistet habe.

Ehrlich gestanden – ich hatte bis dahin nicht einmal von der Existenz eines Ortes Neu-Bentschen gehört. Viel weniger von der dortigen Kirche. Und so kam ich mir ein wenig wie ein Hochstapler vor.

Es wurde mir erst wieder wohl zumute, als ich dann auf der Kanzel stand und predigte über das Wort aus dem Hebräer-Brief: „Laßt uns aufsehen auf Jesus, den Anfänger und Vollender des Glaubens."

Und nun begannen zehn wundervolle, traumhaft schöne Tage. Jeden Morgen fuhren wir in einer langen Autoschlange los. Im ersten Wagen saß der Generalsuperintendent D. Hegner mit dem Vertreter des Oberkirchenrats. Dahinter folgten Schulräte, Landräte, Superintendenten, Bürgermeister und andere interessierte Leute. Solche General-Kirchenvisitationen haben wir im Westen nie gehabt. Und ich habe recht gestaunt über die Bedeutung, die man dort der Kirche zumaß.

Wir fuhren durch Dörfer, wo die Schulkinder mit Blumen und Festgewändern an der Straße standen. Da wurde dann jedesmal angehalten, die Kinder sangen, die Glocken läuteten, und die Sonne lachte hell und leuchtend über dem festlichen Getöse.

Eins der Dörfer hieß wirklich ganz im Ernst Posemukel. Und der Lehrer sagte mir: „Wenn ich irgendwo erzähle, ich sei aus Posemukel, dann hält das jeder für einen dummen Witz."

In irgendeiner Kreisstadt oder einem größeren Dorf blieb man. Dort wurde Gottesdienst gehalten. Und Kindergottesdienst. Obwohl es Wochentag war, erschien alles Volk dazu. Zum Mittagessen waren wir alle dann meist auf irgendeines der großen Güter eingeladen. Wenn man an der breiten Einfahrt der schloßartigen Gutshäuser vorfuhr und die livrierten Diener zum Empfang bereitstanden, mußte ich denken: „Hier ist es wie bei Königen!"

Unsere große Gesellschaft saß in gewaltigen Speisesälen. Diener mit weißen Handschuhen servierten Speisen, von denen ich oft nicht wußte, was sie darstellten, und noch weniger, wie man sie essen sollte. In den Glasvitrinen, die rings an den Wänden standen, blitzten silberne Ehrenpreise, die von dem Ruhm des Hausherrn auf Rennplätzen zeugten.

Am Nachmittag war oft in dem Schloßpark eine volksmissionarische Veranstaltung. Das habe ich den Gutsbesitzern hoch angeschlagen, daß sie ihre herrlichen Parks für unsere Veranstaltungen öffneten.

Da strömte dann viel Volk zusammen. Der Generalsuperintendent hatte auf den langen Autofahrten längst aus mir herausbekommen, daß ich an „kirchenleitenden Funktionen" weniger als nur mäßig interessiert war; daß es mit meiner oberkirchenrätlichen Herrlichkeit nicht weit her war; daß ich aber an Evangelisation sehr interessiert bin. So überließ er mir diese Nachmittage. Sie stehen leuchtend in meiner Erinnerung: Im Hintergrund das Schloß oder Gutshaus. Vor mir auf dem Rasen haben sich Hunderte gelagert. Ein unwahrscheinlich heller Himmel glänzt über uns. Hier singen wir nun miteinander unsere Jesus-Lieder. Und ich darf meinen

Zylinderhut hinter eine Hecke stellen und – Wilhelm Busch sein und Zeuge Jesu Christi. – – –

Wenn ich von Baron Kottwitz lese: „Er besaß das Kottwitz'-sche Gut Tschepplau, und seine Braut brachte ihm die Herrschaft Peilau mit", dann sehe ich im Geist jene herrlichen, weiträumigen Güter vor mir, auf denen ich damals zu Gast war. Und ich begreife, wieviel der Mann eines Tages aufgab. Aber das kam erst viel später. Es muß zuerst etwas von der Jugendzeit des Hans von Kottwitz berichtet werden.

Sein Weg führte ihn hoch hinauf. Als Edelknabe kam er an den Königshof. König von Preußen war damals Friedrich II., den man den „Großen" nennt.

Diese Erhöhung und der väterliche Reichtum bekamen dem jungen Mann allerdings schlecht. Er führte in Berlin bald ein schlimmes Lotterleben. Dabei geriet er in üble Verwicklungen.

Um denen zu entgehen, beschloß er, nach Amerika zu fliehen. Dort tobten gerade die heißen Kämpfe, die mit der Selbständigkeit der amerikanischen Staaten endigten. Das lockte den jungen Menschen.

Aber der Vater bekam Nachricht von diesen Plänen. Er steckte sich hinter den König. Und der machte die Flucht unmöglich. So kehrte Kottwitz, innerlich zerrissen und unglücklich, in die Heimat zurück. Ein gescheiterter junger Mann!

Eines Sonntags saß er in der Kirche, ganz hinten auf der letzten Bank, versteckt hinter einer Säule. Da traf ihn ein Satz aus der Predigt: „Es gehört viel Gnade dazu, sich selbst zu ertragen."

Das Wort schilderte genau seine innere Lage. Und mit dem Wörtlein „Gnade" griff der Herr Jesus zum erstenmal nach seinem Herzen.

Es sind wunderbare Führungen des Herrn Jesu, wie er sich um erweckte und suchende Seelen annimmt. In jener Zeit lernte der junge Baron den Bischof der Brüdergemeine, Spangenberg, kennen. Der half ihm weiter auf dem Weg des Glaubens. Und es geschah das Wunder, daß Kottwitz sich dem

Herrn ergab, der ihn mit seinem Blut erkauft hat „von allen Sünden, vom Tode und von der Gewalt des Teufels".

Von da an bekam der junge Baron einen neuen Blick für seine Umgebung. Er sah sich in seinem weiträumigen Besitztum um und erkannte mit Schrecken das maßlose Elend der Weber im Gebirge.

Von der Armut dieser Menschen ist später noch viel die Rede gewesen. Und der Dichter Gerhart Hauptmann hat ihnen in seinem Drama „Die Weber" ein Denkmal gesetzt. Kottwitz mußte helfen. Er griff tief in die eigene Tasche. Er gab den Hungernden Brot und denen, die willig waren, Arbeit. Er kaufte ihnen ihre Ware ab und versuchte, sie an den Mann zu bringen.

Aber oft fehlten ihm die Abnehmer. Und in seiner Buchführung gab es gewaltige Lücken und Einbußen. Doch wurde er nicht müde, die Tränen zu stillen und die Hungrigen zu speisen.

Weil er aber überzeugt war, daß nur Jesus den Menschen wirklich helfen kann, wurde er zugleich ein Prediger, der auf die Wunden der Seelen hinwies und der den Arzt, den Herrn Jesus, bezeugte.

Leider ging seine Frau auf diesem Wege nicht mit. Sie verstand seine Glaubensstellung nicht. Und sein Wille zu helfen erbitterte sie. Sie sah in ihm nur den Verschwender der reichen Güter. So lebten die beiden schließlich getrennt voneinander. Und als die Frau bald starb, blieb er ein einsamer Mann.

Um die Jahrhundertwende zog Kottwitz nach Berlin. Hier, in der wachsenden Großstadt, sah er seine Aufgabe. Hier erlebte er das furchtbare Hungerjahr 1806. Er half, so gut er konnte. Die Elenden lernten ihn kennen. Immer mehr Menschen klopften an seine Tür.

Da entschloß er sich zu einem seltsamen Schritt: Er kaufte eine riesige, frühere Kaserne am Alexanderplatz. Das weiträumige Haus hieß im Volksmund „Der Ochsenkopf". Hier zog er 1808 ein und öffnete das Haus für alle, die in Not waren. Der „Ochsenkopf" erinnert ein wenig an die Höhle

Adullam, in der einst der spätere König David lebte. Da heißt es in der Bibel: „Und es versammelten sich zu ihm allerlei Männer, die in Not und Schulden und betrübten Herzens waren; und er war ihr Oberster, daß bei 400 Mann bei ihm waren." Bei Kottwitz allerdings waren es 600.

Da kamen hilflose Kinder, denen Schule und Kost gegeben wurden. Es kamen Greise, die gepflegt und versorgt wurden. Es kamen Kranke und Sieche, die um Arznei und Stärkungsmittel baten. Es kamen stellenlose Handwerker, die untergebracht werden mußten. Es kamen bedürftige Studenten, denen man einen Freitisch gewährte. Es kamen Ungezählte, die Rat und Wegweisung suchten.

Kottwitz erinnert ein wenig an Bodelschwingh. Denn auch er wollte nicht Faulenzer heranzüchten. So war es ihm ein Anliegen, den Leuten zu Arbeit zu verhelfen. Und jeder, dem geholfen war, mußte andern den Platz räumen. Dabei machte den Baron die Liebe erfinderisch. Er verhandelte mit den Bürgermeistern der Dörfer vor den Toren der Stadt. Mit ihrer Hilfe erwarb er Grundstücke, auf denen er Menschen ansiedelte. Und er war überglücklich, wenn eine Familie bei Feldarbeit und am eigenen Herd wieder zu Ordnung und neuem Leben kam.

Im „Ochsenkopf" bewohnte der Baron zuerst zwei, dann schließlich nur noch ein einziges Zimmer.

Was hat dies Zimmer alles erlebt! Hier breitete der einsame Mann im Gebet vor Gott seine und aller Welt Nöte aus. Hier wurden seelsorgerliche Gespräche geführt, hier wurde vielen der Weg zum Frieden mit Gott gewiesen. Hier sammelte sich der viel beschäftigte Mann in der Stille vor Gott, um seinen Pflegebefohlenen mit Liebe und Güte begegnen zu können.

Er wollte nicht nur äußerlich, sondern auch innerlich helfen. Er blieb dabei: Einem Menschen ist erst dann wirklich geholfen, wenn er die Erlösung durch Jesus glauben kann. Darum rief er zweimal in der Woche die bunte Schar seiner Hausgemeinde zur Auslegung des Wortes Gottes zusammen. Sie kamen gern, auch die wildesten Brüder. Ja, bald fanden sich aus der Stadt Menschen herzu, die hier geistliche Nahrung suchten. Das müssen merkwürdige Versammlungen gewesen sein, wo neben den adligen Bekannten Kottwitzens die Armen und Elenden saßen, wo neben ehrbaren Bürgersleuten die Gestrandeten sich einfanden. Und bald kamen auch die Theologie-Studenten. Sie entdeckten, daß dieser Jesus-Jünger ihnen Entscheidendes mitgeben konnte.

Zwei Theologen, die später berühmt wurden, haben von der Seelsorge des Barons berichtet. Der spätere Anreger der „Inneren Mission", Wichern, schrieb in sein Tagebuch: „O du unvergleichlicher Mann, so demütig, daß du mich mit jedem Wort beschämst, so voll Gottesfreude, deren Schauer mich durchbeben. Herr! Laß mich so werden, so gottergeben, so dir geweiht!"

Der andere ist der berühmt gewordene Professor der Theologie Tholuck. Der junge Mensch wohnte eine Zeitlang im „Ochsenkopf" und wurde von Kottwitz an Leib, Seele und Geist gesundgepflegt. Er bekannte später:

„Mein Heiland, welche Irrwege wäre ich gegangen, hättest du mir nicht einen Kottwitz gegeben und mir durch ihn gezeigt, daß es keine Einbildung sei, daß man sich aufopfern und für die Brüder hingeben kann."

Es gibt ein kleines Geschichtlein aus jener Zeit, das mehr als viele Worte uns den Baron zeigt. Es handelt von einem Erlebnis, das den jungen Studenten entscheidend geprägt hat:

Einst konnte Tholuck, der wie alle Studenten der damaligen Zeit hohe Stiefel trug, den Stiefelzieher nicht finden. Der nervöse junge Mann fing an zu schimpfen und zu schelten, daß es durch das weite Haus schallte.

Unversehens stand der Baron vor ihm, sah ihn mit großen Augen ernst und verwundert an und fragte: „Was fehlt dem Herrn Studiosus?" Und als er die verdrießliche Antwort vernommen hatte, eilte er still hinweg, um alsbald mit seinem eigenen Stiefelzieher wiederzukommen und ihn dem Jüngling vor die Füße zu stellen.

Der aber stand betroffen, und erschüttert fragte er: „Von wem haben Sie solche Sanftmut gelernt?"

„Von meinem Heiland Jesus Christus", sagte der Baron und ging freundlich lachend davon. Tholuck aber stand noch lange in Gedanken und bedachte das Wort der Schrift, daß wir sollen in Christi Bild verklärt werden.

Und nun muß ich wieder auf den schönen Kupferstich schauen, der mir den alten Freiherrn zeigt:

Seltsamer Mann, der seine schönen Güter verließ und in das Elend der großen Stadt Berlin hineintauchte!

Wundervoller Mann, dessen Augen in den Himmel hineinsehen, dessen Mund von Verzicht und Energie spricht und dessen Hände tapfer das Elend der Welt anpacken!

Mit dem jungen Studenten fragen wir: „Baron von Kottwitz! Von wem haben Sie das alles gelernt?" Und auch uns antwortet er: „Von meinem Heiland Jesus Christus."

Alfred Christlieb
und Seelsorge unter Kastanienbäumen

Es besuchte mich ein Journalist. Er wollte zu meinem 60. Geburtstag etwas in einer der Essener Zeitungen schreiben. Und da sollte ich ihm nun ein paar Tips geben.

Interessiert sah er sich in meinem Studierzimmer um. Und es stellte sich heraus, daß er ein gebildeter Mann war. Bei vielen meiner Bilder wußte er sofort oder nach kurzem Überlegen, wen sie darstellten.

„Das ist doch Lavater! Und dort Matthias Claudius! Und Kierkegaard! Und Wilhelm von Oranien! Und Peter Rosegger! Und von Bodelschwingh! Calvin! Luther! . . ."

Dann bleibt sein Blick hängen auf einem Bild, das etwas verschieden von den andern ist: Man sieht ein offenes Fenster. Draußen stehen belaubte Bäume. Helles Sonnenlicht flutet über einen Schreibtisch. Vor dem sitzt ein älterer Mann mit graumeliertem, dichtem Haar. Ein gerader Scheitel legt das Haar in eine schöne Ordnung. Als nächstes fällt ein großer, viereckig geschnittener Bart auf. In meiner Jugend sprach man von einem Assyrerbart.

Und nun haben wir das Eigentliche geradezu eingekreist: das Gesicht! Ein eigenartiges, fremd anmutendes Gesicht mit scharfen Zügen.

Im Jahr 1682 brachten Soldaten des Markgrafen von Baden-Durlach aus dem Türkenkrieg ein Knäblein mit nach Deutschland. Sie hatten das Kind irgendwo aufgelesen. In Baden lernte das eltern- und namenlose Kind das Evangelium kennen und lieben. Es wurde getauft und bekam den Namen „Christlieb", weil es von großer Liebe zu Christus erfüllt war. Als Mann stand es später im Dienst württembergischer Grafen.

Das ist der Stammvater des herrlichen Theologie-Professors Christlieb in Bonn und seines Sohnes Alfred.

Bei Alfred hatte man den Eindruck, daß die fremdländische Abstammung des Vorfahren in den kühnen Gesichtszügen noch einmal zum Vorschein komme. So konnte ein türkischer Janitscharen-Oberst ausgesehen haben!

Aber in diese Züge hatte nun der Geist Gottes seine Linien eingegraben. Sie spiegelten Güte, Freundlichkeit und Ewigkeitssinn wider in einer Weise, die mich oft überwältigte.

Das war Christliebs Gesicht . . .

Der Journalist schaute das Bild an. Mir schien, es war ihm interessant. Dann fragte er: „Wer ist denn das?"

„Alfred Christlieb!"

„Nie gehört! Was war denn der?"

„Pfarrer in Heidberg, Post Wildbergerhütte, Oberbergischer Kreis!" erklärte ich ihm ein wenig zu ausführlich.

Er lacht: „Das wird ja wohl ein kleines Nest sein! Und da war er Pfarrer?"

„Denken Sie: Über diesen Mann sind schon drei Lebensbeschreibungen erschienen. Zwei größere und eine kleinere!"

„Sind die denn verkauft worden?"

„Und ob!"

„Wohl mehr in Pfarrerkreisen!"

Ich muß lachen: „Sie werden in Essen höchstens 10 Pfarrer finden, die wissen, wer Alfred Christlieb war. Aber vor einiger Zeit besuchte mich ein Kaufmann aus Süddeutschland. Er kam mit einem schönen Wagen und war auf Geschäftsreise. Als ich seinen Wagen anschaute, sah ich neben dem Fahrersitz das Buch liegen ‚Der Cherubinische Wandersmann' von Angelus Silesius."

„Von dem Mystiker?"

„Ganz recht! Und sehen Sie, dieser Geschäftsmann erkannte Christlieb sofort, als er ins Zimmer kam. Und jetzt könnten wir, wenn Sie Zeit hätten, mit dem Wagen bei einer nicht geringen Zahl von Kaufleuten, Arbeitern, Hausfrauen und

Handwerkern vorbeifahren. Da würden Sie staunen, bei wie vielen das Gesicht aufleuchten würde, wenn sie den Namen Alfred Christlieb hören."

„Das ist merkwürdig!" murmelt der Journalist.

Wie recht hat der Zeitungsmann! Da sitzt einer sein Leben lang als Pfarrer in einem Ort, der nicht mal Bahnanschluß hat. Und bald nach seinem Abscheiden erscheinen drei vielgelesene Bücher über ihn.

Dabei war der Mann kein Gelehrter. Auch nicht Künstler, der in der Stille des Oberbergischen Landes Kunstwerke schaffte. Was war er denn?

Das sagt uns die Todesanzeige, die sein Presbyterium in die Zeitungen setzen ließ. Die ist ebenso originell wie vielsagend. Ich glaube nicht, daß ich je solch eine Anzeige gesehen habe.

Mir begegnete Christlieb zum erstenmal bei der Essener Tersteegensruh-Konferenz*).

Hier hielt er regelmäßig die Morgenandachten. Auf die freuten sich alle Konferenzbesucher schon lange vorher. Warum eigentlich?

Ich könnte es einfach so sagen: Hier bekam man „Schwarzbrot", gesunde geistliche Speise für die Seele und den Geist. Er liebte es, Texte zu nehmen, über die sonst wenig gepredigt wurde. Und dabei habe ich ihn nie auf Gemeinplätzen ertappt. Er sprach immer originell und taufrisch.

Was ich als Student schon bei Professor Karl Heims Predigten gespürt hatte, das wurde mir nun richtig klar bei Christliebs Andachten. Diese beiden Männer nämlich konnten „schlicht" predigen. „Schlicht" aber ist etwas sehr anderes als „primitiv".

Bei einer „primitiven" Verkündigung hat sich der Prediger kurz den Text angesehen. Er macht sich einige Gedanken darüber, reichert sie mit etlichen modernen Jargon-Worten und zeitgemäßen Problemen an und läßt dann das Bächlein

---

*) Siehe Seite 91

> Der Gott meines Vaters ist meine Hilfe
> gewesen. 2. Mose 18, 4

Am gestrigen Sonntag, dem 21. Januar 1934, bald nach der Predigt, nahm der Herr

den Hirten unserer Gemeinde Heidberg

Herrn Pfarrer Alfred Christlieb

zu sich in Sein himmlisches Reich.

38 Jahre diente er mit selbstloser Treue und Aufopferung der Gemeinde und über deren Grenzen hinaus dem Volke Gottes hin und her als ein Lehrer von Gottes Gnaden, der viele zur Gerechtigkeit weisen durfte.

Mit Kraft und großer Freudigkeit predigte er wenige Stunden vor seinem Heimgang über

Dreierlei Glaubensstellung
(Apg. 23, 5—10)
1. den Vernunftglauben der Sadduzäer,
2. die Rechtgläubigkeit der Pharisäer,
3. den lebendigen Herzensglauben des Paulus.

Betend gedachte er noch in diesem Gottesdienst an unser letztes Stündlein und flehte zum Herrn, daß doch das klare, lautere Evangelium der Gemeinde erhalten bleibe. Hatte ihm Gott wohl eine Ahnung von seinem Hinwegeilen gegeben? Bald nach dem Mittagessen, während weniger Augenblicke des Schlummers, führte ihn der Herr träumend durch des Todes Türen in die ewige Herrlichkeit.

Er diente uns, er bezeugte die Gnade. Sein Bild aber lebt weiter unter uns als eine Darstellung des Apostelwortes:

> „So ziehet nun an als die Auserwählten Gottes, Heiligen und Geliebten, herzliches Erbarmen, Freundlichkeit, Demut, Sanftmut, Geduld, und vertrage einer den andern, und vergebet euch untereinander, so jemand Klage hat wider den andern; gleichwie Christus euch vergeben hat, also auch ihr. Über alles aber ziehet an die Liebe, die da ist das Band der Vollkommenheit." Kolosser 3, 12—14.

Die evangelische Gemeinde Heidberg

Namens des Presbyteriums: Wilhelm Müller, Kirchmeister.

Heidberg (Post- u. Bahnstation Wildbergerhütte), den 22. Januar 1934.

seiner Rede munter dahinfließen, wobei er etwaige Lücken mit passenden Beispielen ausfüllt.

Eine „schlichte" Predigt aber entsteht so, daß der Prediger die Tür hinter sich zuschließt, daß er gründlich fragt, was sein Text sagen wolle, daß er dann unter viel Gebet diesen zu sich sprechen läßt – nein! daß er den lebendigen Herrn durch den Text zu sich sprechen läßt, daß er gewissermaßen hineintaucht in die Tiefen des Gotteswortes.

Wenn er aber all das getan hat, dann überlegt er: Wie kann ich das mir Aufgegangene nun der Gemeinde sagen, daß sie erstens es versteht und zweitens sich nicht langweilt? Da kommt am Ende eine sehr schlichte Predigt heraus, der man aber den stillen Kampf vor Gott anmerkt.

So verkündigte Christlieb.

Mir ist unvergeßlich eine Andacht, bei der er das ganze 12. Kapitel der Apostelgeschichte vorlas. Da wird berichtet, wie der Apostel Petrus vom König Herodes ins Gefängnis geworfen und zum Tode verurteilt wird. Aber die Gemeinde betete im Hause der Maria, der Mutter des Markus, ohne Aufhören zu Gott um Hilfe. Und das Gebet wird erhört. Ein Engel Gottes führt den Petrus aus der streng bewachten Zelle in die Freiheit. Er eilt zum Versammlungsort der Gemeinde und klopft dort an. Aber die Christen tun ihm nicht auf. Sie meinen, er sei wohl schon tot und hier erscheine nun sein Geist. Erst nach langem Klopfen geht die Tür auf, und Petrus kann von seiner Errettung berichten.

Im zweiten Teil des Kapitels wird von dem König Herodes erzählt, der sich – wie so viele vor ihm und nach ihm – für einen großen Volkshelden hält und sich wie ein Gott verehren läßt. Da schlägt ihn der Herr mit einer fürchterlichen Krankheit. „Er ward gefressen von den Würmern und gab den Geist auf. Das Wort Gottes aber wuchs und mehrte sich."

Christlieb las also das ganze Kapitel. Und dann teilte er es auf in seine drei Teile, die „drei Päckchen". Er hielt solche Einteilung für nötig um der Barmherzigkeit willen. „So können die Menschen die Ausführungen gut aufnehmen und auch behalten!"

Er sagte zu diesem Kapitel:

Hier hören wir von drei Doppel-Überraschungen.

1. Eine Tür, von der man dachte, sie bliebe geschlossen, ging auf. (Die Tür des Gefängnisses. Der Herr schließt auf, und niemand kann zuschließen.)

   Eine Tür, von der man dachte, sie müßte sofort aufgehen, blieb geschlossen. (Die Tür im Hause der Maria. Wie schwer finden wir uns in Gottes große Taten!)

2. Ein Mann, von dem man dachte, er wäre wach in der Nacht, schlief ruhig wie ein Kind. (Petrus im Gefängnis, den der Engel erst wecken mußte. Kinder Gottes haben selbst im Angesicht der Todesschrecken tiefen Frieden.)

   Menschen, von denen man dachte, sie schliefen, waren wach in der Nacht. (Die Gemeinde Jesu im Hause der Maria, die es mit dem Worte hielt: „Betet ohne Unterlaß!")

3. Ein Mann, von dem man dachte, sein Leben sei zu Ende, hat noch ein langes Leben vor sich. (Petrus, der zum Tode verurteilt war. Der Herr braucht seine Werkzeuge, solange es ihm gefällt. Er allein „läßt die Menschen sterben".)

   Ein Mann, von dem jeder dachte, daß er noch lange leben würde, war ans Ende seiner Laufbahn gekommen. (Herodes, dessen schreckliches Ende den Ernst und den Zorn des heiligen Gottes bezeugt.)

Es ist viele, viele Jahre her, seitdem Christlieb diese Morgenandacht hielt. Längst ist der Saal, in dem er sprach, im Feuersturm des Krieges verschwunden. Aber mir ist diese Andacht unauslöschlich in der Erinnerung geblieben. Und während ich dies schreibe, ist mir, als sähe ich die hohe, schlanke Gestalt mit dem edlen Gesicht vor mir und als hörte ich seine eindrücklichen Worte.

Ich habe Christlieb nie in seinem Pfarramt gesehen. Nie bin ich nach Heidberg gekommen. Aber von dem Pfarramt von Heidberg sollte nun doch berichtet werden. Lassen wir darum einen Brief sprechen. Der wurde im Jahre 1903 geschrieben. Christlieb war damals 37 Jahre alt (geboren 1866) und 7 Jahre in Heidberg. Er war jung und auf der Höhe seiner Kraft. Zwei

Studenten aus Halle hatten ihn auf eine Empfehlung des jungen Dr. Karl Heim hin aufgesucht. Einer schrieb später an seine Eltern:

„Wir hatten vor, noch an demselben Tag nach dem Dorf Heidberg zu kommen. Vorher hatten wir uns bei Pastor Christlieb angemeldet und waren sehr gespannt auf den Besuch bei ihm. Dr. Heim hatte uns schon alle möglichen Sachen von ihm erzählt. Wir mußten unterwegs erst auf eine Nebenbahn umsteigen, dann wieder auf eine Nebenbahn, die hin und wieder mitten auf einer Dorfstraße hielt. Die letzte Station war Freudenberg. Wir hatten auf der Reise ziemlich stromerhaftes Aussehen bekommen und wollten uns deshalb durch Rasieren verfeinern, aber wir konnten im ganzen Städtchen keinen Barbier entdecken. Wir machten uns nun auf den Weg nach Heidberg, wo wir auf Waldwegen nach $3^{1/2}$stündigem Marsch und vielem Herumfragen endlich ankamen. Herrlich war die Gegend, durch die wir wanderten, gebirgig mit schönen Laub- und Nadelwäldern und manchmal herrlichen Aussichten. In Heidberg stand das große neue Pfarrhaus hoch auf dem Berge, daneben eine sehr einfache Kirche. Das Ganze lag mitten in Bäumen. In der Küche trafen wir eine freundliche Bedienungsfrau, die uns sagte, daß der Pfarrer gerade bei Kranken sei, aber bald heimkommen werde. Der Tisch war sehr schön für drei gedeckt. Das sahen wir mit Behagen. Wir ließen uns etwas von der Frau erzählen.

Als sie hörte, daß wir den Pfarrer noch gar nicht kannten, konnte sie sich überhaupt nicht vorstellen, wie jemand Pfarrer Christlieb nicht kennen könne. Kopfschüttelnd ging sie an ihre Arbeit. So etwas war ihr noch nie vorgekommen.

Dann kam der Pfarrer. Wir gingen ihm, da wir ihn schon von weitem sahen, ein Stück entgegen. Ein kleines, altes Männchen hatte ich mir unter ihm vorgestellt. Statt dessen sahen wir einen großen, schlanken Mann, Mitte der Dreißiger, mit schwarzem Vollbart, blassem Gesicht und dunklen Augen, auf uns zukommen, der uns gleich sehr herzlich begrüßte und dem man sofort anmerkte, daß er ganz anders war als alle andern.

Er freute sich über unsern Besuch; denn er ist ganz einsam, unverheiratet, wohl wegen seiner Kränklichkeit. Gardinen gibt es hier nicht, spärliche Bilder an den Wänden. Im Eßzimmer stand außer Tisch und Stühlen als einziger Luxus ein altes Harmonium mit zwei Registern. Und trotzdem fühlte man sich in dieser Umgebung so wohl, als wenn man da zu Haus wäre. Das macht aber die merkwürdige Person des Pfarrers.

Das Abendbrot war übrigens überraschend fein. Dann hielt er eine kurze, aber großartige Abendandacht, und wir gingen, da wir von der Reise ziemlich ermüdet waren, auf unsere Zimmer.

Der nächste Tag war ein Sonntag, und wir erlebten wirklich sehr viel. Vor der Kirche, die um 10 Uhr anfing, stiegen wir einsam auf die Berge, legten uns an einem schönen Punkt ins Heidekraut und ruhten vergnügt auf den Lorbeeren unserer Reise aus.

Vorher hatte uns Christlieb schon gesagt, daß es bei ihm Sitte sei, daß der Besuch – er hatte beinahe immer welchen – die Liturgie hielte. Als wir dann wieder nach Hause kamen, wurde ich in einen Talar gesteckt und mußte schnell nach der Kirche, um das Anfangslied anzusagen; denn Tafeln mit Liednummern kennt man dort noch nicht.

Nach der Liturgie kam die Predigt, auf die wir sehr gespannt waren, weil wir schon gehört hatten, daß Christlieb Texte, über die noch kein Mensch zu predigen gewagt hatte, behandele. Wirklich nahm er einen Text, über den ich nicht viel hätte sagen können.

In sechs vorhergehenden Predigten hatte er bereits über Elisas Berufung (1. Kön. 19, 19 + 20) gesprochen, und jetzt nahm er den ersten Teil von Vers 21. Dort steht: ‚Elisa lief wieder von ihm und nahm ein Joch Rinder und opferte es und kochte das Fleisch mit dem Holzwerk an den Rindern und gab's dem Volk, daß sie aßen. Und er machte sich auf und folgte Elia nach und diente ihm.' Hatte Christlieb schon vorher Elisas Berufung auf die eines Christen angewandt, so war diesmal das Thema: ‚Der Wandel des Berufenen.' Ganz ungezwungen nahm er zu unserem Staunen alle Gedanken aus dem Text:

Ein Berufener hat 1. heiligen Eifer. Er kennt keine Zeitvertrödelung und müßiges Geschwätz. Elisa l i e f und nahm sich nicht Zeit, die Ochsen abzuschirren! Er hat 2. unbegrenzte Liebe zu Gott. Trotzdem Elisa von seinen Eltern und Freunden Abschied nimmt, o p f e r t e r, ist ihm Gott der Höchste. Er hat 3. Freundlichkeit und eine offene Hand für die Geringeren. Elisa g a b d e m V o l k e zu essen.

Übrigens ging Christlieb nicht auf die Kanzel, sondern stellte sich einfach im schwarzen Rock vor die Leute hin. Wir hörten von der Sakristei aus zu, konnten aber von da durch die offene Tür die Leute sehen. Da wunderte es mich, daß aller Augen an dem Redner hingen, ohne auch nur einmal nach uns Fremden hinüberzusehen.

Wir hatten's an diesem Sonntag gut getroffen, nachmittags sollte ein Missionsfest in dem zwei Stunden entfernten Denklingen stattfinden, wo Christlieb auch sein mußte. Bald nach dem Gottesdienst zogen wir los. Unterwegs, etwa nach einstündigem Marsch, aßen wir bei einem Kaufmann zu Mittag. Wir konnten merken, wie gern die Leute den Pfarrer und uns aufnahmen.

Dann gingen wir weiter und begegneten schon bald ganzen Trupps von Menschen, die auch nach Denklingen pilgerten. Am Ziele angelangt, erquickten wir uns zunächst im Pfarrhaus und gingen dann auf den Festplatz, wo lange Reihen Bänke, d. h. ungehobelte Bretter, und eine einfache Rednertribüne aufgestellt waren. Es waren mindestens 1200 Menschen versammelt.

Er hatte uns schon gesagt, daß solche Missionsfeste mehr Evangelisationsversammlungen seien. Und wirklich, so war es denn auch. Das Fest war für die kernigen Bauern berechnet nach dem Grundsatz: ‚Keine Eiche fällt vom ersten Streiche'; denn es hielten nacheinander sechs Pfarrer Reden, jeder eine Predigtlänge über einen beliebigen Text. Dazwischen trug immer ein Gesangverein etwas vor, und man sang auch noch einige Liederverse. Außerdem wurden zwei bewährte Laienbrüder zum Beten aufgefordert, und sie taten das mit einer Wärme und Beredsamkeit, die man ihren verwitterten Bauerngesichtern nicht angesehen hätte. Als letzter und bester Redner sprach Christlieb.

Trotzdem die Sache etwa zwei bis drei Stunden dauerte, verflog mir nur so die Zeit; denn es war mir alles neu, und jeder, der redete, sagte etwas so Gutes, daß man ihm gespannt zuhörte.

Christlieb blieb den Abend über in Denklingen, weil er einer Sitzung des Brüderrates für die Gemeinschaften an der Sieg und Agger beiwohnen mußte. Als wir uns von ihm verabschiedeten, sahen wir den ‚Brüderrat', drei Pastoren und drei Bauern, die uns noch freundlich und väterlich begrüßten.

Auf dem Nachhausewege trafen wir einen jungen Mann, mit dem wir uns anbiederten, da er auch nach Heidberg ging. Aus der Unterhaltung mit ihm konnten wir merken, wie das Christentum dort wirklich ins Volk gedrungen ist. Da war keine künstliche Salbung, aber eine so natürliche Art, alles unter christlichen Gesichtspunkt zu stellen, daß man von ihm viel lernen konnte. Er war ein einfacher Schuhmachergeselle.

Am nächsten Abend, wie so ziemlich an jedem Wochentag, war in einem der Nachbardörfer eine Bibelstunde. Wir gingen mit dorthin und aßen bei einem Bäcker, der sich freute, den Pastor zu Abend in seinem Hause zu haben.

Die Stunde war in der Schule. Enge Bänke, spärliche Beleuchtung, zahlreiche Menschen, links die Männer, rechts die Frauen.

Nach der Einleitung von Gesang und Gebet trat ein älterer gebückter, etwas buckliger Mann vor, setzte die Brille auf die Nase und hielt eine ganz köstliche, kernige Ansprache über irgendeinen Text. So was war mir noch nicht vorgekommen. Dann wurde wieder gesungen, und Pfarrer Christlieb sagte plötzlich – er hatte es uns vorher nur als ganz entfernte Möglichkeit hingestellt –: ‚Hier sind zwei Freunde aus Halle, die werden uns auch noch etwas sagen.' Ich kam mir ziemlich unwürdig vor, den alten Christen dort als junger Schnacker etwas zu sagen. Aber zum Glück war mir am Abend vorher ein schönes Bibelwort aufgefallen. Darüber redete ich, und es ging ganz gut. Zuletzt hielt Pastor Christlieb eine herrliche Ansprache. Dann gingen wir heim.

Am nächsten Morgen 5 Uhr Abmarsch. Christlieb war, denkt mal, noch vor uns aufgestanden und hatte Kakao gekocht, da die Wirtschafterin nicht im Pfarrhaus schlief. Um 8 Uhr fuhren wir dann in Freudenberg ab." – – –

Als ich Alfred Christlieb kennenlernte, war er schon 60 Jahre alt geworden. Damals war es klar, daß er sein Leben lang unverheiratet bleiben würde. Doch er hatte nichts von der wunderlichen Art an sich, die alte Junggesellen oft so lächerlich macht.

Im Gegenteil. Er war ein Mann, den der Heilige Geist Gottes zu einer zuchtvollen, vollmächtigen Persönlichkeit gestaltet hatte.

So wurde er mir in entscheidenden Stunden meines Lebens zum persönlichen Seelsorger. Und da sich in diesen „Plaudereien" die Darstellung bedeutender Menschen mit persönlichen Erlebnissen mischt, möchte ich etwas ausführlicher darauf eingehen.

Ich stand mit großer Freude in der Arbeit unter den Bergleuten im 13. Bezirk der Essener Altstadt-Gemeinde. Da bat mich der alte Jugendpfarrer Weigle eines Tages zu sich und sagte mir:

„Ich bin alt und krank. Nun muß ich mit der Jugendarbeit Schluß machen. Aber ich kann nicht einfach gehen. Meine treuen Mitarbeiter haben es verdient, daß ich ihnen einen rechten Nachfolger suche..."

Es kam eine lange Pause. Und dann meinte er beiläufig: „Du kannst ja mein Nachfolger nicht werden. Denn du kannst ja nicht organisieren. Und zur Jugendarbeit gehört auch ein gutes Stück Organisationstalent..."

Ich mußte ein wenig lächeln. Denn ich war ja so von Herzen gern unter den Bergleuten, daß es mich nicht lockte, aus dem 13. Bezirk wegzugehen. Und – ja, wie mich der Mann doch kannte: „Du kannst ja nicht organisieren!"

163

Da hatte er nun wirklich recht. Blitzartig stand eine Reihe Erinnerungen vor mir auf:

Als ich noch in Herborn im Prediger-Seminar war, hatten wir einen achttägigen Kursus über Gemeinde-Verwaltung und Kirchenrechnung. Zu meiner Schande muß ich gestehen: Diese organisatorischen Dinge interessierten mich so wenig, daß ich im Hintergrund saß und Dostojewskis „Brüder Karamasow" las.

Am Ende der Woche fuhr das ganze Seminar mit dem dozierenden lieben alten Kirchenrat nach einem kleinen Städtchen, um dort den Kursus mit praktischen Übungen abzuschließen. Im Gemeindeamt wurden die Bücher hingelegt, und der Dozent sagte: „Jetzt wollen wir mal eine Prüfung der Kassenbücher durchführen. Herr Busch, fangen Sie an!"

Da stand ich nun und hatte keine Ahnung. Alles lächelte. Mich packte eine zornige Verzweiflung. Ich gestand, daß ich nichts wußte, und erklärte dann: „Ich will nicht Pfarrer werden, um Gelder zu verwalten und Kirchenbücher zu führen."

Der Kirchenrat schüttelte sein greises Haupt und meinte bedenklich: „Nun, Sie werden noch Ihre blauen Wunder erleben!" Da erwiderte ich: „Es gehört zu meinem Glauben, daß der himmlische Vater mich nicht mit Aufgaben betraut, die ich nicht erfüllen kann."

Ich gebe heute zu, daß dieser Satz anfechtbar ist. Ich habe in meinem Leben manches tun müssen, was ich nicht konnte und nicht wollte.

Aber in diesem Stück hat mein Herr Geduld mit mir bewiesen. Und die Essener Altstadt-Gemeinde und die rheinische Kirchenleitung auch. Denn sie waren einverstanden, daß ich nie das Amt eines „Präses presbyterii" (Vorsitzender des Gemeindekirchenrats) übernehmen mußte. – – –

Da saß ich also nun vor dem alten Weigle und mußte mir mein Unvermögen noch mal gründlich bescheinigen lassen: „Du kannst ja nicht organisieren!"

Um so mehr war ich nun gespannt, was er denn von mir wolle. Und dann kam's: „Du kennst ja gut den D. Paul

164

Humburg in Wuppertal. Geh doch zu ihm und bitte ihn für mich, daß er das Essener Jugendhaus übernehme."

Das war nun ein seltsamer Auftrag. Aber Weigle war ein Mann, dem man schlecht widersprechen konnte. So fuhr ich nach Wuppertal.

Die Reise brachte mir wohl eine köstliche Stunde mit dem von mir so unendlich verehrten D. Humburg ein. Aber mit einem glatten, deutlichen „Nein!" kam ich zurück.

Bald nachher brach Weigle völlig zusammen. In seiner Not ließ er mich wieder kommen und drang nun in mich: „Jetzt mußt du trotz aller Bedenken doch meine Nachfolge antreten." Vergeblich führte ich ins Feld, daß ich unter den Bergleuten eine Arbeit angefangen hätte, die ich nicht im Stich lassen könnte; daß ich doch nicht organisieren könnte; daß ich . . . daß ich . . . Es half nichts.

Dieser alte, zitternde kranke Mann überwältigte mich. So sagte ich „Ja".

Dann war ein Jahr vergangen. Ein schreckliches Jahr! Meine Bergleute waren traurig, daß ich sie verlassen hatte. Und die Arbeit im Jugendhaus (das wir später Weigle-Haus nannten) klappte nicht. Die Mitarbeiter standen gegen mich – eigentlich, ohne einen Grund nennen zu können.

Ihnen fehlte einfach ihr alter Freund. Dann mußte das Haus renoviert werden. Aber es fehlte an Geld. Weigle hatte viele Freunde, die ihm Geld genug gaben. Aber – die kannten mich nicht.

Überall kam ich ins Gedränge.

Und in einer stillen Nachtstunde ging mir auf, woran es lag: Ich hatte mich von Weigle überrumpeln lassen, ohne meinen Herrn und Heiland zu fragen. Wenn ich ganz ehrlich sein wollte, mußte ich mir gestehen: Ich bin im Ungehorsam gegen Gottes Willen in diese Arbeit gelaufen. Ich stehe hier – ohne klare Gottesführung. Und darum ist er gegen mich.

Es wurde eine höllische Zeit! In jeder Stunde bei den Jungen kamen die bohrenden Zweifel: Was willst du denn? Dein Herr kann dich ja nicht segnen, weil er dich gar nicht an diesem Platz will.

Dann suchte ich mir selbst wieder einzureden: Es ist doch alles richtig. Alle haben es doch so gewollt: Weigle, das Presbyterium und auch die Kirchenleitung. Und dann – du bist doch der jüngste Pfarrer! Du bist doch ganz geeignet für die Aufgabe!

Aber das hielt nicht stand. Was bedeutete das alles, wenn Gott „Nein!" sagte!

Wie viele Menschen sind gescheitert, weil sie nach ihrem eigenen Willen liefen und nicht nach Gottes Führung fragten!

Schließlich hielt ich es nicht mehr aus. Es kam eine Tersteegensruh-Konferenz, bei der wagte ich es, den Bruder Christlieb anzusprechen: Ich hätte eine persönliche Not, und ob er mich wohl anhören wolle.

Ich sehe noch die rotbemalten, eisernen Tische unter den Kastanien im Garten der Kaupenhöhe vor mir, wo ich dem Bruder berichtete, ich sei gar nicht sicher, ob ich in meinem Jugendpfarramt auf dem richtigen Weg sei. Gefragt hätte ich Gott nicht im Gebet. Aber zurück könne ich auch nicht mehr. Meine alte Stelle sei jetzt von einem andern besetzt, und ich sei in das Haus des Jugendpfarrers gezogen. Nein! Zurück könne ich nicht mehr. Aber weitermachen ohne die Gewißheit, unter dem Segen meines Herrn zu stehen – das könne ich auch nicht. Was ich denn tun solle?

Christlieb hörte schweigend zu. Dann sagte er, das sei eine schwere Sache, ich müsse ihm einen Tag lang zum Nachdenken gewähren. Und wenn ich damit einverstanden sei, wolle er darüber mit dem Bruder Buddeberg (damals Direktor der Liebenzeller Mission) beraten.

Mir war es recht. Und schon etwas erleichtert ging ich davon. Am nächsten Tage saß ich den beiden Männern gegenüber. Mit Angst und auch mit großem Vertrauen wartete ich, was sie zu der verfahrenen Lage sagen würden.

Und dann kam etwas so unsagbar Einfaches, Klares, Einleuchtendes, daß es nur von Gott kommen konnte. Christlieb fragte mich: „Hast du denn deinen voreiligen Schritt schon deinem Heiland als Sünde bekannt?"

„Nein!" stammelte ich. „Ich habe immer mich vor mir selber rechtfertigen wollen!"

„Dann geh in die Stille, bekenne ihm die Sache als Sünde und glaube dann, daß Jesus auch diese Sünde mit seinem Blut wegnimmt."

Es war sehr still zwischen uns. Man hörte nur von ferne das muntere Plaudern der Konferenzgäste, die sich unter den schattigen Kastanien ergingen.

Dann fing Christlieb noch einmal an: „Und bitte deinen Heiland, daß er den verkehrten Weg segnen wolle. Wenn du jetzt nicht mehr zurück kannst, kann er den falschen Weg in Segen verwandeln."

Ich habe nach Christliebs Rat getan. Und mein Herr hat nach seiner Barmherzigkeit die Last von mir genommen und meinen Weg so gesegnet, daß ich – wenn ich noch fünf Leben hätte – immer nur Jugendpfarrer in Essen sein wollte.

Doch unser Gespräch war damit noch nicht zu Ende. Christlieb fügte noch einen Satz hinzu: „Merke dir für alle Zeit: Wenn du vor einer Entscheidung stehst und du hast keine Klarheit über deinen Weg, dann tritt auf der Stelle, bis du Klarheit hast. Und wenn man dich drängt, dann denke: Nur der Teufel hat Eile. Warte, bis Gott dich gehen heißt. Er hat gesagt: ‚Ich will dich mit meinen Augen leiten.'"

Ich mußte ein wenig lächeln: „Auf die Weise bist du dein Leben lang in Heidberg geblieben!"

Er nickte ernst: „Ja, auf die Weise bin ich in Heidberg geblieben!"

Und ich kann jetzt nur hinzufügen: „Auf die Weise bin ich fast 40 Jahre Pfarrer in Essen geblieben."

Bald sollte ich auch den letzten Rat Christliebs gut brauchen können. Als Hitler die Herrschaft antrat und alles wie im Taumel war, hieß es: „Bis zu dem und dem Termin kann man noch in die Partei eintreten!" Oder: „Bis zu dem und dem Termin kann man noch bei den Deutschen Christen Mitglied werden. Dann werden die Listen geschlossen. Beeilt euch!" Mir war, als hörte ich Christliebs Stimme: „Nur der Teufel hat Eile. Wenn du keine Klarheit hast..." So ließ ich alle Termine verstreichen und blieb ein freier Mann.

Die Pfarrer sollten während des Krieges einen politischen Eid auf Hitler ablegen. Dann sollte der Kampf gegen die Kirche zu Ende sein. Viele schworen. Ich bekam keine Klarheit. Der Termin verstrich. Wie dankbar bin ich meinem Seelsorger für seinen Rat!

Während des ersten Jahres der Hitler-Herrschaft kam es noch einmal zu einem ausführlichen seelsorgerlichen Gespräch zwischen Christlieb und mir. In Salzuflen fand eine große Pfarrer-Versammlung statt. Am Vormittag sprach ein Redner, der völlig vernebelt war von den großen Worten jener Tage. Da prasselte es nur so von Worten wie „Schöpfungs-Ordnungen Gottes", „Volk" und „Rasse". In der Diskussion meinte einer: „Wenn doch unser Volk solch eine Abneigung gegen das Alte Testament hat, dann laßt es uns doch zurückstellen. Es kommt alles nur auf das Neue Testament an."

Mir kochte das Blut vor Zorn. Und als ich am Nachmittag den zweiten Vortrag zu halten hatte, sprach ich mir die Seele frei: Daß wir uns zum ganzen Wort Gottes bekennen müßten! Und daß wir von den Schöpfungs-Ordnungen Gottes nicht mehr viel wissen könnten, da wir in einer vom Sündenfall zerrütteten Welt lebten! Und dann sagte ich: „Ich kenne keine andere Offenbarung Gottes als die in Jesus, dem für uns Gekreuzigten." Und wir hätten wohl heute wie immer keine andere Aufgabe, als ihn zu predigen.

Es war herrlich, wie die Versammlung mir zufiel. Viele drückten mir dankbar die Hand.

Aber dann kam Christlieb, nahm mich am Arm und sagte: „Laß uns ein wenig in den Garten gehen!" Dort fing er an: „Lieber Bruder! Alles, was du gesagt hast, ist mir aus dem Herzen gesprochen. Ich kann es Wort für Wort unterstreichen. Aber – –" Lange Pause! Es wurde ihm wohl schwer auszudrücken, was er meinte: „Aber – während du sprachst, hattest du einen Zug um den Mund, der verriet, in welchem Geiste du sprachst. Da waren Zorn, Lieblosigkeit, Hochmut und Selbstzufriedenheit! Du mußt Buße tun, daß du einem bösen Geist Raum gibst."

Mitten ins Gewissen war ich getroffen. Christlieb hatte recht! Wie sagte Jesus zu seinen Jüngern: „Wißt ihr nicht, wes Geistes Kinder ihr seid?" So fragte er nun auch mich in dem stillen Garten.

Welch ein treuer Seelsorger und Freund war Christlieb! Damit hier nicht ein falsches Bild entsteht, muß ich noch eine Anekdote erzählen. Christlieb konnte auch hart sein. So berichtete er mir einmal von einer Pfarrer-Versammlung, in der ein Kollege eine lange, unerträglich liberale, wässerige Rede hielt. „Da habe ich", sagte Christlieb, „unter dem Tisch die Hände gefaltet und zum Herrn geschrien: ‚Herr! Stopfe ihm das Maul!'"

Nun lächelte der Alte, als er fortfuhr: „Und der Herr hat mich erhört. Der Mann konnte auf einmal nicht mehr weiter und beendete seine Rede."

Zum Schluß seien zwei Worte genannt, die für Christliebs Leben und Arbeit entscheidend waren:

Das erste ist ein Bibelwort, das in gebrannten Lettern über seinem Bett hing: „Aber uns, Herr, wirst du Frieden schaffen, denn alles, was wir ausrichten, das hast du uns gegeben." Das zweite Wort stammt von seinem Vikarsvater, dem gesegneten Pfarrer Engels aus Nümbrecht: „Brüder, laßt uns kleine Leute werden!"

Friedrich von Bodelschwingh, der Vater, und unheimliche Tiefen des Schmerzes

Zwei Bodelschwingh-Bilder hängen an der Wand meines Studierzimmers nebeneinander: Vater und Sohn.

Da ist das alte, gütige, bedeutende, geprägte Gesicht des „alten Bodelschwingh". Er war der eigentliche Begründer der Anstalt Bethel, die heute in der ganzen Welt bekannt ist. Tausende von Epileptischen haben in dieser „Stadt der Barmherzigkeit" eine Heimat und viel Liebe gefunden.

Wer durch die Straßen Bethels geht, vorbei an den einfachen roten Ziegelbauten aus der Zeit des alten Bodelschwingh, vorbei an dem Versammlungshaus, dem Assapheum, an der Zionskirche und der eigenartigen Waldkirche, wo an schönen Sommertagen die Gottesdienste im Freien gehalten werden und wo die herrlichen Posaunenfeste stattfinden, vorbei auch an den eindrücklichen neuen, modernen Krankenhäusern – kurz, wer diese seltsame Stadt an den Bergflanken des Teutoburger Waldes auf sich wirken läßt, der spürt bald das ganz besondere, einmalige und unwiederholbare Fluidum dieser Stadt der Elenden und der Hilfsbereiten. Dies Bethel wurde gebaut und geprägt von Bodelschwingh, dem großen, dem bekannten, dem Feuergeist.

Bodelschwingh hat sich dagegen gewehrt, als Gründer Bethels bezeichnet und angesehen zu werden.

Als im Jahre 1871 eine Delegation zu dem jungen Pfarrer in dem westfälischen Dörflein Dellwig reiste, um ihn für die Anstalt zu gewinnen, bestand das Diakonissen-Mutterhaus schon zwei Jahre. Und schon seit vier Jahren war in einem ehemaligen Bauernhof ein Heim für epileptische Zöglinge eingerichtet worden.

Bodelschwingh unterbrach eine Reise nach Berlin und besuchte das Haus, das am Eingang eines Tälchens im Teutoburger Wald am Fuß der alten Sparrenburg liegt.

25 Kranke fand er dort vor. Als der Herr, dem er diente, ihn 1910 abrief in die ewige Heimat, war aus diesen Anfängen eine „Stadt der Barmherzigkeit" entstanden, in der heute 7000 Epileptische gepflegt werden.

Immer wieder muß ich das Bild an der Wand ansehen. Es ist seltsam – ich kenne kein Bild von Bodelschwingh in den besten Mannesjahren. Aber das Bild des väterlichen, alten Mannes ist wohl allen Christenleuten bekannt: Das freundliche Gesicht mit der hohen, kahlen Stirn verrät ebenso den gütigen Freund seiner Kranken wie auch den Abkömmling eines alten Adelsgeschlechts. Große Barmherzigkeit und eiserner Wille haben das Gesicht geprägt. Es ist eingerahmt von einem merkwürdigen Bartschmuck. Ein schmaler Streifen von Bart zieht sich über die Wangen, umrundet das Kinn, das aber selbst ausrasiert ist.

Es ist gut, daß Bodelschwingh – entgegen seiner bartfreudigen Zeit – sein Gesicht frei ließ. So gelangen die prägnanten Gesichtszüge recht zur Geltung. (Während ich dies schreibe, kommt es mir vor, als ob der Alte ein wenig lächle.) Von diesem Manne gilt in der Tat die Verheißung des ersten Psalms: „Der ist wie ein Baum, gepflanzt an den Wasserbächen, der seine Frucht bringt zu seiner Zeit, und seine Blätter verwelken nicht; und was er macht, das gerät wohl." Jetzt bin ich versucht, mit meinen Plaudereien über alle Ufer zu gehen und von diesem bedeutenden Leben zu erzählen. Aber – wo käme ich hin! Alle Leute, die über ihn geschrieben haben, sind ohne stattliche Bände nicht ausgekommen.

Da müßte man berichten von seinem Dienst an den Kranken, die an der unheimlichen Krankheit, der Epilepsie, leiden. Man müßte erzählen von seiner Hilfe für die Stromer, Walz-, Tippel- und Fechtbrüder, von dem Diakonissenhaus und der Brüderanstalt, von der Theologischen Schule, die er gründete, und von dem Theologen-Konvikt, in dem junge Theologen „praktisches Christentum" lernten in der Arbeit an den Kranken. Man müßte hineinführen in die Landwirtschafts- und Gärtnerei-Betriebe, in die Handwerksstuben und

Werkstätten, in denen die Kranken Arbeit und einen Lebensinhalt fanden.

Man müßte die seltsame Tatsache erwähnen, daß 50 Jahre nach dem Tode Bodelschwinghs auf einer Tagung der Direktor der „Vereinigten Bausparkassen" sein Glas erhob und rief: „Auf Friedrich von Bodelschwingh, den Gründer des Bausparwesens!" Man würde nicht müde, zu berichten von den Missions- und Posaunenfesten in Bethel, die nicht nur für die Kranken, sondern für Tausende von Menschen geistliche Höhepunkte wurden. Und vor allem dürfte man nicht vergessen die Missionsarbeit in Ostafrika, die er ins Leben rief. Und man müßte von seinem Ausflug in die Politik berichten, von seiner Rede im Reichstag, die weltbekannt wurde. Man würde berichten müssen, wie gerade seine politische Tätigkeit den letzten Kaiser ärgerte; und wie dieser Kaiser doch nicht loskam von Bodelschwingh und seinem Werk.

Aber dies alles sind nur die großen Dinge. Ebenso wichtig sind die scheinbar kleinen Dinge: Daß der Freund des Kronprinzen auf dem Weg zum kaiserlichen Schloß einem Tippelbruder begegnet und darüber alles vergißt. Er hakt seinen Arm bei ihm ein, als sei der sein bester Freund, und redet ihm zu, das Trinken zu lassen und eine seiner Arbeiterkolonien aufzusuchen.

Er weiß tausend kleine Geschichten von Begegnungen mit seinen Kranken, die uns zeigen, wie sehr er gerade für sie Zeit hatte.

Kurz – man müßte ... man müßte ...

Aber – wie gesagt – das gäbe einen dicken Band.

Und darum will ich hier nur erzählen, wie dieser große Mann in spezieller Weise für mein persönliches Leben wichtig wurde.

Das ist die Stelle im Leben Bodelschwinghs, an der Gott ihn zerbrach – und an der er der Mann der Barmherzigkeit wurde. „Damals", so sagte er, „merkte ich erst, wie hart Gott gegen Menschen sein kann, und darüber bin ich barmherzig geworden gegen andre."

Im Jahre 1869 stand Bodelschwingh schon mehrere Jahre in einer recht gesegneten Gemeindearbeit in dem Dörflein Dellwig. Es blühte und wuchs um ihn: Die Gemeinde wachte auf, die Menschen kamen in Scharen zu seinen vollmächtigen Predigten. Alte Streitigkeiten unter den Bauern wurden begraben. Und auch in dem kleinen Pfarrhaus erblühte köstliches Leben. Eine muntere Kinderschar war die Freude der jungen Eltern.

Und dann geschah es, daß in ganz kurzer Zeit vier Kinder den Eltern entrissen wurden.

Bodelschwingh hat darüber einen Bericht geschrieben: „Von dem Leben und Sterben vier seliger Kinder". Es ist ergreifend zu lesen, wie hier tiefster Schmerz von der gewissen Hoffnung des ewigen Lebens überstrahlt wird.

Man spürt den herzzerreißenden Jammer, wenn es da beim Sterben des kleinen Friedrich heißt:

„Da brechen die Augen, und wir nehmen schon Abschied. Doch nein, noch einmal schlägt er sie freundlich hell auf und bittet: ‚Mama, Schoß!' Die Mutter nimmt ihn auf den Schoß, und die Tränen fließen ihr über die Wangen. Das sieht doch der Kleine noch, hebt sein Händchen auf, wie er so oft getan, die Tränen abzuwischen. Es ist sein letzter Liebesdienst. Das kleine Haupt fällt vornüber, und noch keine Viertelminute ist vergangen, da sind die letzten schweren Atemzüge getan."

Aber immer leuchtet das Licht der Ewigkeit in die Traurigkeit. So schreibt der Vater vom Heimgang seines Söhnleins Ernst:

„An der Morgenröte, die er von seinem Bette aus sehen konnte, hatte unser Ernstchen immer eine besondere Freude und gar oft sich aufgerichtet, um ihren schönen Glanz zu bewundern. Auch auf seinem Sterbebette kam ein Freudenstrahl über ihn, wenn die Morgenröte nach einer bangen Schmerzensnacht auf sein bleiches Angesicht fiel. Und wie anders verstanden wir jetzt unser Morgenlied, das wir auf seine Bitte einige Male an seinem Bette anstimmten:

‚Morgenglanz der Ewigkeit, / Licht vom unerschöpften Lichte, / Schick' uns diese Morgenzeit / Deine Strahlen zu Gesichte / Und vertreib' durch deine Macht / Unsre Nacht! / – Leucht' uns selbst in jene Welt, / Du verklärte Gnadensonne, / Führ' uns durch das Tränenfeld / In das Land der süßen Wonne, / Da die Lust, die uns erhöht, / Nie vergeht!'"

Wirklich erschütternd ist es zu lesen, wie unsentimental es beim Sterben solcher Kinder zugeht. Bodelschwingh schreibt von seinem Ernst:

„Als jemand äußerte, Friedrich sei immer so lieb gewesen und darum in den Himmel gekommen, da brachte dies Wort einen Mißton in Ernst hervor, und er erinnerte daran, der kleine Bruder sei doch auch sehr eigensinnig gewesen. Von ganzem Herzen stimmte er ein, und ich sah, wie es ihn beruhigte, als ich zu ihm sagte: ‚Du weißt ja wohl, warum wir in den Himmel kommen, nämlich, weil der Heiland für uns gestorben ist und uns unsere Sünden vergeben hat.' Da nickte er mit tiefem Einverständnis. Jeden Sonntag lernte er bei seiner Mutter aus der Bibel einen Wochenspruch. Als – vor Weihnachten – Psalm 103, 1–3 an der Reihe war und die Mutter ihn fragte: ‚Was hat denn der Herr dir Gutes getan?', da antwortete er ohne Besinnen: ‚Daß er für mich gestorben ist.' ‚Und was weiter, mein Sohn?' ‚Daß er mir alle meine Sünden vergeben hat.' So hatte er sich denn nach eigener Wahl unter seinen vielen Gebeten, die er auswendig konnte, für die letzte Zeit ganz feststehend das Gebetlein ausgewählt: ‚Christi Blut und Gerechtigkeit, / Das ist mein Schmuck und Ehrenkleid, / Damit will ich vor Gott besteh'n, / Wenn ich zum Himmel werd' eingeh'n.' "

Schreckliche Tage! Und doch – Tage voll „Morgenglanz der Ewigkeit".

In ihnen wurde der Pfarrer zerbrochen. Nicht nur vom Leid. Er begriff, daß Gott mit denen, die er besonders lieb hat, ins Gericht geht. Daß hier zwischen Bodelschwingh und seinem Gott mancherlei vorging, das uns verborgen ist, hört man aus den Sätzen, die er damals an seine Mutter schrieb:

„Das Gefühl des *Gerichtlichen,* was ja auch in dieser Heimsuchung lag, hat dem Gefühl der Gewißheit Raum gegeben, daß Gott nur Friedensgedanken mit uns und unsern Kindlein hat. Ach, daß wir nur fort und fort auf seine heiligen Wege achteten, daß er diese Friedensgedanken auch an uns ausführen kann."

Immer wieder muß ich das Bild an meiner Wand ansehen. Und dann ist mir, als könnte ich zu dem Alten selbst sprechen: „Vater Bodelschwingh! Sage mir doch, ob dich der Schmerz um deine Kinder eines Tages verlassen hat. Oder hat er dich dein Leben lang begleitet? Sieh, dort, einige Meter links von dir, in der besonderen Ecke, hängt das Bild meines 18jährigen Sohnes. Es ist jetzt zwei Jahrzehnte her, daß er mir entrissen wurde. Aber oft überfällt mich der Schmerz so stark, daß ich meine, ich müßte das Bild wegnehmen, weil ich das ernste Gesicht des Jungen fast nicht ertrage. Vater Bodelschwingh, ging es dir auch so?"

Er antwortet mir nicht. Es ist eben so: Die schwersten Dinge muß ein jeder allein durchstehen. Da kann ihm kein Mensch helfen.

Und damit bin ich bei der Stelle *meines* Lebens, um derentwillen ich im alten Bodelschwingh nicht so sehr den großen Mann der Inneren Mission liebe, sondern den Vater, der durch unendliches Leid ging.

Als ich im Wonnemonat Mai 1923 heiratete, sagte ich zu meiner jungen Frau: „Ich möchte gern sechs Söhne haben. Und alle sollen Posaune blasen. Das wird herrlich, solch ein eigener Posaunenchor!"

Nun, das war nicht so ganz ernst gemeint. Und als der himmlische Vater uns zwei Söhne und vier Töchter schenkte, habe ich mich gerade auch an den Mädchen gewaltig gefreut.

Aber hier ist nun von den zwei Söhnen die Rede. Beide hat der Herr weggenommen. Und da ahne ich von ferne, wie groß der Schmerz der Bodelschwingh-Eltern gewesen sein muß, als vier Kinder starben.

Wir hatten schon vier Kinder, als unser kleiner Eberhard geboren wurde. Das kann ich gar nicht beschreiben, wie dies Kind die Freude der Eltern und Geschwister war. Manchmal frage ich mich, ob nur die Erinnerung so stark verklärt. Aber wenn ich an dies Kind denke, ist mir, als sähe ich lauter helle Sonne.

Als wir eines Abends spät zu Bett gingen, nahm meine Frau den kleinen, 14 Monate alten Jungen noch einmal aus dem Bettchen. Und da erschrak ich bis ins tiefste Herz, als er, scheinbar fest schlafend, das Köpfchen auf die Seite fallen ließ. Ich höre es noch – manchmal träume ich davon –, wie meine Frau zuerst lachend, dann immer ängstlicher das Kind anredete: „Eberhard, wach doch auf! Komm, lach den Papa an!"

Ich schrie auf: „Das Kind ist doch tot!" Ich riß es meiner Frau aus den Armen und rannte mit ihm los zu dem nahen Krankenhaus. O, diese entsetzlichen Augenblicke, als ich mit meinem geliebten, toten Kind durch die Nacht lief!

Man hat im Krankenhaus Wiederbelebungsversuche gemacht. Vergeblich!

Ich war wie in einem bösen Traum, als man mir sagte: „Die Kriminalpolizei hat vorläufig die Leiche beschlagnahmt, weil es sich um einen merkwürdigen, unerklärlichen Todesfall handelt."

Die Ärzte haben dann den Thymustod angenommen, den eine Drüse verursacht. Nun, das sagte mir nichts. Der heilige Gott hatte mir mein Kind weggenommen. Und ich verstand so gut den Friedrich von Bodelschwingh, als er nach dem Tod seiner Kinder schrieb: „Das Gefühl des *Gerichtlichen,* was ja auch in dieser Heimsuchung lag . . . "

Mein Amt forderte mich. Und doch war ich wie betäubt. Viele kamen, uns zu trösten. Ich habe damals erfahren, daß ein Mensch einen andern nicht trösten kann. Alles, was Menschen mir sagten, ging gar nicht hinein in die Abgründe des Schmerzes.

Aber Jesus kann trösten. Ich hörte sein Wort: „Meinen Frieden gebe ich euch." Und er hat sein Wort wahr gemacht.

In solchen Zeiten wird man ganz neu gefragt, ob man denn wirklich ernst machen wolle mit der Hoffnung, die Jesus schenkt. Ich gab mir selber darauf die Antwort, als ich auf das kleine Marmorkreuz auf dem Essener Ostfriedhof die Worte einmeißeln ließ: „In des Hirten Arm und Schoß."

Ich weiß, daß mein Kind bei Jesus geborgen ist.

Nicht bei den Toten, sondern bei denen, die leben, sucht mein Herz auch meinen andern Jungen, unsern Ältesten, unsern Wilhelm.

Er war ein musischer Mensch, der schon von seinen frühen Lebensjahren an die Musik als größtes Glück empfand. Ich vergesse nicht, wie er als 16jähriger mir eines Tages sagte: „Ich will Musiker werden." „O mein lieber Junge!" erwiderte ich. „Es gibt hunderttausend Kaffeehausmusiker (ein Stand, der heute fast ausgestorben ist) und nur einen einzigen Furtwängler (der von ihm so verehrte große Dirigent der damaligen Zeit). Und du weißt nicht, ob es bei dir zu einem Furtwängler reicht." Er überlegte gar nicht lange, sondern erklärte: „Und wenn ich Kaffeehausgeiger werde – ich will bei der Musik bleiben."

Was sollte ich sagen? „Gut, einverstanden! Es könnte ja sein, daß du mal ein ganz berühmter Mann wirst. Dann will ich nicht in deiner Lebensbeschreibung als der verständnislose Vater vorkommen. Nur eins erbitte ich: Mach dein Abitur – und dann studiere Musik."

Damit war er einverstanden, auch wenn ihm die Höhere Schule in den ersten Jahren viel Mühe gemacht hatte. Aber als er in die oberen Klassen aufrückte, war es, als sei ein Bann gebrochen. Der Geist entfaltete sich. Es war für mich beglückend, dies zu beobachten.

Die Zeitverhältnisse trieben uns zueinander, daß wir von dem „Vater-Sohn"-Problem nichts merkten. Der Junge litt maßlos unter dem Terror der Nazis. Ich erinnere mich, wie ich einst nach einer mehrwöchigen Gefängnishaft zu seinem Schulleiter ging und ihn bat: „Ich möchte für ein paar Tage ganz aus Essen verschwinden, um wieder ins Gleichgewicht zu kommen. Bitte, geben Sie mir meinen Jungen frei, daß er mich begleiten kann!"

Der verständnisvolle Mann war sofort bereit: „Ich darf es wohl eigentlich nicht. Aber ich sehe, wie der Junge still leidet."

Und dann erlebten wir beide einige unvergeßlich schöne Tage an einem abgelegenen Platz des Sauerlandes.

Als er in die oberen Klassen des Gymnasiums einrückte, wurde er selbst zum Widerstand gefordert. Er fand seine Freunde in dem von mir geleiteten BK (Bibelkreis für höhere Schüler). Diese Arbeit war damals schon so diffamiert, daß nur eine Auslese von jungen Leuten blieb, die den Mut hatte, gegen den Strom zu schwimmen. Die Freunde beschlossen eines Tages, sie wollten dem Befehl der Hitler-Jugend (damals waren alle Jungen ohne Ausnahme in der Staatsjugend) nicht mehr Folge leisten, am Sonntagmorgen während der Kirchzeit anzutreten. Das gab Staub.

Der Führer der Hitler-Jugend befahl mich zu sich und hielt mir eine Drohrede. Ich erklärte ihm: „Das haben die Jungen von sich aus getan."

„Wie kommen sie dazu?" brüllte er.

„Weil es so im Gebot Gottes heißt: ‚Du sollst den Feiertag heiligen!' "

„Wir werden diese Jungen klein kriegen!"

„Versuchen Sie es! Aber es wird keinen guten Eindruck für Ihre Sache machen, wenn Sie jugendliche Märtyrer schaffen." Darauf überging die Hitler-Jugend die Sache mit Stillschweigen.

Allerdings haben diese jungen Menschen solche Kämpfe nicht mit verbissenem Gesicht durchgestanden. Sie konnten lachen.

Ihre Gemeinschaft entstand am Worte Gottes. Das waren für mich köstliche Stunden, wenn wir dienstags abends zusammenkamen und die Bibel miteinander aufschlugen. Die Stunde wurde dadurch abgeschlossen, daß jeder betete.

Ich habe meinem Sohn nie befohlen, in meine Jugendarbeit zu gehen. Er wuchs ganz von selbst hinein.

Solche Gemeinschaft, die am Worte Gottes entsteht, will sich betätigen in Wanderungen, Lagern und Sport. Das alles aber war uns verboten von der „Geheimen Staatspolizei". Da fanden meine BKler einen köstlichen Ausweg. Mein Junge beschloß, eine Radfahrt zu machen. Dazu lud er seine Freunde ein. Und schließlich erklärte er, es sei doch nett, wenn der Vater auch mitführe.

Diese Tagesfahrten sind mir unvergeßlich geblieben. Die fröhlichen, strahlenden Jünglinge mit ihrer herrlichen Lebensfreude, mit ihrem Fragen und ihrem oft so wundervollen Lachen!

Ab und zu hielt uns eine Streife an: „Halt! Was ist das für eine Jugendgruppe?" (Mit drohendem Gesicht!)

Mein Junge: „Darf ich keine Radfahrt machen?"

„Ja, aber da ist doch ein Älterer dabei? Was sind Sie?"

„Pfarrer!"

„Ah! Eine verbotene konfessionelle Jugendgruppe!"

Mein Junge: „Nee! Das ist doch mein Vater! Der paßt auf, daß wir keine Dummheiten machen."

„Und die andern?"

„Das sind meine Freunde! Die habe ich eingeladen!"

Dann fuhren wir weiter und ließen die Kerle grübeln darüber, ob das nun doch eine konfessionelle Jugendgruppe oder wirklich nur ein harmloses Familien-Unternehmen sei. Wir aber suchten einen stillen Platz, wo wir unsre Bibelarbeit halten konnten.

Auf einer der Fahrten kam es zu einer erschreckenden Entdeckung. Mein Junge bekam Nasenbluten. Das ließ und ließ sich nicht stillen. Wir lieferten ihn in ein Krankenhaus ein. Und dann erfuhr ich: „Das Blut dieses Jungen hat nicht genügend Gerinnungsfähigkeit."

Und ihn zogen sie ein, um ihn in den Krieg nach Rußland zu schicken. Ich lief zu den untersuchenden Ärzten. Aber ein Pfarrer, der der „Bekennenden Kirche" angehörte und nicht „rückhaltlos hinter unserm geliebten Führer steht", wurde gar nicht angehört.

Ich sehe das Trüpplein noch auf dem Bahnhof stehen. Für Rußland bestimmt! Es waren doch Kinder, erst 18 Jahre alt! Ich hätte schreien mögen, als ich mein Kind so bleich abmarschieren sah. Was ging diese zarte Künstlerseele der ungerechte Krieg an! Er war in eine erbarmungslose Maschine geraten.

Irgendwo in Rußland ist er dann verblutet. Verlassen und allein!

Nein! Nicht allein! In seiner Brieftasche fand sich ein blutbefleckter Zettel. Darauf stand: „Der Herr ist mein Hirte; mir wird nichts mangeln ... Und ob ich schon wanderte im finstern Tal, fürchte ich kein Unglück; denn du bist bei mir."

So manches Mal habe ich den Vers aufgeschlagen, den im Dreißigjährigen Krieg Paul Gerhardt dichtete, als ihm ein Kind entrissen wurde:

> „Ach, sollt ich doch von ferne stehn
> Und nur ein wenig hören,
> Wenn deine Sinne sich erhöhn
> Und Gottes Namen ehren,
> Der heilig, heilig, heilig ist,
> Durch den du auch geheiligt bist:
> Ich weiß, ich würde müssen
> Vor Freude Tränen gießen."

Ja, Christen haben Trost! Und doch – der Schmerz bleibt.

Als ich kürzlich einem lieben alten Freund heimlich klagte: „Ich komme nicht drüber, daß ich mein Leben der männlichen Jugend weihen durfte und meine eigenen Söhne mir entrissen wurden" – da sagte er nur den kurzen Satz: „Wenn man nicht drüber-kommt, dann muß man drunter-bleiben."

Und nun fällt mein fragender Blick wieder auf das Bild des alten Bodelschwingh: „Mußtest du auch drunter-bleiben?" Da ist es mir, als nicke er mir zu und sage: „Ja, drunterbleiben. Du weißt ja, lieber Bruder, das Wort, das in unserm Neuen Testament mit ‚Geduld' übersetzt wird, heißt im griechischen Text ‚Hypomonä‘, das bedeutet wörtlich: ‚Drunterbleibung‘."

– – – –

Doch, da wir gerade am Plaudern sind, darf ich noch hinzufügen: Gott nimmt nicht nur, er schenkt auch. Und er hat mir drei Schwiegersöhne geschenkt, von denen einer mir lieber ist als der andre. Und einer ist sogar Musikus – und nicht einmal Kaffeehausgeiger.

Fritz von Bodelschwingh, der Sohn, und wie zwei auf der Kanzeltreppe saßen

Und nun geht unser Blick hinüber zu dem andern Bodelschwingh-Bild, zu dem Sohn und Nachfolger seines großen Vaters. Man nennt ihn in Bethel – und es hört sich wie eine geheime Liebeserklärung an – „Pastor Fritz".

Es ist immer eine schwierige Sache, wenn der Sohn das Werk eines ganz großen Vaters übernehmen muß. Wie leicht gibt es da Verzerrungen und geheime Wunden im untersten Gebiet der Seele. Davon weiß die moderne Psychologie eine Menge zu sagen.

Bei „Pastor Fritz" war davon nicht die Spur zu entdecken. Ich habe selten einen Mann erlebt, der so – fast hätte ich gesagt – in sich selbst ruhte. Aber das würde den Tatbestand falsch darstellen. Er ruhte in der Gegenwart des gnädigen Gottes.

Als ich Hilfsprediger in Bielefeld war, habe ich ihn oft von fern gesehen und auch reden gehört. Aber es ist doch noch eine ganz andere Sache, wenn man einem solchen Mann persönlich begegnet.

Als Pfarrer in Essen geriet ich eines Tages an einen jungen Mann aus einem frommen Elternhaus. Seine Angehörigen waren in der Gemeinde bekannt. Er selbst aber war ein schwacher Charakter. Doch elegant, spritzig und weltgewandt, machte er auf die, welche ihn nicht näher kannten, einen bestechenden Eindruck. In Wirklichkeit war er völlig haltlos, verschuldet, den Frauen und dem Alkohol verfallen – ein armer Bursche!

Er war völlig „fertig", als er bei mir landete. Was sollte man mit ihm anfangen?!

Ich riet ihm: „Gehen Sie nach Freistatt!"

„Freistatt" war auch so eine geniale Erfindung des alten Bodelschwingh. Im hannoverschen Moorgebiet hatte er 5500 Morgen einsamsten Moorlandes erworben. Hier sollten solche Typen wie mein labiler Freund in frischer Luft, bei harter Arbeit, unter dem Worte Gottes und unter der Anleitung selbstloser Erzieher wieder zu richtigen Männern werden. In einer Lebensbeschreibung des alten Bodelschwingh schildert der Sohn Gustav dieses „Freistatt":

„Wer Menschenschicksale studieren wollte, der mußte nach Freistatt kommen! Leute aller Berufe, jedes Alters, jeder Begabung, Menschen, die noch nie vor Gericht gestanden hatten, und solche, die ein halbes Leben im Zuchthaus und Gefängnis zugebracht hatten, suchten hier Sicherheit und Bergung. Auch manche Söhne gebildeter Stände, die draußen im Leben versucht hatten, als Herren zu leben, ohne die Herrschaft über sich selbst üben zu können, und nun in der Einsamkeit sich wiederfinden sollten.

Dazu kamen die schulentlassenen Jugendlichen, teils Fürsorgezöglinge, die von den Provinzen überwiesen wurden, teils solche, die von ihren Eltern gebracht wurden, um im Moor den Leib und Seele verderbenden Lüsten und Lastern des modernen Kulturlebens entrissen zu werden.

Namentlich in jener Anfangszeit hat manches Leben der Brüder in Gefahr geschwebt, weil die jungen Burschen wie wilde, ungezügelte Pferde waren, bei deren Bändigung erst das rechte Ineinander gefunden werden mußte von unbeugsamer Festigkeit und mütterlicher Zartheit. Denn:

,Des rechten Reiters Hand ist beides zugleich:
So fest wie Eisen, wie Wachs so weich.
Sei fest wie Eisen und weich wie Wachs,
So zwingst du schließlich den frechsten Dachs.'
Manchmal hat Vater gebangt, ob es gelingen würde."

Dahin also wollte ich meinen jungen Freund schicken! Ich machte ihm klar: „Entweder gehen Sie nun in Berlin vollends vor die Hunde – oder Sie machen die harte Schule Freistatts durch und werden noch einmal mit Gottes Hilfe ein Mann." Er ließ sich überreden und fuhr hin.

Anfangs bekam ich wilde Klagebriefe. Allmählich aber schien er sich einzugewöhnen. Darum war meine Enttäuschung riesengroß, als er eines Tages bei mir auftauchte: wie immer – elegant, spritzig und weltgewandt. Er sparte nicht mit Lob für Freistatt. Aber –: „I c h halte das nicht aus! Ich bin weggelaufen!"

Hier stand ein Menschenleben auf dem Spiel. Was sollte ich tun? Es gab nur noch eins: Ich mußte mit ihm zu „Pastor Fritz" fahren, der nun längst nach des Vaters Tod Bethel leitete.

Ich sagte dem jungen Mann: „Sie können nachher tun, was Sie wollen. Aber vorher fahren wir zusammen nach Bielefeld zu Bodelschwingh!"

Dann waren wir im Vorzimmer von „Pastor Fritz". Mir schwindelte:

Hier ging es zu wie in einem Generalstab. Menschen kamen und gingen. Wie sollte der vielgeplagte Mann Zeit und Ruhe haben für meinen schwierigen Schützling?

Auf die Minute genau zur angegebenen Zeit wurden wir hineingerufen in das sehr einfache Arbeitszimmer.

Und dann geschah das, was ich nie vergessen werde. Seine Begrüßung war so, daß wir beide sofort überzeugt waren: Es gibt jetzt für ihn nichts Wichtigeres als unsere Sache.

Drei Minuten lang erklärte ich den Sachverhalt. Dann legte der junge Mann los: Wie die Arbeit zu hart wäre für ihn; wie man in der Einsamkeit Freistatts ja verrückt würde, wenn man in der Großstadt gelebt hätte; wie er jetzt entschlossen sei, nach Berlin zu gehen, wo es doch für Leute wie ihn tausend Möglichkeiten gäbe ... Etwa zehn Minuten lang strömte es wie ein empörter Fluß dahin. Bodelschwingh hörte gespannt zu.

Dabei fielen mir zum erstenmal seine merkwürdigen Augen auf. Der Mann sah uns sehr genau an. Aber man hatte dabei immer den Eindruck, er sähe durch uns hindurch und auf irgend etwas, was hinter uns war. Einmal habe ich mich richtig umgedreht. Aber – da war niemand. Es war seltsam.

Später habe ich verstanden, daß Bodelschwingh tatsächlich nicht nur den Menschen vor sich anschaute, sondern daß seine Augen eigentlich gerichtet waren auf etwas, was hinter dem Menschen ist: da ist nämlich der lebendige Gott, der in Jesus diesen Menschen geliebt und erkauft hat. Ich bin überzeugt, daß er die Menschen immer nur vor diesem Hintergrund sah.

Der junge Mann schwieg schließlich. Vor diesen Augen kam ihm seine Rede auf einmal sehr töricht vor.

Und dann sprach Bodelschwingh etwa 5 Minuten. Nach diesen 5 Minuten stand der junge Mann auf und erklärte: „Ich fahre nach Freistatt zurück."

Es wurde noch etwas Ordentliches aus ihm.

Damals habe ich es erlebt, was vollmächtige Seelsorge ist, die, erfüllt von der Liebe Jesu Christi, unbeugsam hart ist und Sünde Sünde nennt.

Man sucht heute in der Kirche viele „neue Wege", um an den „modernen Menschen heranzukommen". Neue Methoden, neue Theologie, neue Gestalt des Gottesdienstes und der Predigt, neue Lieder, neue Form der Jugendarbeit und eine neue Sprache. Wir werden aber kaum den Eindruck haben, daß der „moderne Mensch" sich sehr beeindrucken läßt von diesen Bemühungen. Ich bin überzeugt, uns fehlen Seelsorger von der Art des „Pastor Fritz".

Seelsorgerlich war auch seine Predigt.

Es war während des Kirchenkampfes in der Hitler-Zeit. In Berlin hatte eine „Evangelische Woche" stattgefunden. Nun sollten bei einer Schluß-Versammlung im Berliner Dom Bodelschwingh und ich sprechen.

Der Küster, der uns in der Sakristei empfing, war eine eindrucksvolle Erscheinung. So stellte ich mir einen Butler auf einem englischen Adelsschloß vor. Und wie solch ein Butler zwei Landstreicher betrachtet, so etwa sah dieser wunderschöne Mann im Gehrock auf uns herab.

„Die Akustik ist nicht gut", sagte er feierlich und leise. „Sie werden guttun, in der Richtung auf die Kaiserloge zu sprechen."

„Wo ist denn die Kaiserloge?" fragte Bodelschwingh freundlich. Die Antwort war unwahrscheinlich: „Sie erkennen sie daran, daß sie unbesetzt ist."

Der Dom war übervoll. In allen Gängen saßen und standen die Menschen. Wir aber sollten zu dem einzigen leeren Fleck hin sprechen. Dabei waren wir beide gewohnt, die Menschen anzureden, nicht die leeren Plätze.

Jetzt erschien Frau von Bodelschwingh. Es war aber nur ein einziger Sessel in der Sakristei. Darum wagte ich die leise Bitte, ob man wohl noch einen Stuhl beschaffen könnte. Der Blick, der mich traf, war so, als wenn ich in einem Vegetarier-Restaurant ein Schnitzel verlangt hätte.

Still nahm Bodelschwingh mich am Arm und sagte: „Kommen Sie, wir setzen uns auf die Kanzeltreppe."

Hier war gut sitzen auf diesen breiten, teppichbelegten Stufen.

Der Gesang war verhallt. Bodelschwingh bestieg die Kanzel. Es herrschte eine knisternde Spannung im Dom. Denn der Kirchenkampf war damals auf dem Höhepunkt. Und es waren nicht nur viele Neugierige unter den Hörern, sondern auch viele Beamte der „Geheimen Staatspolizei".

Das Thema lautete: „Vom Aufbau der Kirche" oder ähnlich. Ich weiß es nicht mehr genau. Solch ein Thema würde heute keinen Hund hinter dem Ofen hervorlocken. Aber damals verstand jeder, daß es um die Frage ging, ob wirklich ein Gebiet vorhanden sei, in das der allmächtige Staat nicht hineinregieren dürfte.

Bodelschwingh fing so an: „Wenn wir von der Kirche reden, ist immer die Gefahr, daß wir zuviel sagen und den Mund zu voll nehmen. Wenn wir aber von dem Herrn der Kirche, von dem Herrn Jesus Christus, sprechen, dann werden wir immer zurückbleiben hinter seiner Herrlichkeit und Gnade. Lassen Sie uns also von Jesus sprechen!"

Und dann machte er eine kleine Pause, beugte sich weit über die Kanzelbrüstung und sagte mit einer Stimme voll Mitleid: „Es gibt nirgendwo so viele einsame Menschen wie in der Großstadt!"

Er sagte das so, daß in diesem Augenblick etwas Seltsames geschah: Die große Menschenversammlung mit ihrer gefährlichen Atmosphäre, die den einzelnen auslöscht und einen Massenwillen hervorruft, zerfiel mit einem Male in lauter einzelne Menschen mit ihren Einsamkeiten und Nöten.

Man kann heute nicht mehr recht nachempfinden, was das bedeutete. Damals war das etwas Besonderes. Denn in Berlin redete oft in großen Massenversammlungen der Hitlersche Propaganda-Minister Goebbels. In seinen Sportpalast-Versammlungen war alles darauf angelegt, gerade das Massenfluidum hervorzurufen. Daß das gelang, wurde deutlich in jener Versammlung gegen Ende des Krieges, in der Goebbels schreiend fragte: „Wollt ihr den totalen Krieg?" Und die Menge brüllte: „Ja!" Die Massen forderten gewissermaßen ihr eigenes Todesurteil, so fanatisiert waren sie durch die propagandistische Rede.

Daß Bodelschwingh in jener mit so großer Spannung begonnenen Dom-Versammlung genau auf das Gegenteil hinausging, daß er die Massen zerteilte und sie Menschen sein ließ, zeigte uns, wie sehr die Kirche Jesu Christi einen andern Geist haben will und muß als die Welt.

Als ich nach Bodelschwingh die Kanzeltreppe bestieg, war mein Herz voll Unruhe: „Wer kann denn nach solch einem Zeugen noch den Mund auftun!"

Aber dann war es eine Freude, das Evangelium zu bezeugen. Durch Bodelschwinghs Rede waren die Herzen geöffnet für das eine, was wirklich nottut.

„Pastor Fritz" hat einen schweren Weg gehen müssen im Hitler-Reich.

Man verlangte damals, daß alles, aber auch alles nach dem „Führerprinzip" ausgerichtet würde. Jeder Ziegenzuchtverein mußte einen Ziegenzuchtführer haben, der dafür sorgte, daß die Ziegenzucht politisch ausgerichtet wurde.

So mußten also auch die Kirchen sich zusammenschließen unter einem Reichsbischof. Die Bevollmächtigten wählten Bodelschwingh zum „Ersten Deutschen Reichsbischof". Kaum aber war er gewählt, da tobte die Nazi-Partei gegen ihn los.

Die Handlanger der Partei in der Kirche, die „Deutschen Christen", veranstalteten Protest-Versammlungen und machten Rumor. Die Sache nämlich war ein wenig gegen das Programm gelaufen. Partei und Staat hatten gedacht, die Kirche würde den vom „Führer" Adolf Hitler ernannten Vertrauensmann Müller wählen.

Es gab furchtbare Kämpfe. Da trat Bodelschwingh still zurück und ging wieder nach Bethel.

Hier wurde er gebraucht. Im Jahre 1940 lief die Euthanasie-Aktion an. Das „lebensunwerte Leben" sollte ausgemerzt werden. Kurt Pergande schildert in seinem Buch „Der Einsame von Bethel" eine erschütternde Szene:

„Als Pastor Fritz zu Ende gelesen hatte, war ihm kalt am ganzen Körper. Er blickte von der Akte hoch und schwieg, und auch Pastor Braune sagte nichts. Es war Mai 1940. Vor den Fenstern stand der Frühling, hell und warm, aber in Wahrheit versank Deutschland in Finsternis. In Deutschland ging der Tod um, befohlen von einer unverantwortlichen Regierung. Pastor Fritz dachte immer dasselbe und saß wie erstarrt, nur sein Blick wanderte durchs Zimmer, beinahe wie um Hilfe suchend. Alles im Zimmer, alles im Haus, die Möbel, die Bilder an den Wänden, die Bücher, die Akten, alles war Erinnerung an den Vater, alles atmete so sehr seinen Geist und strömte so viel Leben aus, daß man immer erwartete, er müßte jeden Augenblick durch die Tür treten. Und da unten vor den Fenstern lag zwischen Gärten, Hügeln und Wiesen Bethel, krank, aber fröhlich in der Arbeit und in Gott, die Stadt der Barmherzigkeit und Liebe, eine Antwort auf die Not und die Lieblosigkeit und die Gottesleugnung. Des Vaters Werk, des Vaters Geist, und in diesem Geist des Vaters hatte er das Werk fortgeführt und weiter entwickelt; auch er hatte sich der Bedrängten, der geistig wie körperlich Fallsüchtigen angenommen, wie es das Evangelium befahl. Bis jetzt hatte er als Leiter von Bethel noch keine Meldebogen erhalten, aber er würde sie auch bekommen, das wurde ihm in dieser Stunde klar, und er überschlug, daß wohl tausend von seinen Pfleglingen diesen Meldebogen zum Opfer fallen würden! Tausend!"

Bodelschwingh nahm den aussichtslos scheinenden Kampf gegen die Mordaktion auf. Pergande schreibt:

„Er nahm den Wettlauf mit der Zeit und mit dem Tod von Berlin her wieder auf, ging von einer Dienststelle zur anderen. Kam ihm in den Sinn, daß er tat, wie der Vater getan hatte? Der Vater war so viel für seine Pfleglinge gelaufen, er hatte so viel für sie gebettelt, sein ganzes Leben lang hatte er darum gerungen, ihnen Hilfe zu bringen und Schutz zu gewähren. Der Vater hatte Demütigungen und Enttäuschungen einzustecken und war über Kurzsichtigkeit, Unverstand und Hartherzigkeit von Behörden häufig erbittert genug, in Berlin einmal so sehr erbittert, daß er sich, wie er zu dem ihn begleitenden Fritz äußerte, am liebsten einen Stein suchen wollte, um die Fenster des Abgeordnetenhauses einzuschmeißen. Der Vater hatte mit Unverstand und Kurzsichtigkeit und mangelnder Einsicht gegenüber den Nöten des Mannes auf der Straße zu ringen, und das war verzweifelt genug gewesen. Bei Pastor Fritz ging es um noch Tieferes. Er hatte gegen das Böse schlechthin zu kämpfen, gegen Dämonisches.

Versuche, Hitler persönlich zu stellen, schlugen fehl, er wurde nicht vorgelassen.

Er reiste nach Bethel zurück, ohne etwas ausgerichtet zu haben."

Und dann kam die berüchtigte Ärztekommission, die die zum Abtransport bestimmten Kranken auswählen sollte. Hören wir wieder, was Pergande schreibt:

„Die Nacht fiel. Die Ärztekommission übernachtete in einem Bielefelder Hotel. Da rissen die Sirenen Bielefeld und Bethel wieder einmal aus dem Schlaf, Feindbomber waren im Anflug auf Bielefeld. Die Luft war von dem bekannten rhythmischen, dumpfen Brummen erfüllt und dann vom Rauschen und Pfeifen der fallenden Bomben. Über Bethel ging der zweite Angriff nieder. Wieder erbebte die Erde, wieder

189

stürzten Häuser wie Kartenhäuser zusammen, wieder brannte es an zehn, fünfzehn oder zwanzig Stellen. Der Angriff kostete siebzehn Kranken und einen Diakon das Leben.

Am Morgen erschien die Ärztekommission wieder in Bethel, ging vorüber an den zusammengestürzten Häusern, an noch brennenden Trümmern, an den Opfern und setzte ungerührt ihre Tätigkeit fort. Was aber tat die Propaganda? Sie nahm sich, wie nach dem ersten Angriff, des Falls wieder an. An den Gräbern der Opfer wurde von führenden Parteigrößen erneut von der Ruchlosigkeit des Anschlags auf die in aller Welt gerühmte Stätte der christlichen Nächstenliebe, auf wehrlose Kinder, Kranke und Schwachsinnige gesprochen – dies zu der gleichen Zeit, als die Ärztekommission ihre vorbereitenden Arbeiten für die Auswahl der zu tötenden Kranken abgeschlossen hatte!"

Es war ein zermürbender Kampf. Aber die Aktion gegen Bethel wurde abgebrochen. „Pastor Fritz" hatte den Kampf um das Leben seiner Schützlinge endgültig gewonnen. Und es ist entscheidend ihm zu verdanken, daß auch für andere Anstalten das Morden eingestellt wurde.

Im Januar 1946 rief Gott ihn aus allem irdischen Kampf und Leid.

Ich schaue sein Bild an. Und ich versuche, mir vorzustellen, wie er die Mächtigen angesehen hat, die seine geliebten Kranken umbringen wollten. Ich bin überzeugt: Auch sie sah er so an, daß er allezeit hinter ihnen den Heiland erblickte, der weint über die harten Herzen der Menschenkinder.

Und wie sahen diese Männer Bodelschwingh? Sie sahen bestimmt in dem liebreichen Gesicht eine unüberwindliche Härte, daß sie in diesem Mann der tätigen Liebe auf das Nein Gottes stießen.

Gottfried Dühr
und der Friedensschluß im Flugzeug

Das lachende junge Gesicht paßt nicht ganz zu den würdigen Männern auf den andern Bildern.

Einen Augenblick lang muß ich überlegen: Warum eigentlich finden sich auf meinen Bildern lauter Leute in reiferem Alter? Das Wort „reifer" gibt mir die Antwort: Diese Männer bekamen ihre Bedeutung für die Gemeinde Jesu Christi und für mich erst dann, als sie „gereift" waren.

Aber ein paar Ausnahmen gibt es unter meinen Bildern doch: Da ist ein Bild des jungen Zinzendorf. Es zeigt den 20jährigen. Dies Bild eines klugen, kühnen, noch ungeprägten und doch vielversprechenden Gesichts habe ich besonders gern. Es zeigt den jungen Grafen in der Zeit, als er genötigt war, neben seinen juristischen Studien sich „in den Kavaliersübungen weiter zu vervollkommnen". Er sagte damals von sich: „Ein junger, pietistischer Herr... bequemt sich also zum Fechtboden, zum Tanzboden, zur Reitschule ohne viel Wortwechsel. Er nimmt aber zu seinem Herzens- und Kabinettsfreund, zu Christo, die Abrede, er soll ja viel Geschicklichkeit dazu geben, damit er von all solchen Allotriis fein bald mit Ehren losgesprochen und in Freiheit gesetzt werde, die 5 bis 6 Stunden des Tages auf etwas Solideres zu wenden."

Der junge Zinzendorf also blickt recht kühn zwischen den würdigen „Vätern".

Weiter findet der Besucher an der Wand meines Studierzimmers die Photographien von drei jungen Männern in der Uniform des zweiten Weltkrieges. Alle drei sind nicht nach Hause zurückgekehrt.

Während die Propaganda Hitlers die Welt erfüllte und die Gewissen vergewaltigte, waren diese drei herangereift zu erstaunlich klaren und selbständigen Zeugen Jesu Christi.

Der eine ist ein Neffe, Heinz Stöffler. Ich vergesse nicht, wie wir einst an einem lieblichen Sommertag im Garten meiner Mutter auf der Schwäbischen Alb saßen und meine Schwester, die Mutter von Heinz, ein paar Briefe des Jungen vorlas. In einem dieser Briefe schilderte der junge Soldat, wie er in einer dunklen Nacht auf Wache stand. In der Ferne schimmerten noch einzelne Lichter und sprachen tröstlich davon, daß doch noch Menschen vorhanden seien. Aber dann verloschen diese Lichter – eins nach dem andern –, und schließlich umgab ihn nur die unheimliche Finsternis. Und nun überfiel ihn das „Grauen der Nacht", von dem der 91. Psalm spricht. Welche Gefahren mochte die schreckliche Dunkelheit bergen!

Man sah ihn, als der Brief gelesen wurde, geradezu vor sich, den jungen Mann in dieser nervenzermürbenden Situation. Aber dann schilderte er weiter, wie auf einmal die tröstliche Verheißung Jesu zu ihm kam: „Siehe, ich bin bei euch alle Tage." Da wurde die Finsternis hell!

Es erschien mir wie ein Wunder, daß der Geist der Zeit und der schreckliche Krieg, die so viele junge Menschen innerlich zerstörten, bei diesen jungen Christen eine gegensätzliche Entwicklung hervorriefen: Ein großes Erbarmen mit den Menschen und ein froher, gewisser Glaube an den Herrn Jesus Christus strahlten aus jeder Zeile dieser Briefe.

Der zweite war Meinhard Bossert, der Sohn eines berühmten Arztes. Trotz aller Verfolgung und Diffamierung meiner Jugendarbeit war er ein treues Mitglied des BK (Bibelkreis für Höhere Schüler). Mit den Jahren wurde er immer mehr mein Freund und Berater. Wenn ich bedrückt war, lernte ich bei ihm wieder das frohe, überlegene Lachen. Und wenn ich an meinem Weg zweifelhaft wurde, konnte er mir sagen, daß man jetzt im Glauben weitermachen müsse und nicht mit den Feinden des Evangeliums verhandeln dürfe.

Nach seinem Abitur entschloß er sich zum Studium der Theologie. Seine Bekannten warnten ihn: Dieser Beruf habe keine Aussicht mehr in einem starken national-sozialistischen

Staat. Da wurde auch er unsicher und fragte da und dort um Rat.

Ein Studienrat riet ihm: „Studieren Sie doch Theologie und daneben eine andere Fakultät, etwa Medizin. Wenn es dann mit dem Pfarrer nichts wird, haben Sie die andere Möglichkeit!" Das leuchtete ihm ein.

Aber dann lachte sein Vater ihn aus: „Wenn du schon Theologie studieren willst, dann habe den Mut, ganz und gar diesen Weg zu gehen ohne Rücksicht auf mögliche Schwierigkeiten." Und das leuchtete dem jungen Mann noch mehr ein. So wurde er ein Theologe. Ich versuche, mir vorzustellen, welche Bedeutung dieser hochbegabte, von Herzen gläubige junge Mann wohl heute für unsere Kirche hätte haben können.

Er blieb auf einem der vielen Schlachtfelder des schrecklichen Krieges.

Der dritte der jungen Männer, deren Bilder nebeneinander hängen, ist Gottfried Dühr. Von dem möchte ich jetzt ein wenig erzählen.

Zuerst, als ich ihn kennenlernte, hat mich der Junge gewaltig geärgert. Er erschien ab und zu in meinem Primaner-BK und spielte dort den kritischen Intellektuellen. Er wußte über alles in Christentum und Kirche Bescheid. Denn er stammte aus einem frommen Hause. Der Vater war treu in einem christlichen Akademiker-Kreis, der sich oft in meiner Wohnung versammelte.

Im Geist sehe ich den Gottfried vor mir: Schlaksig und mit einem zynischen Lächeln auf den Lippen schob sich die lange, schlanke, gut aussehende Gestalt herein. Jede Miene sagte: „Na, nun wollen wir mal hören, was der gute Pastor heute auf den Tisch zu legen hat." Und weil die andern in diesem Kreis eine ähnliche Geisteshaltung hatten, waren diese Stunden für mich oft eine rechte Qual.

In andern Abteilungen meiner Jugendarbeit gab es junge Männer, die mitarbeiteten, den Jüngeren nachgingen, Fahrten leiteten und Jesus dienen wollten. Die sagten oft: „Machen

Sie doch Schluß mit diesem Intellektuellen-Klub! Daraus wird doch nichts Rechtes. Sie vergeuden Kraft und Zeit!"

Dazu aber konnte ich mich nicht entschließen. „Sie kommen doch noch!" erwiderte ich dann. „Ich denke, Jesus wird auch diese spöttischen Herzen überwinden können."

Und so geschah es auch. Gottfried Dühr wurde der erste, dem Jesus das Herz abgewann. Und das kam so:

Das „Dritte Reich" war ausgebrochen. Überall in Essen wehten die Fahnen, dröhnten die Lautsprecher, marschierten die Kolonnen. An einem Samstagabend sollte auf einer Bergeshöhe draußen vor der Stadt, die den lieblichen Namen „Heimliche Liebe" hat, ein gewaltiges – was war nicht „gewaltig" damals?! – Freuden- und Propagandafeuer der Hitler-Jugend entzündet werden. Ich bummelte auch hinaus, weil ich mich ja als Jugendpfarrer interessieren mußte für das, was das junge Volk bewegte.

Die ganze Sache machte mich unglücklich. Tobende Jungenhorden! Leere Reden, in denen Hitler wie ein Gott gefeiert wurde! Wilde Drohungen gegen alle, die „jetzt noch quer stehen"!

Traurig wandte ich mich ab, um nach Hause zu gehen. Hier wurden junge Menschen nicht für große Ziele begeistert. Sie wurden vielmehr fanatisiert und aufgehetzt gegen – ja, einfach gegen alles und jedes: gegen Christentum, gegen Kirche, gegen Spießer, gegen das Ausland, gegen die Kapitalisten, gegen Marxisten, gegen Kommunisten und Sozialisten, gegen die alte Generation, gegen die Vergangenheit, gegen andere Jugendverbände, gegen . . .

Ich ging davon. Hinter mir verklang das Gebrüll und das hysterische Gekeife der Redner.

Da stieß ich in der Dunkelheit gegen einen Menschen. Und dieser Mensch war Gottfried Dühr.

„Sie gehen?" fragte er. „Darf ich Sie begleiten?"

Und dann stolperte er neben mir her durch die Dunkelheit, bis wir an eine Straße und zu einer Straßenbahn kamen. Wir stiegen ein. Die ganze Zeit durch machte ich meinem Groll

Luft gegen diese „Bewegung", die mit jungen Herzen ein Narrenspiel trieb.

Gottfried war zwar auch vorzeitig gegangen. Und er dachte nicht von ferne daran, sich in der Hitler-Jugend zu engagieren. Aber als echter Snob machte er sich einen Spaß daraus, mir zu widersprechen.

So zankten wir uns, leise flüsternd, in der vollbesetzten Straßenbahn.

Dann aber – auf einmal – überfiel mich der Gedanke: „Hast du diesem jungen Mann wirklich nichts Besseres zu sagen als deinen Groll?!" So unterbrach ich schroff das Gespräch und fragte – ohne jede Überleitung –: „Wie stehst du eigentlich zu Jesus?"

Langes Schweigen – – –

Dann sagte Gottfried: „Ich glaube, es wäre besser, wir stiegen aus! Das kann man doch nicht in der Straßenbahn besprechen!"

So stiegen wir denn aus und bummelten dem stillen, dunklen Stadtwald zu. Und hier öffnete der junge Mann mir sein Herz:

„Sehen Sie! Ich weiß alles vom Evangelium aus meinem Elternhaus! Ich glaube auch alles! Ich habe keine Zweifel, daß das Neue Testament die lautere Wahrheit bezeugt. Aber – ich bin tot. Es läßt mich das alles eiskalt. Das Evangelium bewegt nichts in mir. Vielleicht habe ich von Jugend auf zuviel davon gehört. Ich weiß es nicht. Jedenfalls – ich möchte, ich könnte mich freuen an Jesus wie Sie! Doch er langweilt mich nur!"

„O, Gottfried!" erwiderte ich, „wie habe ich mich in dir getäuscht! Ich meinte, du seist ein langweiliger Mensch, der über alles nur spotten kann. Und nun zeigt sich ein verlangendes Herz. – Ich will dir sagen, was dir fehlt: Du tust nichts für Jesus! Ich werde dich in die Abteilung 1 meines Jugendvereins stecken. Dort ist der Leiter ein junger Kaufmann, der dir sicher konvenieren wird. Mit dem zusammen wirst du im Segeroth arbeiten! Kennst du den Segeroth?" Er schüttelte empört den Kopf: „Natürlich habe ich von diesem Stadtteil gehört. Aber dagewesen bin ich noch nie. Wie käme ich auch dazu?"

Ich lachte und summte leise das „Heimatlied" des damals so verrufenen Stadtteils: „Wo die Knochen splittern / Und dunkel fließt das Blut, / Da ist meine Heimat, / Da ist der Segeruth!"

Gottfried war ein wenig empört: „Was soll ich denn dort tun?"

Mir war klar, daß es am besten sei, wenn man den verwöhnten jungen Mann gleich ins Wasser warf, damit er schwimmen lernte: „Morgen ist Sonntag!" sagte ich. „Da bist du um halb neun in der Marktkirche im Gottesdienst. Und zwar auf der linken Galerie. Dort sitzen die Jungen aus Abteilung 1."

„Was? Um halb neun in der Marktkirche?" schrie Gottfried auf. „Um diese Zeit schlafe ich am besten!"

„Das eben hört jetzt auf. Also um halb neun in der Kirche. Anschließend haben wir eine Gebetsgemeinschaft . . ."

Hier lächelte Gottfried in der mir so wohlbekannten Weise. Aber jetzt ließ ich mich nicht mehr stören: „Und dann machst du mit Paul Dorr im Segeroth Hausbesuche. Da wirst du Einblicke bekommen, wie Menschenleben zerstört werden, wie junge Burschen verführt werden und wie haltlos die Herzen sind. Da wirst du um Menschen ringen lernen, du wirst das Weinen lernen und das Freuen. Und über allem wirst du beten lernen; und es wird dir dein Hochmut vergehen, und du wirst richtig glauben lernen!"

„Ausgeschlossen!" erklärte Gottfried. „Ich soll in dem Segeroth herumlaufen und jungen Kerlen nachgehen aus verkommenen Familien? Völlig ausgeschlossen!"

„Na gut!" meinte ich. „Du kannst es ja eine Nacht überschlafen! Und nun – dort sind wir wieder an der Straßenbahn. Jetzt fahre ich heim." – – –

Am nächsten Morgen! In der vollbesetzten Marktkirche stimmt die Gemeinde eben das Lied an. Auf der Galerie sitzen die Jungen aus dem Weigle-Haus. Ihr Gesang läßt die alten Mauern erzittern. Der heimgegangene Professor Rendtorff aus Kiel hat einmal diesen Gesang gehört. Und bei einem Kirchentag erzählte er vor meinen Ohren dem bekannten Berner Münsterpfarrer Lüthi: „Bruder Lüthi! Das ist kein Gesang! Das ist ein Gottesgebrüll!"

Aber durch das „Gottesgebrüll" hindurch vernahm man ein Gepolter auf der alten Holztreppe. Und siehe! – Gottfried kam und fragte sich durch nach der Abteilung 1.

Von diesem Tage an wurde er einer meiner besten Mitarbeiter. Jahrelang hat er mit unendlicher Treue im Segeroth gearbeitet. Dieser Stadtteil ging im Bombensturm völlig in Flammen auf. Und heute ist von der alten Not und auch von der alten Romantik dieses berühmten – oder verrufenen – Stadtteils nichts mehr zu sehen.

Und Gottfried ist in demselben Krieg, der den Segeroth vernichtete, gefallen.

Aber der alte Segeroth und Gottfried Dühr gehörten zusammen. Jeden Sonntag nach dem Gottesdienst zog er durch die Häuser, wo Jungen über 14 Jahre waren, und lud sie ein in das Weigle-Haus. Dabei wurde er bekannt „wie ein bunter Hund". In der einen Wohnung warf man ihn unter Schimpfworten hinaus. In der andern wurde er gewissermaßen Erziehungsberater.

Gern erzählte er ein Erlebnis, das er in der „Menage" hatte. Die „Menage" war ein riesiger, trostloser Ziegelbau, in dem in jedem Zimmer eine Familie lebte. Oft waren es zwei oder drei Familien, wenn die Kinder heirateten und bei den Alten unterkrochen. Man kann sich heute kaum eine Vorstellung machen von diesen schrecklichen sozialen Verhältnissen.

Jeden Sonntagvormittag, wenn Gottfried zu einer dieser Menage-Familien kam, gab es Krach. Das Familien-Oberhaupt, ein alter, knochenharter Freidenker, sprang aus einem der reichbesetzten Betten und brüllte: „Gehen Sie raus! Sofort!" Gottfried ließ sich nicht stören. Aus dem Gewimmel der mehr oder weniger bekleideten Leute suchte er den Jungen, auf den er es abgesehen hatte, und redete mit ihm.

Eines Tages gab's für Gottfried ein großes Erstaunen: Die ganze Familie saß ordentlich angezogen herum. Die Stube war aufgeräumt. Und als Gottfried erschien, forderte der Alte ihn höflich auf, Platz zu nehmen. Und dann fing er an zu fragen: „Sagen Sie mir mal offen: Was bezahlt Ihnen der Pfaffe dafür, daß Sie sich um meinen Jungen kümmern? Sie besuchen ihn nicht nur. Wenn er nachmittags in das Weigle-Haus kommt, sorgen Sie rührend für ihn. Ich kann doch nicht glauben, daß ein gutangezogener Kaufmann wie Sie das nur aus Spaß macht. Was bezahlt Ihnen der Pfaffe dafür?"

Gottfried lachte: „Nichts!"

„Das glaube ich Ihnen nicht!"

„Dann lassen Sie es bleiben."

„Ja, aber warum tun Sie das?"

Nun erzählt Gottfried der aufhorchenden Versammlung von jungen Frauen, Männern und Kindern von Jesus. O ja! Jetzt kann er ein Zeugnis ablegen. Denn inzwischen ist ihm in der Gemeinschaft junger Christen und im Dienst der lebendige Herr begegnet. Er spricht von seiner eigenen Erfahrung. Und er führt diese Menschen unter das Kreuz Jesu und zeigt ihnen, wie Gott auch sie so sehr geliebt hat, daß er seinen Sohn gab.

Als er zu Ende ist, erklärt der Alte feierlich, zu der ganzen Familie gewandt: „Wenn das Christentum solch einen modernen jungen Mann dazu bringt, sich um mein Kind zu kümmern, dann ist da was dran. Und von jetzt an geht die ganze Familie sonntags morgens mit in die Marktkirche!"

Und so geschah es auch.

Nach seinem Abitur entschloß sich Gottfried, Industrie-Kaufmann zu werden. Mit großer Freude und wachem Interesse stand er in diesem Beruf. Und manchmal sagte ich besorgt: „Jetzt wird dich dein Beruf bald so in Anspruch nehmen, daß du für die Jugendarbeit keine Zeit mehr hast." Aber solche Sorge lachte Gottfried einfach weg. Für ihn war der Dienst an der Jugend nicht ein „Hobby", sondern eine Berufung. Und er wußte: Der Herr, der mich in diesen

Dienst gestellt hat, fordert von mir nicht Erfolg, sondern Treue. – Mit dieser Treue hat Gottfried uns oft beschämt.

Es war in der Zeit, als durch den Druck des Nationalsozialismus unsere Arbeit kleiner und schwieriger wurde. Das Militär zog viele Mitarbeiter ein. Gottfried wurde mir immer unentbehrlicher. Auch für ihn war die Sache nicht so einfach, denn seine Firma schickte ihn damals zu einer Zweigstelle nach Dortmund. Da er seine Wohnung im Elternhaus und die Arbeit im Weigle-Haus nicht aufgeben wollte, fuhr er jeden Tag mit der Bahn hin und her.

In jener Zeit ging ich an einem Abend durch das Weigle-Haus. Aus einem Zimmer tönte schallender Gesang: „Ich will von meinem Jesus singen, / Von seiner Gnade, Lieb' und Treu' ..." Leise machte ich die Tür auf, um zu sehen, welche Abteilung denn hier tagte. Da saß Gottfried, der gutangezogene Kaufmann, mit einem kleinen, ziemlich ungewaschenen Jungen aus dem Segeroth.

Sie ließen sich durch mich nicht stören. Und vorsichtig zog ich mich zurück.

Mein Herz war bewegt. Da kommt dieser junge Mann nun, nach einem reichen Tagewerk, direkt vom Bahnhof zu der Abteilungs-Stunde. Und die Bande läßt ihn schnöde im Stich. Es erscheint nur ein einziger. Aber Gottfried freut sich an diesem einen einzigen und hält ihm eine wohlvorbereitete Stunde. Daß wir doch immer solche Mitarbeiter im evangelischen Jugendwerk hätten!

An diese Geschichte dachte ich, als ich später einmal als Jugendpfarrer der Synode eine Jugendsekretärin abschob. Sie sollte in einem entlegenen Stadtteil einen Kreis sammeln. Als ich sie eines Tages fragte, wie die Sache stünde, berichtete sie: „Ich habe den Kreis wieder eingehen lassen. Es kamen eines Tages nur drei. Das lohnte doch die Mühe nicht. Da habe ich die Sache aufgegeben."

Ich wurde böse: „Fräulein!" erklärte ich ihr. „Was müssen das für drei prächtige Mädels gewesen sein, die ‚trotzdem' kamen! Denen hätten Sie eine solch schöne Stunde halten sollen, daß die voll Freuden andere eingeladen hätten. Statt dessen schicken Sie die fort. Fräulein, Sie kann ich nicht gebrauchen auf dem schwierigen Kampffeld unserer Jugendarbeit."

Je länger Gottfried Dühr in der Mitarbeit stand, desto mehr wuchs er hinein in die Lebensgemeinschaft derer, die im Weigle-Haus ihre geistliche Heimat hatten.

Ich sah ihn gern in meiner Begleitung. Als ich im Jahre 1938 eine Vortragsreise ins Baltikum unternahm, begleitete er mich als „Reisemanager" durch die herrlichen Städte Riga, Reval und Mitau.

Das waren köstliche Tage, voll mit reichem Erleben. Aber auch voll mit unerhörten Spannungen.

Die deutsch-sprachigen Balten waren zwar lettische und estnische Staatsuntertanen. Aber sie waren damals begeistert von Hitler und wollten immer von Deutschland hören. Die Letten aber und Esten waren voll Furcht vor Deutschland und bewachten meine Vorträge mit Mißtrauen. Da saßen nun beide – die Spitzel aus dem nazistischen Deutschland und die Horcher der lettischen Polizei. Wie war ich glücklich, daß Gottfried und ich an jedem Morgen herzlich zusammen beten konnten! Und wenn ich an einem der Vorträge in Gefahr war, unvorsichtige Bemerkungen zu machen, stand die lange Gestalt Gottfrieds im Hintergrund auf, und sein Gesicht war so voll Sorge und Warnung, daß ich sofort zu meiner „Sache", zum Evangelium, kam.

Ein einziges Mal hatten wir einen kleinen Krach miteinander. Das war, als wir an einem Morgen etwas eilig zum Flugplatz von Reval mußten. Dort waren viele Freunde erschienen, um uns zu verabschieden. Und unter diesem Tumult geschah es, daß wir unfreundlich miteinander redeten.

Dann saßen wir als einzige Passagiere in der Lufthansa-Maschine und flogen über den Rigaer Meerbusen – schweigend und schmollend. Bis Gottfried auf einmal sagte: „Wissen Sie, warum es heute morgen so schiefgeht? Wir haben noch nicht unsere Morgenandacht gehalten."

Ich mußte ihm recht geben. Und nun schlugen wir da oben in der Luft unsere Bibel auf und beteten zusammen. Ja, und dann war die Sonne der Gnade Gottes durchgebrochen, und es wurde ein herrlicher Tag. So wurde Gottfried zum Seelsorger seines Seelsorgers.

Es kam der Krieg! Auch Gottfried wurde schließlich eingezogen. Gegen Ende des Krieges war er in einem Funkwagen zusammen mit einem jungen Mann aus Düsseldorf. Gottfried hat ihn zu Jesus führen können. Die beiden müssen in ihrem Funkwagen eine köstliche Gemeinschaft gehabt haben.

Als die Amerikaner das kleine Dorf Heng bei Neumark in der Oberpfalz überrollt hatten und die Einwohner erschrocken aus ihren Kellern zurückkehrten, fanden sie einen umgestürzten Funkwagen am Dorfrand. Und bei ihm die Leichen der beiden jungen Männer. Der katholische Kaplan nahm die Papiere an sich. Er hat später den Eltern berichtet, wie es ihn erschüttert hat, daß aus allen Tagebüchern und Briefen hervorging, wie sehr die beiden ihre Hoffnung auf den Herrn Jesus Christus gesetzt haben.

Offenbar sind die beiden gar nicht von der amerikanischen Armee getötet worden, sondern von herumziehenden Banden, die wild durch die Gegend schossen, plünderten und marodierten. Noch die Beerdigung – so erzählte der Kaplan – sei durch solche Schießereien gestört worden.

Nun hängt Gottfrieds Bild in meinem Studierzimmer. Immer wieder muß ich es ansehen: das hagere schmale Gesicht mit der markanten, scharfen Nase und den lachenden Augen. Gottfried war ein guter Industrie-Kaufmann, der mit ganzem Herzen in seinem Beruf stand. Aber er glich auch dem Kaufmann aus dem Gleichnis Jesu, der „die köstliche Perle" suchte – und sie fand. Und in der Ewigkeit wird es offenbar werden, wieviel jungen Menschen er den Weg zu diesem Reichtum hat zeigen können.

Professor D. Dr. Schmidt-Metzler und eine Kapazität lehrte Stelzenlaufen

Oft kommen Besucher in mein Studierzimmer, die beim Anblick meiner Bildergalerie sofort ausrufen: „Lassen Sie mich mal feststellen, wieviel von diesen Leuten ich mit Namen nennen kann! Das ist wohl Fritz von Bodelschwingh! Und der dort Kierkegaard! Und dort Zinzendorf! Und das ist Spurgeon! Und der dort . . ."

Aber dann bleiben sie immer bei einem Bildchen mit schmalem Goldrand stecken: „Wer ist denn das?"

„Das ist Seine Exzellenz Professor D. Dr. Schmidt-Metzler, ein berühmter Halsarzt zu seiner Zeit, der auch am Sterbebett von Kaiser Friedrich stand . . ."

Meist schaut der Besucher sich die Photographie dann einige Zeit an. Er sieht einen richtigen Gelehrtenkopf. Die Augen scheinen durch die Brille mit dem schmalen Rand irgend etwas Interessantes zu beobachten. Die untere Gesichtshälfte ist nach der Sitte der Zeit durch einen starken, gepflegten Bart verdeckt. Geradezu kokett steckt im Rockaufschlag eine große Nelke.

Wenn der Besucher das Bild genug betrachtet hat, dreht er sich um und fragt: „Was macht denn dieser Mediziner in Ihrer Sammlung geistlicher Väter?"

Ja, wie kommt er in die Bildergalerie?

Der Mann hat tief in mein Leben eingegriffen, allerdings nur indirekt. Denn er war die Veranlassung dazu, daß unsere Familie im Jahre 1906 das Wuppertal verließ und nach Frankfurt am Main zog.

Mein Vater war Pfarrer in Elberfeld, das heute mit Barmen zu der Stadt „Wuppertal" vereinigt ist. Er stand voll Freuden in einer reichen Arbeit. Und wenn von irgendwoher der Ruf an eine andere Stelle an ihn erging, lehnte er immer ab.

An einem schönen Sonntag erschienen einige Herren von Frankfurt und hörten Vater in der Trinitatiskirche predigen. Nachher kam einer der Herren, Schmidt-Metzler, in die Sakristei. Statt aller Begrüßung sagte er nur ganz eindringlich: „Komm herüber und hilf uns!" (nach Apg. 16, 9). Dies Wort ging Vater durchs Herz, und er begann zu merken, wohin sein Weg gehen sollte.

Nun soll Mutter weitererzählen, wie es dann wirklich so weit kam, daß man Elberfeld verließ.

„Vor der Trinitatiskirche traf ich mich ganz kurz mit meinem Manne. Er mußte schnell nach Radevormwald zu einer Festpredigt. In aller Eile sagte er mir nur eben: ‚Es sind Herren da aus Frankfurt, die werden dich besuchen.' Ich erwiderte: ‚Ach, die empfange ich gar nicht. Wir gehen doch hoffentlich nicht hier weg.' Auf dem Heimwege aber dachte ich: ‚Jetzt werden die Herren wohl kommen und mir alles aufs herrlichste vorstellen, wie schön es in Frankfurt sei. Denen will ich aber deutlich sagen, wie lieb uns Elberfeld ist.' Und im Geiste besann ich mich auf alle Schönheiten unserer Heimat. Aber als die Herren in unser herrliches Haus hereingeführt wurden und ich glaubte, sie werden mir großartig entgegenkommen, begrüßte mich ihr Wortführer, die so würdige, feine, alte Exzellenz Schmidt, ganz demütig bittend und werbend mit den Worten: ‚Sie werden wissen, was wir im Schilde führen. Allerdings, ganz so schön, wie Sie es hier haben, können wir es Ihnen nicht bieten.'

Da war ich geschlagen. Das hatte ich nicht erwartet. Als ich nun noch einwandte, wie sehr mein Mann am Wuppertal hänge, wie stark er seine Heimat liebe, daß wir gar nicht daran denken könnten, alle die lieben Freunde und Verwandten zu verlassen, da sagte Exzellenz Schmidt in einer unbeschreiblichen Art: ‚Ich habe Gott gebeten, er möge uns den rechten Mann nach Frankfurt geben. Und Herr Pfarrer Busch ist der rechte.' Da war ich im Gewissen so gepackt, daß ich nicht mehr dagegen sprach. Ich konnte mir nur noch die Tränen wischen."

Es hat nur wenige Tage gedauert, da fuhr Vater nach Frankfurt, um sich die Gemeinde anzusehen. Exzellenz Schmidt holte ihn im Wagen ab zu seinem Hause. Dort hatte er einige Gemeindevertreter zu Tisch geladen.

Vater hatte unterwegs in seiner inneren Unruhe ganz gegen seine sonstige Art mit Gott ein Zeichen ausgemacht. Er dachte: „Wenn es so weltlich zugeht, daß nicht einmal ein Tischgebet gesprochen wird, dann sage ich ab."

Nun ging man zu Tisch. Und da hat der Hausherr nicht nur ein einfaches Tischgebet gesprochen, sondern er betete frei aus dem Herzen, man sei zu einer so wichtigen Angelegenheit zusammengekommen. Gott möge alles nach seinem Willen lenken. Als er „Amen" gesagt hatte, reichte mein Vater ihm über den Tisch hinweg die Hand und erklärte: „Ich komme!"

Das wurde nun für meine Eltern ein schwerer Abschied. Im Wuppertal herrschte damals reges geistliches Leben.

Frankfurt war ganz anders. Diese Stadt mit ihrem reichen Kulturleben war satt. Das Theater interessierte die Menschen, die Kirche brauchte man nur zu Taufen und zu Beerdigungen. Außerdem herrschte in der Frankfurter Kirche der Liberalismus, der das geistliche Leben austrocknete. Da gab es Pfarrer, die nicht nur über Bibel-Texte, sondern auch über Goethe-Worte predigten.

In der Parochie, wo die reichsten Leute des damaligen Deutschland wohnten, gab es nicht einmal eine Kirche. In einem einfachen Saal sammelte mein Vater eine Gemeinde. Erst als hier der Raum nicht mehr ausreichte, baute man endlich die Lukaskirche, die berühmt wurde durch die Gemälde von Wilhelm Steinhausen.

In dieser Zeit bekam unser Pfarrhaus in der Gartenstraße viel Liebe von Schmidt-Metzler zu spüren. Ob er nun unserer Mutter, als sie schweren Herzens in der Fremde die neue Wohnung einrichtete, eben einen Chrysanthemenstrauß mit einem aufmunternden Wort hereinreichte, ob er dem neuen Pfarrer als genauer Kenner der Frankfurter Verhältnisse mit Rat und Tat zur Seite stand, oder ob er uns Kinder zu sich in seinen herrlichen Garten holte, immer galt von ihm: „Die Liebe Christi dringet uns also."

Es ist hier nicht der Platz, zu reden von der großen Bedeutung, die Exzellenz Schmidt für das Leben der Frankfurter Kirche gehabt hat. Bezeichnend dafür ist die Tatsache, daß ihm, dem Mediziner, der theologische Doktorgrad verliehen wurde.

Unserm Vater war er ein treuer Freund. Wieviel er diesem für sein inneres Leben gab, wird die Ewigkeit ausweisen. Fein war es, daß dann doch Sonntag für Sonntag der viel Ältere in der Kirche saß und mit offenem Herzen die Predigt in sich aufnahm. Solche Presbyter braucht unsere Kirche, die andern etwas sein können, und die auch wieder hören wollen und aufnehmen aus Gottes Wort.

Schon einige Jahre vor seinem Tode sprach Exzellenz Schmidt mit Vater von seinem Sterben: „Wenn Sie mich zu Grabe geleiten, dann rühmen Sie nichts von mir. Machen Sie nur den Heiland groß, der mich durch mein Leben geführt hat!"

Für uns acht Pfarrerskinder war es eine große Herrlichkeit, wenn wir zu ihm eingeladen wurden. Da schallte es durchs Haus: „Wir fahren zu Exilenz!" Ja, der Titel „Exzellenz" machte namentlich den Kleineren viel Schwierigkeiten. Sie konnten ihn schlecht unterscheiden von dem biblischen Wort „Pestilenz". *Das* war uns geläufig. Aber Exzellenzen waren uns in Elberfeld nicht über den Weg gelaufen.

Das Fest begann für uns mit einem großen Reinemachen. Wenn wir dann feierlich und festlich angezogen waren, fuhr die Kutsche mit den Gummirädern und den zwei Pferden vor. Alle wurden hineingestopft, und ab ging's in das herrliche Haus am Main.

Auf den Zehenspitzen liefen wir Kinder durch die weiten Zimmer und staunten die Photographien an. Da war ein Bild des letzten Kaisers mit einer Widmung. Und auch der Vater dieses Kaisers, Friedrich, war zu sehen im Gespräch mit Schmidt-Metzler. Ja, da waren Photos mit persönlichen Widmungen von all den Großen des damaligen Deutschland. Besonders wichtig war uns das Bild Bismarcks.

Aber allzulange hielten wir uns hier nicht auf. Auf der Garten-Terrasse war der Tisch gedeckt. Wunderbare Schokolade wurde uns eingeschenkt. Und Kuchen gab's!

Und dann ging's in den Park. Da wurde getollt und gespielt. Oft ließ der Hausherr unsern Vater stehn und widmete sich uns. Ich erinnere mich, wie er mir das „Stelzenlaufen" beibrachte.

Es war alles so voll herzlicher Fröhlichkeit, daß wir Kinder fest überzeugt waren: Wenn der Kaiser oder sonst eine hohe Persönlichkeit hier zu Besuch kommt, freut man sich sicher nicht so, als wenn wir Busch-Kinder ankommen.

Als wir älter wurden, erzählte er uns auch manchmal aus seinem Leben. So erinnere ich mich, daß er uns berichtete, wie er der große Halsarzt wurde.

Als junger Assistent saß er einst in England im Vorzimmer irgendeines berühmten Arztes. Ein anderer Arzt betritt dies Zimmer und läßt sich bald mit dem jungen Kollegen in ein Gespräch ein. Unter anderem fragt er ihn: „Was halten Sie von dem neuen Kehlkopfspiegel?"

„Ach", meint Schmidt, „das ist nichts." Und dann setzt er ihm auseinander, warum er nichts davon halte.

„Ei", meint der Ältere, „ich glaube, Sie verstehen nicht, damit umzugehen."

Und schon bringt er solch einen Kehlkopfspiegel zum Vorschein und erklärt dem jungen Arzt die Sache, setzt ihm denselben ein und läßt ihn sich von dem einsetzen. Und als Schmidt weggeht, hat er etwas für sein Leben Entscheidendes gelernt.

Erst später erfuhr er, daß sein geduldiger Lehrmeister der – Erfinder selbst gewesen war.

Als einer der ersten, die mit der Sache vertraut waren, gewann er bald großen Ruf.

Ich weiß nicht, was ein Kehlkopfspiegel ist. Und ich weiß auch nicht, ob dies Instrument heute noch gebraucht wird. Aber die Geschichte hat sich mir eingeprägt, weil sie davon zeugt, wie oft wichtige Lebensentwicklungen an unscheinbaren Vorgängen sich entscheiden. Da spricht dann der Weltmensch von „Glück" oder „Zufall". Der Christ aber sieht in solchen Erlebnissen die führende Hand seines Gottes.

Kürzlich bin ich bei einem Besuch in Frankfurt über den „Eisernen Steg" auf die Sachsenhäuser Mainseite hinübergegangen. Da lag das alte, liebe Haus vor mir. Aber wie sah es aus! Verkommen und verfallen! Wenn dies Buch erscheint, wird die einst herrliche Villa schon abgerissen sein. Ich ging durch das zerbrochene Eisentor in den Garten. Wo damals die schönen, gepflegten Rosenbeete waren, stand nun das Unkraut mannshoch. Mir tat das Herz weh. Und ich mußte meine Phantasie recht anstrengen, um mir die alte Pracht noch einmal vor die Seele zu zaubern.

Aber nun will ich noch berichten, wie das Bild von Schmidt-Metzler in meinen Besitz kam. Das ist eine nette Geschichte für sich.

Seit meinen Jugendjahren habe ich an einem seltsamen Übel gelitten. Ich bekam in Abständen von etwa 10 Jahren einen fürchterlichen Abszeß im Hals. Der wuchs und wuchs, bis ich fast erstickte. Wenn die Not am höchsten war, brach die Sache auf. Manchmal aber mußte man sie auch aufschneiden.

Nun war ich schon einige Jahre Pfarrer in Essen, als das Übel sich wieder einmal einstellte. An einem Sonntagmorgen kam der Höhepunkt. Ich dachte: „Jetzt muß ich ersticken! Jetzt ist es aus mit mir!"

In ihrer Not rief meine Frau gleich die größte Kapazität an, die aufzutreiben war: den Professor Muck. Von dem hatten wir viel gehört. Er war ein Mann, zu dem man von weither kam.

Aber man erzählte sich auch allerlei Geschichten davon, wie barsch und kurz angebunden er zu Patienten sein konnte. Als ich nun hörte, daß meine Frau diesen Mann anrief, bekam ich Angst und dachte: „Na, der wird sicher böse werden, wenn ihn am frühen Sonntagmorgen so ein kleiner Pastor belästigt. Arme Frau! Wie wirst du jetzt abgefertigt werden!" Aber kurz nachher kam sie strahlend ins Zimmer und sagte, als wenn dies das Selbstverständlichste von der Welt sei:

„Der Professor freut sich sehr, dich zu sehen. Wir sollen gleich eine Taxe nehmen und zu ihm in die Wohnung kommen."

Ich staunte. Aber noch mehr verwunderte ich mich, als der große Mann uns liebreich empfing. Er nahm mich in sein Zimmer, schaute mir in den Hals und fing langsam an zu sprechen: „Da ist schon mal geschnitten worden! Von Exzellenz Schmidt-Metzler in Frankfurt! So um das Jahr 1910!"

Verblüfft gurgelte ich hervor – sprechen konnte ich gar nicht mehr –: „Das lesen Sie alles ab aus meinem Hals??! Das ist ja wunderbar!"

Nun lachte der Professor und meinte: „Das erkläre ich Ihnen nachher. Erst wollen wir Ihnen mal Luft schaffen!" Dann kam der Schnitt. Ich spuckte Blut und Eiter. Und als ich – wie erlöst – auf einem Sofa lag, berichtete Muck:

„Professor Schmidt-Metzler war mein Lehrer. Alle meine Kollegen wissen, wie sehr ich diesen Mann verehrt habe. Da hat mir vor einiger Zeit einer von ihnen das Buch gebracht, das Sie über Ihren Vater geschrieben haben. Darin las ich nun, daß dieser Mann ein Freund Ihres Elternhauses war. Wie nahe haben Sie ihm gestanden, daß er Sie sogar das ‚Stelzenlaufen' gelehrt hat! Ich beneide Sie wirklich darum, daß Sie diesen Mann, den ich glühend verehre und dem ich so viel verdanke, so vertraut kennengelernt haben."

Als Professor Muck einige Jahre später, kurz vor seinem Tode, sein Haus bestellte, bestimmte er, daß ich das ihm so teure Bild von Schmidt-Metzler erben solle: „Busch ist wohl der einzige unter meinen Bekannten, der das Bild zu schätzen weiß."

So kam es als wertvolles Erbstück an die Wand meines Studierzimmers.

Hans Dannenbaum
und beinah ging der Blitz daneben

Immer wieder muß ich hinaufsehen zu seinem Bild, das über einem Bücherschrank hängt. Es zeigt meinen Freund Hans Dannenbaum.

Ein eindrucksvolles Gesicht! Die Augen sehen sehr hell und eindringlich in die Welt. Die Haare sind sorgfältig gescheitelt, wie der ganze Mann immer ein sehr gepflegtes Äußeres hatte. Um den Mund ist es wie ein leichtes Lächeln, das die Torheit der Welt bespötteln kann, aber seinen Freunden ein überaus herzlicher Gruß war. Die schmale, gebogene Nase springt vor wie ein Schiffsschnabel. Und da fällt mir ein, wie ein Freund einst von ihm sagte: „Er ist ein Schlachtschiff Gottes und nicht ein Motorbötchen."

Unter den Erinnerungsstücken, die ich aus dem Brand meines Hauses nach dem Bombenangriff im Jahre 1943 gerettet habe, ist eine Postkarte mit dem Datum 9. 11. 1937. Auf die hat Hans Dannenbaum ein Gedicht hingeworfen, als ich in seiner Kirche „Am Johannestisch" in Berlin einen Evangelisations-vortrag hielt. Ich sehe ihn im Geist an einem kleinen Tisch unter der Kanzel sitzen, während ich von der Macht Jesu sprach. Das Gedicht lautet:

> „Du rechte Hand, vom Vater
> Hin übers Land gereckt,
> Davor kein Adler flüchtet,
> Kein Würmlein sich versteckt.
> Du Hand, die keiner ballen
> Und niemand öffnen kann,
> Du spendest milden Segen
> Und schleuderst harten Bann.
> Dem stillst du all sein Sehnen,
> Dem störst du seine Ruh,

Du rechte Hand des Vaters,
Herr Jesus, das bist du."

Aber nun will ich zuerst erzählen, wie wir uns kennenlernten. Es war in jenen aufgeregten Zeiten, als das „Dritte Reich" ausgebrochen war.

Viele hundert Pfarrer waren zu einer Tagung zusammengekommen. Die Wogen gingen hoch; denn die ersten Sturmstöße des beginnenden Kirchenkampfes hatten die Gemüter erregt. Da tat sich nun plötzlich unter denen, die doch zusammengehörten, ein tiefer Riß auf. Die einen waren wie blind. Sie sahen im National-Sozialismus nur eine herrliche, von Gott geschenkte Bewegung.

Dagegen standen wir andern. Uns waren die Augen aufgegangen für den antichristlichen Geist, der hier heraufzog. Mich ergriff eine tiefe Verzweiflung, als ich entdeckte, wie hoffnungslos wir aneinander vorbeiredeten.

Nun war mir längere Zeit schon ein Bruder aufgefallen. Der saß in einer unglaublichen Ruhe inmitten des Sturmes. Nur gelegentlich sagte er ein kurzes Wort. Das war anders als mein erregtes Reden. Das war vollmächtig und klar und so gewaltig, daß es den verblendeten Brüdern die Sprache verschlug.

Immer wieder mußte ich den großen, stattlichen Mann ansehen. Ab und zu glitt ein Lächeln über sein Gesicht, daß ich dachte: „Der Mann muß herrlich lachen können."

Schließlich ließ es mir keine Ruhe. Ich beugte mich zu einem der Brüder und fragte: „Wer ist denn der dort?" Antwort: „Hans Dannenbaum aus Berlin."

Mich riß es beinahe vom Stuhl auf: Hans Dannenbaum! Ja, von diesem Zeugen Jesu hatte ich schon viel gehört. Gleich bei Beginn des Kirchenkampfes hatte ich etwas von ihm gelesen, was mich gepackt hatte: Hier sprach nicht ein besorgter Kirchenmann, sondern eine apostolische Natur, der es unerbittlich um die Wahrheit Gottes ging.

In demselben Augenblick wohl fragte Hans Dannenbaum seinen Nachbarn: „Wer ist denn der Kleine dort mit der Glatze?" So kam es, daß wir uns mitten im Sturm der Diskussion fröhlich zuwinkten. Und als die Versammlung geschlossen war, eilten wir aufeinander zu. Er umarmte mich temperamentvoll und erklärte: „Wir sagen ‚Du' zueinander!" Und so brachte mir diese notvolle Tagung eine Freundschaft ein, bei der es war wie zwischen David und Jonathan, daß einer den andern „in Gott stärkte".

Wenig später hatte ich Vorträge in Berlin. An einem Sonntagmorgen beschloß ich, zum Gottesdienst in die Stadtmissionskirche „Am Johannestisch" zu gehen, um eine Predigt von Hans Dannenbaum zu hören. Man mußte diese Stoecker-Kirche schon ein wenig suchen, denn sie war verdeckt durch eine riesige Kirche. In die geriet ich zuerst. Aber was ich da fand, war schrecklich: In dem ungeheuren Raum sah ich zunächst keinen Menschen. Nur von der Kanzel her tönte in einem blechernen Pathos eine gewaltige Lobrede auf Deutschland und Hitler. Und erst nach längerem Umsehen entdeckte ich einige verlorene Leutlein da und dort. Nein! Das konnte nicht die Stadtmissionskirche sein! Eilig floh ich und fand dann bald die Kirche „Am Johannestisch".

Da sah es anders aus! Viele hundert Menschen strömten heran und füllten den weiten Raum. Was mich am meisten packte, war die große Schar der Mitarbeiter. Hier verkauften junge Leute die Predigten von den vorigen Sonntagen. Dort begrüßte einer die Ankommenden. Man wurde empfangen. Man bekam ein Gesangbuch in die Hand gedrückt. Und dann begann der Gottesdienst. Da war nicht die Rede von den vergänglichen Dingen, sondern von dem ewigen, herrlichen Evangelium, von dem Sünderheiland.

Am nächsten Tag war ich bei Hans Dannenbaum zu Gast. Ein unvergeßlicher Tag! Vor dem Essen bummelten wir ein wenig durch die Anlagen in der Nähe seiner Wohnung. Dabei erzählte er mir von seiner inneren Entwicklung. Selten hat mich etwas so bewegt wie dieser Bericht. Ich sah im Geist den jungen Theologen, der ohne inneres Licht den großen Geistern der Welt huldigte. Ich ahnte, wie der zarte, ästhetische Geist von Stefan George und seinem „elfenbeinernen Turm" bezaubert war.

Und dann trat Jesus, der Auferstandene, in sein Leben. Dannenbaum hörte eine Evangelisation von Ernst Lohmann. Ich habe Ernst Lohmann noch gekannt, diesen originellen, geistvollen und sprühenden Jesus-Zeugen. Ich kann es wohl verstehen, daß gerade dieser Mann für Hans Dannenbaum entscheidend wurde. Und nun ging es ihm wie Paulus: „Ich besprach mich nicht mit Fleisch und Blut und fuhr zu."

Während wir gemütlich dahinschlenderten, ging es mir erschütternd auf: „Dieser Mann hat um Jesu willen alles, was seinen geistigen Lebensinhalt ausmachte, dahingegeben."

Ich war tief bewegt, als wir nach Hause zurückkehrten. Und da – ja, da zeigte sich mir nun ein ganz neuer Hans Dannenbaum. Dem Gast zu Ehren gab es eine Gans. Ich vergesse das Bild nie, wie der Freund mit breitem Behagen sich an dem Kopfende des Tisches niederließ und nach dem Tischgebet mit wohligem Lachen nach dem großen Tranchiermesser griff und geradezu fachmännisch die Gans zerlegte. Und dabei war eine so köstliche Harmonie in der kleinen Familie, daß es unaussprechlich war.

Salomo hat einmal gesagt: „Wer kann fröhlich essen und sich ergötzen ohne ihn?" Ja, bei Hans Dannenbaum lernte ich an jenem Tage, daß man „mit ihm" fröhlich essen und sich ergötzen kann.

Irgendwo bei einer Tagung hatten wir uns getroffen. Weil der ganze Tag mit Sitzungen ausgefüllt war, beschlossen wir ein nächtliches Männergespräch in seinem Hotel. Ich war kurz vorher wieder einmal im Gefängnis gewesen. Mein Herz und meine Nerven waren noch erfüllt von dem Erleben.

Da ist es mir unvergeßlich, wie Hans Dannenbaum unvermerkt das Gespräch vom Politischen weg auf das Eigentliche führte. Als er selber mitten im Kampf stand und von den parteiamtlichen Zeitungen Berlins in der rüdesten Weise beschimpft wurde, sagte er einem Berichterstatter: „Als die neue Partei plötzlich so großen Zulauf gewann, beschaffte ich mir zur Einsichtnahme das Buch des Gründers dieser Partei: ,Mein Kampf'. Über Menschen, die etwas veröffentlicht haben, urteile ich gern unter Berücksichtigung ihrer Bücher.

Ich schlug die letzte Seite auf und las, daß der die Welt beherrschen werde, der nach den neuen Rassegrundsätzen sein Volk zu regieren sich entschließe. Da wußte ich augenblicklich, daß diese Stimme ‚von unten' kam, schlug das Buch zu und rührte es nicht wieder an. Schon lange vor der ‚Machtergreifung' hatte mir Gott das Wesentliche an der neuen Bedrohung gezeigt, mir und allen, denen ich dienen durfte."

Wo alles so klar war, lohnte es sich nicht, über Einzelheiten lange zu reden. So kam es, daß wir in jener Nacht nicht von Politik sprachen, sondern von den Siegen Jesu. Ich vergaß meine Gefängniszeit, meine Sorgen um Kirche und Volk und wurde fröhlich, daß wir solch einem herrlichen Herrn dienen dürfen.

Es war die große Zeit der Berliner Stadtmission. Wie manches Mal habe ich Hans Dannenbaum zu Konferenzen der Mission begleitet. Da waren vier Männer, ganz verschieden und doch alle vier gleicherweise originell, voll Geist und Leben, die der Arbeit das Gepräge gaben: Kurt Raeder, Erich Schnepel, P. G. Möller und Hans Dannenbaum. Es war ein Vergnügen, diese vier im Kreise ihrer vielen Mitarbeiter zu erleben.

Darum habe ich es unendlich bedauert, daß Hans Dannenbaum die Berliner Stadtmission verließ, um einem Ruf seines Freundes Hanns Lilje, der in Hannover Bischof geworden war, zu folgen. Hanns Lilje hatte in der Berliner Stadtmissionskirche mitgearbeitet. Und dabei war zwischen dem Hans und dem Hanns eine dicke Freundschaft entstanden.

Am Abend nach der Einführung des neuen Bischofs saßen wir im Hause von Hanns Lilje zusammen. Es war wundervoll, wie hier die beiden die großen Linien der Aufgaben sahen und besprachen. Man hatte ein wenig das Gefühl, als wolle ein neuer Geistesfrühling anbrechen.

Am nächsten Morgen sollte ich mit Hans Dannenbaum in einer Versammlung der hannoverschen Pfarrer sprechen. Da war die Begeisterung vom Abend verflogen, und in uns war nur die Sorge und Angst, wie wohl diese streng lutherischen Pfarrer unser Wort aufnehmen würden. Als dann noch bekannt wurde, daß Hanns Lilje schwer erkrankt sei, fühlten wir uns recht verlassen. Ja, und da nahm mich Hans Dannenbaum am Arm, führte mich in die Sakristei. Und dort fielen wir auf unsere Knie und schrien buchstäblich zu Gott, er möge die Herzen auftun, daß unser Zeugnis abgenommen würde.

Und dann taucht Bild um Bild auf: Tage auf der „Hohegrete" bei Pfarrerkonferenzen, gemeinsamer Dienst bei der Tersteegensruh-Konferenz in Essen, köstliche und immer reiche Begegnungen da und dort. –

Davon muß noch ein wenig erzählt werden.

Wir Pfarrer in Essen hatten uns zusammengetan. Wir wollten eine große Evangelisation an 19 Stellen unserer Stadt während der Karnevalswoche durchführen. Das war ein kühnes Unternehmen. Denn wir mußten doppelt gegen den Strom schwimmen. Einmal gegen den rheinischen Karneval. Und zum andern gegen die widerchristlichen Einflüsse des Hitler-Reichs, das damals nur Erfolge aufzuweisen hatte und die Wogen der Begeisterung hoch gehen ließ.

Die entscheidende Aufgabe war, 19 profilierte Streiter Jesu Christi zusammenzubekommen. Da durfte Hans Dannenbaum natürlich nicht fehlen. Es hat mich überwältigt, wie er nach dem ersten Brief, den ich an ihn schrieb, sofort begriff, daß dieser Vorstoß in der Metropole des Ruhrgebietes eine überaus wichtige Sache sei. Freudig sagte er zu.

Die ganze Woche stand unter der Parole „Jesus – unser Schicksal". Riesige Transparente riefen diesen Satz von den Kirchenmauern. An allen Litfaßsäulen sah man ihn zwischen grellen und bunten Karnevalsplakaten. Hunderttausende von Handzetteln wurden verteilt. An Straßenecken standen junge Burschen und luden mit Sprechchören ein.

Die Woche brachte Kampf. Und nicht nur Kampf, sondern ganz schwere Probleme. An einem Morgen, als alle Evangelisten wieder zur Bibelbetrachtung und zum gemeinsamen Gebet sich versammelt hatten, brachte einer die Nachricht mit: „Niemöller ist ins Konzentrationslager gebracht worden!" Das gab einen Sturm. Zorn, Traurigkeit, ja Wut erfüllte die Herzen. Und dann schlug einer vor: „Wir werden diese

Nachricht heute abend in allen Kirchen bekanntgeben. Es wird einschlagen wie eine Bombe."

Doch dann ergriff Hans Dannenbaum das Wort. Er war ein wackerer Streiter in der „Bekennenden Kirche" und hatte in allen Stürmen seinen Mann gestanden. So erwartete jeder, er werde in dasselbe Horn stoßen. Aber was er sagte, schlug alle Erregung nieder. Es war, als würden wir zur Ordnung gerufen.

Er sagte etwa so:

„Was wollen wir eigentlich? Wir wollen evangelisieren. Das kann nur geschehen, wenn die Menschen, die vor uns sitzen, in ihrem Gewissen getroffen werden, daß sie sich als verlorene Sünder erkennen und das Heil in Jesus suchen. Der Blitzstrahl Gottes muß in ihr Gewissen fallen. Wenn wir ihnen aber jetzt diese Ungerechtigkeit mitteilen, dann schaffen wir gleichsam einen Blitzableiter. Sie werden erklären: ‚Die Regierungsorgane sind Schuldige.' Zorn wird sie ergreifen. Und dafür werden sie ihr eigenes Gewissen in Sicherheit bringen. Wir müssen jetzt bei der Sache bleiben, mit der wir angetreten sind, und dürfen den klaren Ruf zur Bekehrung und zum Herrn Jesus durch nichts ablenken lassen."

Während Dannenbaum das sagte, spürten wir dem starken Mann an, daß er selbst hier seinen fleischlichen Zorn in den Tod gegeben hatte, um ein treuer Zeuge der Botschaft vom Kreuze Jesu Christi zu sein. Und weil wir das merkten, konnten wir ihm diesen Satz abnehmen, und nach seinem Vorschlag wurde beschlossen.

Es war eine wundervolle Woche. Hanns Lilje, der auch dabei war, schlug vor: „Wenn hier 19 Evangelisten versammelt sind, dann muß es doch möglich sein, einmal ein ausführliches Männergespräch über die Fragen der Evangelisation zustande zu bringen." Weil tagsüber alle beschäftigt waren, beschloß man, dieses Gespräch auf die Nacht zu verlegen. Da kamen die 19 Männer von ihrem Einsatz zurück. Und dann saßen wir im Kreis zusammen. Ein großer Teekessel stand in der Mitte, damit sich jeder nach Belieben bedienen konnte. Und nun hob ein wundervolles Gespräch an.

Auch hier hatte Hans Dannenbaum Entscheidendes zu sagen. Vor allem über die Seelsorge. Als er davon sprach, ging es mir auf, daß in der Seelsorge seine besondere Stärke lag. Es war eigentlich nicht so wichtig, was er sagte. Eindrücklich war mir, wie aus seinen Worten die Stimme des guten Hirten hörbar wurde, der die Menschenherzen und die Gewissen erstaunlich durchschaut. Eine große Zahl gebildeter Männer, die für die Verkündigung des Evangeliums in Deutschland von großer Bedeutung wurden, sind Leute, die bei Hans Dannenbaum seelsorgerliche Sprechstunden erlebt haben.

Am Fronleichnamstag kommen alljährlich in Essen Hunderte, ja Tausende von gläubigen Christen zur Tersteegensruh-Konferenz zusammen.

In den letzten Kriegsjahren war die Konferenz verboten. Nach dem Kriege stellte sich heraus, daß die meisten der leitenden Brüder in die Ewigkeit abberufen waren. Aber mir war klar, daß diese Konferenz gerade jetzt eine ganz besondere Aufgabe habe, die Christen im Worte Gottes weiterzuführen und zu stärken. So schrieb ich an ein paar Brüder, ob sie wohl bereit seien, diese Konferenz von neuem zusammenzurufen. Unter denen, die in den Jahren nach dem Krieg die Konferenz mit geprägt haben, war auch Hans Dannenbaum.

Ich werde nie eine Konferenz vergessen, in der die Geschichte des Noah besprochen wurde. Über 2000 Menschen drängten sich in dem Saal. Hans Dannenbaum hatte das Referat über den Teil der Geschichte, wo Noah, in der Arche eingeschlossen, einfach warten muß, bis Gott ihm die Tür auftut. Es war eine Totenstille, als er davon sprach, wie Gott seine Kinder oft so unheimlich einschließt und sie notvoll warten läßt. Er sprach davon, wie hier alles Eigene schließlich zerbrochen wird und der Glaubende – ganz klein geworden – nur noch auf seinen Herrn sehen kann, der ein Heiland und Erlöser ist. Als er schloß, ging ein Aufatmen der Erschütterung durch die Versammlung. Ein älterer Bruder, der wohl öfter der Seelsorger für Hans Dannenbaum gewesen ist, flüsterte mir zu: „Da hat er aus eigenem Erleben gesprochen."

Ja, so war seine Rede. Sie war erkämpft und erbetet und erlebt. Ich habe von ihm tiefe biblische Gedanken gehört, aber nie tote Dogmatik. Seine Rede hatte immer den Charakter eines Zeugnisses.

Das Herz will mir sehr schwer werden, daß wir uns auf dieser Erde nicht mehr sehen werden. Bei der Beerdigung von Johannes Busch sagte jemand: „Er sagte nie ‚Kirche', wo man ‚Jesus' sagen mußte. Aber er hatte seine Kirche unendlich lieb." Das kann man auch von Hans Dannenbaum sagen. Diese Liebe hat ihn wohl auch in seine hannoversche Kirche zurückgeführt, aus der er gekommen war.

Ein Teil dieses Berichts erschien zuerst 1957 in dem Gedenkbuch für Hans Dannenbaum, Schriftenmissions-Verlag, Gladbeck, unter dem Titel „Mein Bruder Hans Dannenbaum".

Karl Barth
und „Wer fällt zuerst herunter?"

Es klingt unwahrscheinlich, was ich mit dem Bild von Professor Karl Barth erlebt habe. Aber es ist wirklich so geschehen. Und das Ganze war auch nur ein Spaß.

Diese Photographie des berühmten Basler Theologen stammt aus der Zeit um das Jahr 1925. Irgend jemand hatte sie mir geschenkt. Und ich legte sie in eine Schublade meines Schreibtisches. Aufhängen wollte ich sie nicht. Denn Professor Barth hatte so auffällig und unfreundlich über den Pietismus geschrieben und gesprochen, daß ich dachte, die Bilder der Erweckungsprediger und großen Anreger des Pietismus wie Zinzendorf, Wesley, Hofacker, Henhöfer, Michael Hahn und Spurgeon müßten von der Wand fallen, wenn ich ihren Widersacher Karl Barth dazwischen hängen wollte.

Das Bild also verschwand in der Schublade – wenn ich auch bekennen muß: Es hätte eigentlich Besseres verdient gehabt. Denn auf mich hatte Barth mächtig eingewirkt. Davon zeugt die inzwischen sehr mitgenommene Römer-Brief-Ausgabe von 1923 in meinem Bücherschrank. Ich hatte Barths Forderung vernommen, daß in der Theologie, wenn sie wirklich Theologie sein will, Gott im Mittelpunkt unseres Denkens sein muß. Und ich verstand sein Mißtrauen gegen meine Glaubensväter, daß bei ihnen der „fromme Mensch" in der Mitte stehe.

Aber ich bin überzeugt, daß Barth sie falsch beurteilte. Und darum legte ich sein Bild in die Schublade.

Seine Bücher aber standen in den Bücherschränken und redeten zu mir.

Und dann kam eine Zeit, in der ich doch das Bild von Barth hervorholte, rahmen ließ und an die Wand hängte. Das war, als Hitler an die Macht kam und damit die große Verwirrung über die Kirche. Von allen Seiten redete man uns zu, dieser große „Aufbruch der Nation" müsse doch auch von den Predigten in den Kirchen beflügelt werden.

Und der Staat half der Beflügelung mit polizeilichem Druck nach. In aller Harmlosigkeit sagte ich nach einer Predigt: Man habe das Gerücht verbreitet, ich hätte mich der national-sozialistischen Kirchen-Bewegung „Deutsche Christen" angeschlossen. Dem sei nicht so! – Zwei Stunden später hatte der Polizeipräsident Hausarrest über mich verhängt. Nun, beides war sehr harmlos, weil das „Dritte Reich" noch in den allerersten Anfängen war.

Als Haus-Arrestant hatte ich Gelegenheit, von meinem Fenster aus die endlose Masse der „Mehr-oder-weniger-Christen" zu sehen, die zu einer nazistisch-kirchlichen Kundgebung auf den Essener Burgplatz strömte. Da fragte ich mich: „Bin ich denn auf dem richtigen Weg?"

Und als 1933 die Zahl derer, die das gefährliche Spiel der „Eindeutschung des Christentums" nicht mitspielen wollten, immer kleiner wurde, sagte die Vernunft oft ängstlich: „Du gehst in große Nöte hinein, bei denen du deine Jugendarbeit aufs Spiel setzt! Ist das vielleicht nur Dickköpfigkeit? Bist du vielleicht nicht imstande, die große Zeit zu begreifen?"

Und da erschien eine kleine Schrift von Karl Barth: „Theologische Existenz – heute". In der rief er uns zu: „Weiterpredigen, als wenn nichts gewesen wäre! Ihr sollt die großen Taten Gottes verkündigen, die er in Jesus getan hat! Diese Botschaft wird nicht berührt vom vergänglichen Zeitgeschehen!"

Das war so befreiend – so wegweisend –, daß ich auf einmal meinen Weg klar sah. Ich verstehe gut, daß die Behörden bald darauf Karl Barth aus Deutschland vertrieben. Er ging in seine Heimat, die Schweiz, zurück.

Uns aber, meinen Freunden und mir, hat er den Weg gewiesen. Er hatte auf den lebendigen Gott und sein Tun gezeigt. Von daher mußte und konnte man „Nein!" sagen zu bösen Zumutungen, Forderungen und Pressionen.

Ich war ihm unendlich dankbar. Und so beschloß ich, sein Bild an meine Wand zu hängen.

Die Frage war: Wohin?

Gerade da fiel mir ein Kupferstich ins Auge, der etwas verschämt in einer Ecke hing. Er zeigte das Porträt von Friedrich Schleiermacher.

Jetzt muß ich gestehen: Das Bild hing dort nicht darum, weil dieser Berliner Professor und Prediger an der Dreifaltigkeitskirche (von 1808 bzw. 1810 an) mich besonders viel gelehrt hätte. Im Gegenteil! Dieser Romantiker hatte eine Theologie zusammengebraut, die idealistische Philosophie mit einigen ziemlich unerkennbaren Resten der Herrnhuter Frömmigkeit vermischte.

Das Bild hing dort, weil es ein bezaubernder Stich ist. Und weil der feine Kopf, den es zeigt, hinreißend schön ist. Die langen, feinen Haare, der sensitive Mund, die schmale und kühne Nase, die nachdenklichen Augen – das alles ergibt ein wahrhaft „romantisches" Gesicht.

Da stand ich nun, mit dem Bild Barths in der Hand, das so völlig anders ist, das ein angriffslustiges, starkes, helles Gesicht zeigt. Mein Blick ging zwischen den beiden Bildern hin und her.

Und dann mußte ich lachen.

Denn Schleiermacher war nun wirklich genau das Gegenstück zu Karl Barth. Barths Theologie sagt: Es geht um das Objektive, um den heiligen Gott und seine großen Taten in Jesus. In Jesus hat er sich offenbart, in Jesus die Welt versöhnt. Das sind objektive Tatsachen, die außerhalb von uns und ohne uns geschehen sind.

Schleiermacher lehrte gerade das Gegenteil. Er formulierte es so: „Frömmigkeit ist weder Wissen noch Tun, sondern eine Bestimmtheit des *Gefühls*. Sie ist das *Gefühl* schlechthinniger Abhängigkeit." Hier also war alles in das Subjektive gelegt, wobei die Gottes-Offenbarung in Jesus, Jesu Kreuz und Auferstehung, fast völlig verschwand.

Und nun mögen mir die großen Theologen verzeihen, daß ich ein so ernsthaftes, theologisches Problem hier so schlicht darzustellen versuche. Ja, sie mögen mir erst recht verzeihen, daß ich mir einen Spaß machte. Ich beschloß nämlich, beide Bilder, das von Karl Barth und das von Schleiermacher, nebeneinander an meine Wand zu hängen. Dann würden meine Glaubensväter wohl zufrieden sein, deren Weg ja mitten zwischen beiden hindurchführte; die überzeugt waren und davon lebten, daß das objektive Heil von Golgatha in persönlichem Erleben und subjektiver Erfahrung ergriffen werden muß. So lehrten sie, so fand ich's im Neuen Testament. Und so nahm ich es für mich an.

Als ich auf der Leiter stand und die beiden Bilder aufhängte, sagte ich lachend zu meiner Frau: „Jetzt bin ich nur gespannt, wer von den beiden zuerst von der Wand fällt. Denn nebeneinander werden sie es wohl nicht aushalten."

Und was geschah? Schleiermacher fiel herunter! Eines Morgens war sein Bild verschwunden, hinter die Bücherwand gerutscht. Es war völlig unmöglich, es da herauszuholen, wenn man nicht die schweren Schränke wegrücken wollte.

Meine Freunde, die alle mehr oder weniger von Karl Barth beeinflußt waren, hatten große Freude an dem verschwundenen Schleiermacher.

Erst als mein Haus 1943 bei einem Bombenangriff fast ganz zerstört wurde und ich mit der geretteten Bücherei die Trümmer räumte, kam das Bild von Schleiermacher wieder ans Licht.

Gaspard, Admiral von Coligny und die Geschichte eines gefährlichen Irrtums

Behutsam nimmt der Besucher ein kleines, schwarzgerahmtes Bild von der Wand, um es genau zu betrachten.

„Admiral Coligny", liest er leise die Unterschrift. „Das haben Sie doch nicht geschrieben?" meinte er. „Ist das eine Faksimile-Unterschrift? Hat Coligny so unterzeichnet?"

„Nein!" erwidere ich. „Das ist die Handschrift von Joseph Chambon, einem der besten Kenner des französischen Protestantismus. Er hat mir dies Bild geschenkt."

Wir betrachten es zusammen: Ein Mann in der höfischen Tracht des 16. Jahrhunderts; ein hoher, zierlich ausgelegter Kragen gibt dem merkwürdigen Gesicht den Rahmen. Der sehr gepflegte Bart läßt die energische Unterlippe frei, die sich wie im Trotz vorwölbt. Die Augen haben einen unaussprechlichen Ausdruck: Bald scheinen sie mir voll Mißtrauen zu sein, aber im nächsten Augenblick empfindet man beim Anblick dieser Augen den ungeheuren Ernst dieses Mannes. Und dann wieder packt mich die unendliche Traurigkeit, die über dem Gesicht liegt.

Der Besucher hängt das Bildchen wieder an seinen Nagel, läßt sich in den Sessel fallen und sagt: „Coligny war doch einer der führenden Männer der französischen Hugenotten. Ich verstehe nicht ganz, warum Sie sein Bild in Ihr Zimmer gehängt haben."

Und nun beginnt eine der Plaudereien in meinem Studierzimmer. Dabei muß ich weit ausholen.

Es war im Jahre 1933, als Hitler an die Macht kam. Ich war damals schon Jugendpfarrer in Essen und leitete die blühende Arbeit im „Weigle-Haus". Hunderte von jungen Burschen sammelten sich hier.

Bald nach der „Machtergreifung" Hitlers begann der Kampf der Hitler-Jugend gegen alle anderen Verbände. Es hätte dem Staat ja freigestanden, diese zu verbieten und alle jungen Menschen in die Hitler-Jugend zu kommandieren. Aber seltsamerweise hatten die führenden Leute die optimistische Vorstellung, die Jugend würde freiwillig ihre bisherigen Verbände und Kreise verlassen und zu den Fahnen der Hitler-Jugend (HJ) strömen. Zu ihrer Enttäuschung geschah dies nicht. So begann man, zuerst einen leisen, dann aber immer stärker werdenden Druck auszuüben.

Das half. Ein Jugendverband nach dem andern verschwand. Manche gliederten sich freiwillig in die HJ ein. Andere lösten sich auf. Einige idealistische, kleine Kreise gingen in den Untergrund, wo sie aus Mangel an Nachwuchs langsam abstarben.

Da und dort hörte man auf einsamen Wanderpfaden die Parodie eines bekannten Fahrtenliedes:

> „Wir traben in die Weite,
> Das Fähnlein steht im Spind,
> Vieltausend uns zur Seite,
> Die auch verboten sind . . ."

Aber die HJ sandte ihre Späher in alle Jugendherbergen und auf alle Wanderwege. Und wehe den jungen Menschen, die der Fortführung aufgelöster Verbände verdächtigt werden konnten!

Als das Jahr 1933 zu Ende ging, standen nur noch die konfessionellen Verbände geschlossen und intakt auf dem Schlachtfeld. Sie weigerten sich, einer freiwilligen Selbstauflösung zuzustimmen.

Im Anfang des Jahres 1934 wurde der Druck hart. Um so mehr wuchs die Arbeit des Weigle-Hauses. Sicher kamen viele Jugendliche aus den aufgelösten Verbänden zu uns. Aber das geistliche Leben blühte wie selten zuvor. Gerade diesen neu zu uns kommenden Jungen ging auf, wie im Evangelium die wahre Freiheit geschenkt wird.

Nun wurden uns alle Fahrten verboten. Darauf richteten wir „Missionsfeste" ein, zu denen man doch wandern mußte, weil man kein Geld für die Eisenbahn hatte.

Es wurden die Fahrtenhemden verboten. Darauf erschien das Volk in abenteuerlicher Kleidung. Es wurden uns die Fahrtenmesser verboten. Sogar auf Taschenmesser untersuchten HJ-Späher unsere Jungen. Sport wurde uns verboten. Es gab bald nichts, was nicht verboten war.

Aber es ging wie beim Volk Israel in Ägypten: „Je mehr sie das Volk drückten, je mehr sich es mehrte und ausbreitete." Inzwischen war der Günstling Hitlers, Pfarrer Ludwig Müller, zum Reichsbischof ernannt worden. Und ich war Jugendpfarrer für die ganze Synode Essen geworden.

Eines Tages erschien in den Zeitungen mit großen Schlagzeilen die Nachricht, der Reichsbischof Müller habe die evangelische Jugend in die HJ eingegliedert. Wir sandten ihm ein Telegramm, welches sehr deutlich sagte, er habe über uns verfügt, ohne das Recht dazu zu haben, und wir könnten seine Abmachung nicht anerkennen.

Darauf wurde ich meines Amtes entsetzt. Aber die Jugendarbeit ging weiter. Unser Slogan war: „Der Bischof hat eine Ware verkauft, die ihm gar nicht gehört."

Der nächste Schritt war folgerichtig: Die HJ ging zu Gewaltakten über. Nach der Sitte des Dritten Reiches bekam die Polizei Anweisung, in keinem Falle einzugreifen. Damit waren wir rechtlos und vogelfrei.

Als es immer mehr dazu kam, daß unsere Jungen auf der Straße überfallen und verprügelt wurden, griffen wir zur Selbsthilfe. Wir ließen uns die Genehmigung zu einer Kundgebung am Essener Wasserturm geben. Jedem war klar, daß damit eine Schlacht provoziert war.

Wir bekamen die Genehmigung. Als die Kundgebung zu Ende ging, fielen Horden von HJ-Burschen in Zivil über uns her. Sie hatten Zivil angezogen, damit man die Sache als „spontanen Ausbruch des Volkszornes" darstellen konnte. Mit all dem hatten wir gerechnet. 50 starke junge Burschen hatte ich bereitgestellt, die nun eingriffen. Die Hitler-Jugend war hoch erstaunt, daß sie auf Widerstand stieß. Sie floh und holte die Polizei. Die erschien nun doch, da die Sache anders lief, als man erwartet hatte. Der Polizeioffizier sagte drohend zu mir: „Sie leisten Widerstand gegen die Staatsjugend!?!"

Ich erwiderte ihm: „Aber nein! Ich sehe keine Uniformen der Hitler-Jugend! Ich muß also annehmen, daß asoziale Gruppen uns überfallen haben. Die haben wir gründlich verhauen!"

Die Sache verlief im Sande. Ich bekam einen bösen Vermerk in die Akten. Und die Hitler-Jugend hatte ihre Lehre.

Es wird immer unverständlich bleiben, warum der Staat jetzt nicht endlich unsere Verbände einfach mit einem Verbot belegte. Man wollte wohl unter allen Umständen die Fiktion aufrechterhalten, die Jugend sei „freiwillig zur HJ geströmt".

Entscheidend wurde eine zweite Schlacht. Die HJ hatte in dunklen Nächten zwei katholische Jugendheime besetzt und sich angeeignet. Wohl wurde ein Prozeß angestrengt. Aber der kam nie zu Ende.

Es war uns klar, daß jetzt auch unser schönes Clubhaus, das Weigle-Haus, an die Reihe käme.

Da bildeten wir eine Wache von 100 jungen Männern, die abwechselnd im Weigle-Haus die Nächte zubrachten. Ich drückte alle Augen zu, wenn ich merkte, daß diese Burschen sich Gummischläuche, Schlagringe und Knüppel besorgten.

Und dann ging's in einer Nacht richtig los. In meiner nahegelegenen Wohnung schellte die Alarmklingel, die wir mit einer besonderen Leitung angelegt hatten. Mir tat meine arme Frau leid, die gerade unser jüngstes Kind zur Welt gebracht hatte. Ich hatte sie nicht ins Krankenhaus gebracht. So wurde das ein aufregendes Wochenbett. Sofort rief ich die Polizei an und meldete: „Unqualifizierbare Banden wollen das Weigle-Haus angreifen!"

Nach langer Zeit, in der niemand erschien, ließ mich ein Polizeioffizier, den ich kannte, in das nahe Revier kommen und teilte mir mit, er hätte Befehl, falls die HJ angreife, solle die Polizei so tun, als ob sie nichts merke.

„Sie greifen also unter keinen Umständen ein?" fragte ich. „Leider dürfen wir nicht! Sie müssen das verstehen, Herr Pfarrer."

„Nun gut! Ich bin einverstanden!" erwiderte ich zum Erstaunen des Mannes. Und dann rannte ich zum Weigle-Haus. Rings um das Haus hatten sich viele hundert junge Kerle versammelt. Ich kam nicht mehr in das Haus hinein. So konnte ich alles nur von außen beobachten: Wie die Horden auf einmal mit Gebrüll losstürmten – wie dann die Tore des Hauses aufflogen – wie meine 50 Mann, zum Äußersten entschlossen, herausstürmten.

Die HJ war entsetzt. Das war nicht im Plan vorgesehen. Und dann begann eine großartige Prügelei. Fliehende HJ-Burschen rannten zum nahen Bahnhof. Als die Leute dort merkten, was gespielt wurde, griffen sie ein. Völlig unbekannte Männer machten sich eine Freude daraus, ihren Groll gegen alle Bedrückung einmal auslassen zu können.

Es wurde ein völliger Sieg. Als die Polizei endlich doch erschien, war alles schon zu Ende.

Am nächsten Morgen um 8 Uhr meldete ich mich beim Polizei-Präsidenten, dem sehr gerechten und gutwilligen SS-Führer Zech.

„Herr Präsident!" begann ich. „Sie müssen sich jetzt klarwerden, ob wir in einem Rechtsstaat leben oder ob wir Wild-West spielen wollen. Wenn Sie die Bürger nicht schützen wollen, dann müssen wir uns nach Wild-West-Art selber helfen."

„Ich verstehe nicht recht", stammelte er. Offenbar war ihm die ganze Sache nicht bekannt. In diesem Augenblick klopfte es, und ein Beamter brachte den Bericht der nächtlichen Vorgänge. Lange war es still, während er las. Mir klopfte das Herz. „Wird er mich jetzt sofort verhaften?" fragte ich mich. Auf einmal lachte er schallend los: „Das ist ja wundervoll!" schrie er. „Und diese HJ hat sich von Ihren Burschen verprügeln lassen?! Das geschieht ihnen recht!"

226

Er gab mir die Garantie, daß die Polizei uns von nun an schützen werde. Ich möge doch nur – bitte! – meine Truppen abrüsten.

Der Mann hat Wort gehalten. Später wurde er auf einen unbedeutenden Posten abgeschoben. Er war wohl zu gerecht für das System dieses Staates.

Im Frühjahr 1934 endlich wurden unsere Verbände vom Staat aufgelöst. Eine Zeitlang wurde das Weigle-Haus polizeilich versiegelt. Später haben wir dann in Bibelstunden und Missionsveranstaltungen das junge Volk wieder sammeln können. Die Arbeit ging weiter bis zum bitteren Ende des „Dritten Reiches".

Aber das war nun eine schlimme Zeit, als das Weigle-Haus geschlossen und versiegelt war. Wo an den Sonntagen früher Hunderte von jungen Burschen das Haus mit Leben erfüllt hatten, da herrschte nun Totenstille. Doch kamen sie in den Häusern hin und her zusammen. In einer Arbeiterwohnung wurde jede Woche einmal das Wohnzimmer ausgeräumt, damit die Jugendstunde unter dem Leiter der Abteilung stattfinden konnte. Und keiner der vielen Hausbewohner hat die Sache angezeigt.

In der Kirche hatte sich inzwischen eine nazistische Bewegung breitgemacht, die sogenannten „Deutschen Christen". Weil meine jungen Leute nun auf einmal herrenlos waren, begannen sie, die Versammlungen der „Deutschen Christen", DC genannt, zu sprengen.

In einer großen Versammlung erschien auf einmal ein Trupp von 50 jungen Burschen. Der Redner, ein braver, ahnungsloser Bürger, sprach davon, welch ein Gottesgeschenk dieser Hitler sei. Die Burschen machten Zwischenrufe. Der Redner wurde unsicher. Da griff der Leiter der Versammlung ein und rief: „Die Jungen sollen sich doch nicht im Hintergrund herumdrücken. Wenn sie Mut haben, sollen sie nach vorne kommen." Darauf gingen die 50 nach vorne, und der Tumult begann erst recht. Der Versammlungsleiter rief verzweifelt: „Wenn das unser geliebter Führer wüßte!" Darauf sagte einer der Burschen laut: „Der Führer hat gesagt, wir sollen die

Revolution in die Kirche tragen!" „Aber so hat er das doch nicht gemeint!" rief der arme, geplagte Leiter der Versammlung. Darauf lachend die Jungen: „Wir können doch nichts dafür, wenn das Gewehr nach hinten losgeht!" Die Versammlung dieser ahnungslosen Bürger löste sich unter Tumult und Gelächter auf . . .

„Das ist ja wirklich interessant", meint mein Besucher, als ich eine kleine Atempause mache. „Aber wollten Sie mir nicht von Admiral Coligny erzählen? Was hat er denn damit zu tun?"

„Geduld!" erwidere ich. „Das kommt ja jetzt!"

Und nun erzähle ich weiter.

Damals erschien das Buch von Joseph Chambon: „Der französische Protestantismus" (Christian Kaiser-Verlag, München). Die Nazis hatten das Erscheinen dieses Buches wohl genehmigt, weil sie es für eine harmlose Geschichtsdarstellung hielten. Sie wurden erst dann unruhig, als sie entdeckten, daß dies Buch schon bald eine neue Auflage brauchte.

Gewiß, es war eine sehr sachliche Geschichtsdarstellung. Aber die Nazis begriffen nicht, worin der Wert dieses Buches für uns lag. Chambon schilderte, wie die französischen Protestanten (Hugenotten) schrecklich verfolgt wurden. Und doch lebten sie. Man hat mit List und Gewalt ihre Ausrottung versucht. Und dabei haben die Hugenotten alles durchexerziert, was eine verfolgte Christenheit einem feindlich gesinnten Staat gegenüber anstellen kann. Sie haben gelitten, und sie haben Gewalt gebraucht. Sie sind emigriert, und sie haben sich auch zusammengeschlossen.

Hier war ein Lehrbuch für uns, die wir im Konflikt mit einem Staate lebten, der uns die Glaubensfreiheit bestritt. Kein Wunder, daß viele junge Menschen sich dies Buch kauften.

Ein paar Wochen lang sammelte ich die jungen Mitarbeiter, die die Jugend, deren Verbände aufgelöst waren, in irgendeiner Form unter viel Not zusammenhielten und betreuten. Diese Stunden waren für uns ein Gericht. Denn beim Studium dieses Buches ging es uns auf: Wir waren auf einem falschen Weg, als wir den Staat mit Gewalt zum Recht zwingen

228

wollten. Die Christen dürfen die Methoden des Kampfes nicht vom Gegner übernehmen. Das wurde uns besonders deutlich an Coligny.

Und nun muß ich von diesem tapferen Admiral berichten. Wir gehen dabei in die zweite Hälfte des 16. Jahrhunderts. Chambon schreibt:

„Der erste Anlaß der acht aufeinanderfolgenden Religionskriege, die Frankreich entvölkern und verwüsten, ist das Blutbad von Vassy, das der katholische Herzog von Guise unter der dort versammelten Hugenotten-Gemeinde anrichten läßt, sowie im Anschluß daran das Gemetzel unter den Evangelischen in Sens. Die Antwort der Protestanten ist der siegreiche Angriff auf Rouen und Lyon. Sie verlassen damit das christliche Terrain des Sieges. Sie verzichten auf die einzigen christlichen Kampfmittel des Bekenntnisses und der Leidensbereitschaft. Sie steigen herunter zu einem Terrain, auf dem ihre Gegner auf die Dauer sicherer sein werden als sie. Sie nehmen das Schwert, durch das sie umkommen werden."

Wie vollzieht sich diese Umschaltung des französischen Protestantismus auf die Ebene weltlichen Denkens und Handelns?

Calvin hatte kurz zuvor an Admiral Coligny das berühmte Wort geschrieben: „Der erste Tropfen Blut, den unsere Leute vergießen, wird Ströme Bluts hervorrufen, die ganz Europa überschwemmen."

Der protestantische Adel aber meinte, er sei berufen, der katholischen Partei gewaltsam entgegenzutreten. Diese Männer wollten einerseits die Freiheit ihres Glaubens erkämpfen. Aber andererseits wollten sie sich für die Unversehrtheit des Königtums einsetzen, das durch die katholische Partei in den Konflikt mit seinem eigenen Volk kam.

Hätten doch diese Hugenotten, die der calvinistischen Richtung der Reformation anhingen, bedacht, was Calvin in seiner berühmten „Institutio" geschrieben hat: „...unseren Händen... ist nichts anderes aufgetragen, als zu gehorchen und zu leiden."

Wir lassen wieder Chambon sprechen:

„Jedoch vermögen alle Erwägungen über die Stellung Calvins, über die verständliche seelische Verfassung der Protestanten und über die Auswirkungen der katholischen Gewalttaten nichts an der Tatsache zu ändern, daß der geistliche Niedergang der evangelischen Sache in Frankreich, daß die Politisierung des Protestantismus letztlich die Sache *eines* Mannes und *einer* Stunde war. *Ein* Mann ragt über das Geschehen dieser Jahre so gewaltig empor, daß seine protestantischen Mitstreiter, mit ihm verglichen, sich nur wie Statisten ausnehmen . . .

Dieser Mann ist Gaspard, Admiral von Coligny, und seine Zustimmung zum Bürgerkrieg in jener dreimal unseligen Nacht im Schlosse Châtillon läßt für Geschlechter des Protestantismus den Würfel fallen. Niemals wird diese Entscheidung wieder gutgemacht werden können.

So ist dieser Mann beschaffen: Als er während der Belagerung von St. Quentin durch die Spanier das Besatzungsheer befehligt, werden ihm vom Feinde, der bereits sieben Breschen in die Mauer geschossen hat, Pfeile hereingeschleudert mit einem Zettel: ‚Ergebt euch, sonst springt ihr alle über die Klinge!‘ Und Coligny läßt die Pfeile zurückschießen mit der neuen Inschrift: ‚Regem habemus‘ – ‚Wir haben einen König‘.

Coligny wird um 1559 ein gläubiger evangelischer Christ. Seine Gemahlin ermahnt ihn in seinem Schlosse Châtillon, die römische Irrlehre abzutun. Bedächtig erinnert er sie an die Folgen und Leiden des Bekennertums, doch wendet er sich immer mehr dem Evangelium zu und zieht bald die Bewohner des Schlosses mit sich. Kurz darauf nimmt er in dem normannischen Städtchen Vatteville an einem geheimen Predigtgottesdienst teil und bittet, da er sich nicht getraut, am Abendmahl teilzunehmen, den Prediger um eine Sonderbelehrung. Er wird nun völlig überzeugt und geht bald selber zum Tisch des Herrn.

Dieser Mann ist zum Politiker und Militär vorgebildet, gewöhnt zu organisieren, zu streiten und seine Niederlagen in

Erfolge zu verwandeln. Er ist klassisch und theologisch ge-
schult, umfassend in geschäftlicher Arbeit, ein Bild fein-
geschliffener Kraft. In der Öffentlichkeit mit würdevoller
Beredsamkeit auftretend, spricht er unter vier Augen langsam und leise und hält nachdenklich mit seinem Zahnstocher
Rat. Er ist gewandt, doch in den Grenzen einer völligen
Rechtschaffenheit."

Immer mehr drängen ihn seine Freunde, angesichts der blutigen Verfolgungen der Hugenotten, zum Schwert zu greifen. Auch seine Gemahlin drängt ihn: „Ich fordere Sie im
Namen Gottes auf, uns nicht länger zu enttäuschen, oder ich
werde am Jüngsten Tage gegen Sie Zeugnis ablegen!"

Da gibt er nach. Und es beginnen die blutigen Religions-
kämpfe, die Frankreich endgültig geschwächt haben.

Aber welche Fehlentwicklung bei den Hugenotten! Chambon sagt:

„Nach und nach wird aus den einzelnen Gruppierungen
und örtlichen Reaktionen ein System. Die Schwerpunkte ver-
schieben sich: Die Aufgerufenheit zum Reiche Gottes ver-
blaßt, die Aufgerufenheit zu einer irdischen Partei tritt immer
mehr an ihre Stelle. Die Hugenotten erheben Kriegssteuern,
ernennen Offiziere, werben Soldaten an, da sie gegenüber
dem Kaleidoskop der in Paris wirksamen Kräfte auf eine
Rechtsgarantie der Krone nicht mehr zählen.

Als Folge aller Ausschreitungen läßt der Verlust der Popu-
larität im guten Sinne des Wortes, des Vertrauens, des sitt-
lichen Rufes der evangelischen Sache nicht lange auf sich
warten, und das Absinken des Prestiges wirkt sich auch auf
die königliche Familie und die Hauptstadt aus. Der Marsch
protestantischer Truppen auf Paris nach dem Tode Condés
wird von dem Pöbel der Hauptstadt nicht vergessen und in
der Bartholomäusnacht liquidiert werden.

So ist der Schaden all dieses Abgleitens unsagbar groß. Wenn
vordem der Katholik Raemond angesichts der grauenvollen
Exekution des großen und gütigen Hugenotten Anne du
Bourg gesagt hatte, die Jugend sei auf dem Heimweg von
der Hinrichtung in Tränen ausgebrochen, und dieser Anblick

231

habe dem Katholizismus mehr geschadet als hundert protestantische Prediger – so galt dasselbe jetzt umgekehrt und potenziert: Der Mord, begangen an dem brutalen Schloßherrn von Fumel, der auf der Straße einen calvinistischen Kirchenältesten zu Boden schlug und dafür mit seiner Familie und seinem Schloß die Rache der empörten Protestanten bezahlte, richtete mehr Schaden an, als hundert Predigermönche der evangelischen Sache hätten zufügen können."

Es ist hier nicht der Platz, all die schrecklichen Kämpfe jener blutigen Zeit zu verfolgen. Was uns in unserer Situation damals beeindruckte, war: „Wer das Schwert nimmt, wird durch das Schwert umkommen." Und wenn wir auch nur sehr harmlos waren im Vergleich zu den Hugenotten – es ging um das Prinzip: Der Weg der Gemeinde Jesu ist Leiden, Zeugnis und Geduld, aber niemals die Gewalt. Wir waren auf einem falschen Weg.

Wie erschütternd ist das Ende Colignys! Es sei kurz berichtet: Der junge König Karl IX. hatte die katholischen Guisen fallen lassen und schloß sich Coligny an. Es sollte der Friede öffentlich geschlossen werden durch die Vermählung des hugenottischen Führers Heinrich von Navarra mit des Königs jüngster Schwester Margarete von Valois. Die Mutter des schwachen Königs, Katharina von Medici, aber bestimmte ihren Sohn, einem schrecklichen Anschlag auf die Hugenotten zuzustimmen. Als zu der Hochzeit alle hugenottischen Führer in Paris versammelt waren, brachte man in der berüchtigten „Bartholomäusnacht" im Jahre 1572 etwa 30 000 Hugenotten um. Sie waren in ihren Quartieren zerstreut und kamen nicht mehr zur Gegenwehr. Auch Coligny, der, durch ein Attentat verwundet, im Krankenzimmer lag, wurde umgebracht. Chambon berichtet:

„Coligny wird in seinem Schlafzimmer bestialisch ermordet. Er stirbt nach innigem Gebet in ruhiger Glaubenszuversicht und mit der Würde des großen Edelmannes – vielleicht der größte Charakter, den, menschlich geredet, Frankreich jemals nach dem heiligen Ludwig und dem Hirtenmädchen von Domremy hervorgebracht hat.

Es ist ein deutscher Kammerdiener, Nikolaus Muß, der Coligny bis zuletzt unwandelbar treu zur Seite steht. Es ist ein Deutscher slawischen Blutes mit Namen Dianowitz, ‚der Böhme‘, der den Admiral Frankreichs wie ein Tier absticht und die verstümmelte Leiche dem wartenden Guise zum Fenster hinaus auf die Straße schleudert . . .

Karl IX. selbst lehnt an einer Fensterbrüstung des Schlosses und schreit: ‚Bringt sie um, bringt sie alle um!‘ und schießt mit der Büchse auf flüchtende Gestalten. Dann zieht seine Mutter mit dem Hofstaat hinaus, um die dort mit den Füßen an den Galgen gehängte kopflose Leiche Colignys zu betrachten. Sie hat allen Anlaß, diesen zerhackten Kadaver des edelsten Mannes ihrer Zeit, – des Mannes, den ihr Sohn ‚mein Vater‘ nannte –, auf dem Schindanger nachdenklich anzuschauen, denn der Leichnam ihres eigenen Vaters, des schamlosesten Mediceers Lorenzo von Urbino, ruht daheim ehren- und kunstverklärt in der neuen Sakristei von San Lorenzo, in dem von allen Augen angestaunten wunderherrlichen Grabmal aus der Hand Michelangelos.

Das Haupt des Admirals wird in Verwahrung genommen und durch Sonderboten dem Nachfolger Pius V. nach Rom gesandt. Dort läuten die Glocken, und die Kardinäle erfahren durch den Pontifex maximus, daß solche Tat geschah ‚auf speziellen Befehl des Königs von Frankreich‘. Jubelgottesdienste, Feiermessen, Kanonenschüsse, Freudenfeuer, Prunkprozessionen lösen einander ab. Eine Festmedaille wird geschlagen mit dem Bilde eines Engels, der ein Kreuz erhebt und mit der anderen Hand Protestanten tötet, mit der Umschrift: ‚Hugonotorum strages‘ – ‚Der Hugenotten Niedermetzelung‘. Die Gegenseite der Münze trägt das Bild des Papstes.“

Mein Besucher ist still und nachdenklich geworden. Ich erkläre: „Sie werden verstehen, wie sehr dieses Buch meine jungen Mitarbeiter bestimmt hat. Und mich auch. Wir begannen, die Bibel mit neuen Augen zu lesen. Welche Bedeutung bekam das Wort aus Offenbarung 12, 11: ‚Und sie haben ihn überwunden durch des Lammes Blut und durch das Wort ihres Zeugnisses und haben ihr Leben nicht geliebt bis an den Tod.' Sie werden es vielleicht lächerlich finden, daß wir unsere doch bedeutungslosen Kämpfe mit den Leiden der Hugenotten verglichen. Aber es geht bei Christen immer um die grundsätzliche Haltung. Und da haben wir es aus Chambons Buch gelernt, daß unser Weg jetzt ganz neu in der Nachfolge des ‚geschlachteten Lammes' sein mußte: Zeugnis, Bereitschaft zum Leiden und Warten auf Gottes Eingreifen."

Man verstehe mich jetzt nicht falsch! Es handelt sich hier um die Kirche in der Verfolgung.

Grundsätzlich anders ist die Haltung des Christen und seine politische Verantwortung in einer Demokratie. Davon kann gar nicht ernst genug gesprochen werden. Ich bin überzeugt, daß die politische Gleichgültigkeit vieler Christen und die reaktionäre Haltung weiter kirchlicher Kreise mit schuld war am Untergang der Weimarer Republik und so am Entstehen des „Dritten Reiches". In einer Demokratie genügt es nicht, „der Obrigkeit untertan" zu sein. Da wird mehr von uns verlangt an Verantwortung.

Kommt aber die Christenheit in die Verfolgung, dann – und das lernten wir aus dem warnenden Vorbild des edlen Coligny – darf sie nur, wirklich ausschließlich, mit geistlichen Waffen kämpfen. Die aber sind Glaube, Geduld, Zeugnis und Bereitschaft zum Leiden.

Alfred Zeller
und „Das ist doch kein Mann für uns!"

Das Bähnlein, das zwischen Zürich und Rapperswil am Seeufer entlangrattert, hat schon wieder einmal gehalten. Jetzt eilt der Schaffner durch den Zug: „Nächste Station Männedorf!" Während er an mir vorbeigeht, staune ich, wie lang die Riemen sind, an denen die Schweizer Schaffner ihre Tasche hängen haben. „Die muß ihnen ja um die Knie schlenkern und sie unangenehm belästigen", denke ich lächelnd. Aber jetzt ertappe ich mich selber dabei, daß ich mit solchen Gedanken nur fliehen will vor der leisen Angst, die in mir bohrt.

Noch einmal ziehe ich den Brief heraus, den ich schon so oft gelesen habe. Da schreibt mir Alfred Zeller aus Männedorf, sie hätten in jedem Jahr im Februar einen Bibelkurs für CVJMer, alte und junge. Dabei hätte der gesegnete Pfarrer Christlieb aus Heidberg jahrelang die Bibelarbeit gehalten...

Einen Augenblick lang steht das Bild Christliebs vor mir. Wie oft habe ich ihn auf der Tersteegensruh-Konferenz gesehen und gehört! Welch ein Mann! Man hatte bei ihm immer den Eindruck, daß er gerade eben aus der Stille vor Gott kam.

Und nun – so schrieb Zeller weiter – sei Christlieb in die Ewigkeit abberufen worden. Er habe darauf an den Vorsitzenden des Gnadauer Gemeinschaftsverbandes, Michaelis, geschrieben und ihn gebeten, er möge ihm doch einen für die Bibelkurse geeigneten Mann vorschlagen. Michaelis habe mich genannt. Auf diesen Rat hin lade er mich ein...

Als der Brief in Essen ankam, war zuerst die Freude groß bei mir: Eine Reise in die Schweiz aus dem verrußten Ruhrgebiet heraus! Für ein paar Tage heraus aus den Nöten des „Dritten Reichs"! Und dann Männedorf! Wieviel hatte ich von dieser eigenartigen Anstalt gehört!

235

Aber je näher ich nun Männedorf kam, desto ängstlicher wurde ich: Nachfolger von Christlieb! Da hätte ein älterer, reiferer Mann hergehört! Ich war damals, im Jahre 1935, noch nicht 40 Jahre alt. Und dann diese Anstalt mit ihrem ausgeprägten Charakter! Würde ich da hineinpassen?! Und dazu noch diese Schweizer mit ihrem so ganz anderen Temperament und Wesen als die Menschen im Ruhrgebiet! Ach, die Sache mußte ja schiefgehen!

Meine liebe Mutter, die mich begleitete, sah wohl meine Angst und lächelte mir mutmachend zu. Zwischen uns waren Worte kaum nötig.

Schon hielt der Zug in Männedorf. Wir beide kletterten heraus. Und dann kam eilfertig und freudestrahlend eine kleine Volksversammlung auf uns zugestürzt.

Voran ein alter Mann mit einem weißen, wohlgepflegten Bart. Sein Gesicht strahlte unendliche Güte und Herzlichkeit aus.

Während ich dies schreibe, geht der Blick hinüber zu dem kleinen Bild an der Wand: Dieser Mann paßte zu Christlieb! Was liegt nicht alles in dem von seinem Christenstand geprägten Gesicht: große Würde; rührende Barmherzigkeit; inneres Gesammeltsein, wie es nur aus beständigem Umgang mit Gott kommt; Liebe, Freude und Friede, die der Galater-Brief im Neuen Testament „Früchte des heiligen Geistes" nennt!

Dieser Mann also führte den Zug an, der mich willkommen hieß. Geradezu patriarchalisch schritt er den andern voraus. Der große, schwarze Hut schmückte ihn wie eine Krone. Und der in der Schweiz übliche Regenschirm wirkte fast wie ein Zepter. Ich wußte gleich: Das mußte Zeller sein.

Ihm folgten zwei freundliche Mädchen: die Töchter – wie ich später erfuhr. Dann ein junger, kräftiger Bursche! Das war der Sohn Reini. Hinter dem schritten zwei Frauen, die sich mit den Töchtern gleich um meine Mutter scharten. Und den Beschluß machte „Siegfried". Der ist heute noch mein Freund. Er war dazu bestimmt, sich um die Koffer zu kümmern. Später, in der schrecklichen Hungerzeit nach dem Zwei-

ten Weltkrieg, kamen immer wieder rührende Schokoladen-
päckchen von Siegfried. Als er damals mit freudeglänzendem
Gesicht mich begrüßte, fuhr es mir durch den Sinn: „Welch
ein herrlicher Geist muß in dieser Anstalt herrschen, wenn
sie solch köstliche Mitarbeiter hat!"

Nach der allgemeinen Begrüßung zog man zum „Frohberg".
So nannte sich das Haus, in dem wir wohnen sollten. Ihr
unvergeßlich schönen Gastzimmer! Zwei riesige Räume standen uns zur Verfügung. Durch die Fenster sah man auf den
See und die schneebedeckten Berge. Wände und Decke
waren behaglich getäfelt. In den riesigen Kachelöfen knisterte
das Feuer.

Alfred Zeller sprach nur wenig. Er war sehr nachdenklich.
Später, als uns längst eine enge Freundschaft verband, gestand er mir, daß er damals gedacht hatte: „O, Herr! Das
ist doch kein Mann für uns!" Meine großstädtische Kleidung,
meine Aufregung, die Art meines Sprechens – alles, alles
hatte ihn entsetzt. „O, Herr! Das ist doch kein Mann für uns!"

Genauso dachte ich wenige Stunden später. Da hatten wir
die erste Mahlzeit hinter uns: In dem großen Speisesaal saßen
die Kranken, die Kurgäste, das Personal an langen Tischen.
Und an einem besonderen Tisch war für die Hauseltern und
für uns Gäste gedeckt. Und was gab es hier nicht alles zu
sehen!

In einem großen Glaskasten saß ein riesiges, ausgestopftes
Vogeltier. Wie ich beim Essen erfuhr, war das ein Lämmer-
geier. Einer der Vorfahren war als kleines Kind, als es vor
den Fenstern des Vaters auf der Wiese spielte, von diesem
Vogel gepackt und geraubt worden. Der Vater, der entsetzt
zusah, hatte entschlossen das Gewehr von der Wand ge-
rissen (Das ist auch solch eine Schweizer Eigentümlichkeit,
daß man sein Gewehr immer zur Hand hat.) und den Vogel
vom Fenster aus abgeschossen. Unbeschädigt war das Kind
zur Erde zurückgekommen.

Dann fielen mir die Bibelsprüche auf, die umher in großer,
schöner Schrift an die Wände gemalt waren. Ich konnte mir
die Zusammenstellung der Worte nicht recht erklären, bis

man mir berichtete: Eine Kranke war nach Männedorf gekommen und an Leib und Seele gesund geworden. Da veranlaßte sie, daß die Geschichte ihrer Heilung, in Bibelworten ausgedrückt, auf die Wände geschrieben werde. Sie wollte sich damit nicht wichtig tun. Sie dachte, daß dadurch andern Schwermütigen, Traurigen und Kranken der Weg zur wirklichen Genesung gezeigt werde.

Welch eine innere Entwicklung, welch ein wundervolles Stück Lebensgeschichte spricht aus diesen Bibelversen!

> „Demütigt euch unter die gewaltige Hand Gottes.
>
> 1. Petrus 5, 6
>
> Du wirst die elende Seele sättigen. Jesaja 58, 10
>
> Wes soll ich mich trösten? Psalm 39, 8
>
> Ich hoffe auf dich. Psalm 39, 8
>
> ‚Sollte mir etwas unmöglich sein?'
>
> Jeremia 32, 27
>
> Gelobet sei Gott, der allein Wunder tut.
>
> Psalm 72, 18
>
> Du hast mein Auge von den Tränen gerissen.
>
> Psalm 116, 8"

Ehe ich aber die Erklärung zu diesen Bibelworten bekommen hatte, erschien mir diese Anhäufung von Bibelworten als Wandschmuck etwas seltsam. Sie erweckten zunächst in mir nur kritische Abwehr. Ich hätte nie gedacht, daß ich sie später so sehr schätzen würde.

Noch war ich in Betrachtung der Sprüche versunken, als es auf einmal sehr still wurde. Ich dachte: „Jetzt kommt das Tischgebet!" Aber es wurde nur still. Dann betrat Zeller den Saal. Da wurde es noch stiller – wenn das überhaupt möglich war. Zeller setzte sich, sah sich um und fragte: „Sind wir alle da?" Alles nickte schweigend. Da nahm Zeller ein Glöcklein und klingelte. Jetzt wurde es geradezu totenstill. Und dann fing Zeller an: „Wir wollen beten! O Herr! Wir danken dir . . ."

„Weißt du", sagte ich nachher, als wir wieder in unsern Zimmern waren, zu meiner Mutter, „in der Zeit, die die zum

238

Stillwerden brauchen, hätte ich ein Dinner mit sieben Gängen abgegessen! Und ...", fuhr ich fort, „sieh dir nur mal diese Tafel neben der Tür an. Um 22 Uhr soll man das Licht löschen. Und ab 20 Uhr soll alles schon ganz ruhig sein! Du liebe Zeit! Um diese Zeit fängt in Essen mein Dienst an! Da werde ich erst richtig munter! Ich glaube", sagte ich, „hier werde ich verrückt oder – gesund."

„Gesund!" meinte meine Mutter.

So fing das an. Und aus dieser ersten kritischen Begegnung wurde eine beglückende Freundschaft. Jahr für Jahr fuhr ich im Februar nach Männedorf und lernte das „Stillesein". Hier kamen die durch die Großstadt-Arbeit und durch den Kirchenkampf im „Dritten Reich" aufgewühlten Nerven zur Ruhe. Hier tauchte man ein in die gelassene Stille eines Lebens in der Gegenwart Gottes.

Und wenn ich dann im Betsaal vor der versammelten Gemeinde und vor den Männern des Bibelkurses stand, saß Alfred Zeller vor mir. Und sein Gesicht war voll Aufnahmebereitschaft, voll Freude an den Entdeckungen im Worte Gottes und voll Liebe zu dem jüngeren Bruder, mit dem er sich so sehr eins wußte.

Bei jedem Bibelkurs besprachen wir uns miteinander, welche Texte wir im kommenden Jahr auslegen wollten. Und dabei machten wir uns die Freude, möglichst unbekannte und schwierige Stellen der Bibel herauszusuchen. Wir hatten ja dann ein ganzes Jahr Zeit, an diesen schweren Texten zu arbeiten.

So nahmen wir uns einmal vor, wir wollten das seltsame 30. Kapitel der „Sprüche" auslegen. Wir hielten es immer so, daß Zeller am Vormittag sprach und ich am Nachmittag. In meiner Bibel finde ich die Aufzeichnungen über Zellers Auslegung von Sprüche 30, 18 f. Da heißt es: „Drei sind mir zu wunderbar, und das vierte verstehe ich nicht: des Adlers Weg am Himmel, der Schlange Weg auf einem Felsen, des Schiffes Weg mitten im Meer und eines Mannes Weg an einer Jungfrau."

Dazu sagte Zeller etwa folgendes:

„Des Adlers Weg am Himmel" – hier lernen wir das Geheimnis des Beharrens. Spatzen flattern aufgeregt. Hühner fallen wie Bälle gleich wieder auf die Erde. Der Adler aber schwebt ohne Flügelschlag am Himmel. Jesus-Jünger sollten (Jesaja 40, 31) „auffahren mit Flügeln wie Adler". Wir aber gleichen oft den Hühnern. Denkt nur an Simson oder die Galater! Das Beharren aber des Adlers – solch ein Glaubensleben ist ein Geheimnis. Nur der Herr kann es in uns wirken: „Laß mein Herz / Überwärts / Wie ein Adler schweben / Und in dir nur leben!" Paulus wußte von diesem Geheimnis des Beharrens. Darum sagt er: „Ich habe Glauben gehalten."

„Der Schlange Weg auf einem Felsen" – da haben wir das Geheimnis des Fortschritts. Die Schlange hat keine Füße. Und doch bewegt sie sich. Sie kriecht nicht wie eine Schnecke, sondern mit großer Geschwindigkeit geht sie über alle Hindernisse hinweg. Weder ihre natürliche Art, die keine Füße hat, noch Schwierigkeiten von außen im Gelände halten sie auf. Wir Christen werden auch oft von innen und außen gehindert, im Glauben voranzukommen. Da sollten wir das Geheimnis der Schlange lernen: „Wachset in der Gnade und Erkenntnis unseres Herrn Jesus Christus!" So ruft Paulus. Er ruft uns zu: „Macht weiter! Kommt im Glauben und in der Liebe voran! Nichts kann euch aufhalten, wenn ihr recht am Heiland bleibt!"

„Des Schiffes Weg mitten im Meer" – das ist das Geheimnis der Leitung. Man sieht auf dem Schiff das Ziel nicht und kommt doch dorthin. So geht es den Jesus-Jüngern. Sie sehen von einem Tag zum andern nicht den Weg. Aber ihr Herr führt das Steuer ihres Lebens. Und er bringt sie an das ewige Ziel, das den andern ein Spott ist, weil sie nichts davon sehen. Wie das Schiff sich durch keine Meeresströmung aus der Bahn bringen läßt, so sollten wir Jesus-Jünger unter der Leitung unseres Herrn unbeirrt sein.

„Eines Mannes Weg an einer Jungfrau" – das ist das Geheimnis der Liebe. Bei vielen Paaren – sagte Zeller –

muß man denken: Das ist aber ein seltsames Paar! Wie kommen die beiden wohl zusammen? Nun, der Heiland und ich sind auch ein seltsames Paar. Und sein Weg an mir war wunderbarer als jeder „Weg eines Mannes an einer Jungfrau". Aber in jedem Fall ist sein Weg an uns ein Weg der Liebe.

Diese kurzen Notizen geben kaum einen Eindruck von der Originalität und Eindrücklichkeit der Auslegung Zellers. Wir freuten uns von einem Jahr zum andern, was jeder wohl gefunden habe.

Aber nun muß ich doch ein wenig mehr von Männedorf selbst und Alfred Zellers Leben berichten.

Zellers Jugend war durch viel Leid geprägt. Er wurde 1872 hineingeboren in ein fröhliches, vom Geiste Gottes bestimmtes Haus. Sein Vater war Inspektor der Lehrerbildungsanstalt in Beuggen. Mit dieser Ausbildungsstätte war ein Kinderrettungsheim verbunden. Durch solche Kinder gescheiterter Eltern brandete viel äußere und innere Not an das Zellersche Haus. Aber die Not machte nicht halt vor den Türen. Der Vater wurde gelähmt. 25 Jahre lang hat dieser starke Mann es erleben müssen, daß seine Hilflosigkeit immer mehr zunahm.

Doch gerade dieser Jammer hat den Vater Reinhard Zeller reif gemacht für den Himmel. Immer wieder haben mir die verschiedensten Menschen berichtet, welche Kraft und welcher Segen von dem kranken Mann ausgingen.

Es schien, als sei er weggeworfen wie ein totes Stück Holz. Aber dies Holz brannte im Feuer des starken Heiligen Geistes. So wurde sein Krankenzimmer zu einem geistlichen Mittelpunkt, zu dem Mühselige und Beladene, Suchende und Fragende kamen. Und sie fanden hier den Weg zu dem, der Helfer und Heiland ist, zu Jesus.

Mit 14 Jahren verließ Alfred das Elternhaus und trat in ein Gymnasium in Bern ein. Er wollte Theologe werden. Aber nun brach bei ihm ein seltsames Leiden aus. Unsagbare Kopfschmerzen quälten ihn, so daß er vor dem Abitur

die Schule verlassen mußte. Seine Lebenspläne brachen zusammen.

An Zeller – Vater und Sohn – wurde der Vers wahr: „Unter
Leiden prägt der Meister / In die Herzen, in die Geister /
Sein allgeltend Bildnis ein ..."

Alfred ging nun in die Landwirtschaft. Das Leben in der freien
Natur heilte ihn. Die Kopfschmerzen verloren sich. Und eines
Tages wurde er dorthin geführt, wo das Schifflein seines
Lebens vor Anker gehen sollte.

Er besuchte einen Obstbaukursus in Wädenswil am Zürich-
see. Da war es am einfachsten, wenn er seine Wohnung
bei dem Bruder des Vaters in Männedorf nahm, das gerade
gegenüber am Seeufer liegt.

Ich bin manches Mal auf dem Schifflein zwischen den beiden Orten über den See gefahren. Zu jeder Jahreszeit bietet
sich ein anderer, immer herrlicher Blick auf diese Landschaft,
die ich am liebsten als „feiertäglich" bezeichnen möchte.
An klaren Tagen sieht man die gewaltigen Berge, den Glär-
nisch und andere Klötze, hinter den sanften Höhen um den
See aufragen. An stillen Herbsttagen heben sich nur die
Seeränder in blauem Licht ab. Ich bin überzeugt, daß die
tägliche zweimalige Fahrt über den See unvergeßliche Eindrücke in das empfängliche Gemüt des jungen Menschen
geprägt hat.

Noch mehr aber beeindruckte ihn die Anstalt Männedorf.
Das war damals eine seltsame Anhäufung von Gebäuden in
der Mitte des Dorfes. Hier fanden sich Kranke und Schwer-
mütige. Hier kehrten Kurgäste zu Erholungswochen ein.
Hier fanden Bibelkurse und Freizeitwochen statt, zu denen
Menschen aus der ganzen Schweiz und aus dem Ausland
herreisten. Auf einer grasbewachsenen Höhe erhob sich über
allem die Kapelle und machte deutlich, daß das Evangelium
die wirkliche Hilfe für Leib und Seele bringt.

Diese Anstalt wurde von dem Bruder des Vaters, von Samuel
Zeller, geleitet.

In einer seltsamen Weise war der junge Alfred an diesen
Onkel verwiesen worden. Es war in den letzten Krankheits-

tagen des leidenden Vaters in Beuggen. Da rief eines Tages der Sterbende seine Frau, seinen Bruder Samuel und seinen jüngsten Sohn Alfred in sein Zimmer, richtete seine erblindeten Augen auf seinen Bruder und sagte mit tiefem Ernst: „Mann! Siehe! Das ist dein Sohn!" Und dann, zum Sohne gewendet: „Sohn! Siehe! Das ist dein Vater!"

Von dieser heiligen Stunde an ist der Onkel Samuel dem Alfred Zeller ein treuer zweiter Vater und schließlich auch ein geistlicher Vater geworden.

Wenn Alfred Zeller im Alter von seinem „seligen Onkel Samuel" sprach, spürte man die große Liebe und Zuneigung, die ihn mit diesem Manne verband. Bei ihm brach er durch zu einem völligen Glauben an Jesus als den Sohn Gottes und Heiland der Sünder. Er erlebte das, was die Bibel „Wiedergeburt" nennt.

Männedorf zog ihn an. Und hier blieb er. Zuerst wurde er Helfer und später der Nachfolger seines Onkels.

Und so lernte ich ihn nun kennen, als er auf der Höhe seiner Wirksamkeit stand, als Männedorf ein geistlicher Mittelpunkt am See und ein beliebtes Ferienziel für Mühselige und Beladene aus aller Welt war.

Wer hätte das gedacht, daß er eines Tages sich aus seinem geliebten Männedorf aufmachte, um nach dem lauten Ruhrgebiet zu reisen, wo er auf der Tersteegensruh-Konferenz sprechen sollte! Er machte wenig große Reisen. Und ich begriff, wie tief und fest unsere Freundschaft war, daß er uns in dieser ihm so fremden Welt besuchte. Lächelnd vertraute er mir an: „Hier verstehe ich, warum du so anders bist als ich, daß ich zuerst meinte, du könntest unmöglich zu uns passen. Aber – mir ist Männedorf doch lieber als das Ruhrgebiet."

Immer wieder trieb es auch mich dorthin. Ich vergesse nicht eine köstliche Szene im Jahre 1939. In Zürich zog die „Landi", die Schweizer Landesausstellung, die alle 25 Jahre stattfindet, Scharen von Menschen an. Wir wollten miteinander hinfahren, um bei dieser Gelegenheit den Schweizer Schriftsteller Niklaus Bolt zu treffen, der durch sein Buch „Svizzero", das in viele Sprachen der Welt übersetzt worden war, bekannt geworden ist.

Es war ein gewaltiger Aufbruch. Die Frauensleute rannten herum, um Frühstückspakete, Mäntel und Schirme zusammenzusuchen und um allerlei Anordnungen zu treffen. Inmitten des Tumults stand Alfred Zeller schon längst fertig, mit einem großen schwarzen Hut und gestützt auf den unerläßlichen Schirm, obgleich kein Wölklein am Sommerhimmel war.

Kopfschüttelnd sah der immer gesammelte Mann auf die aufgeregten Frauensleute. Und dann sagte er leise: „Dies ist ja ein Treiben wie das Treiben Jehus, des Sohnes Nimsis."

Ich mußte lachen. Das war der richtige Zeller mit seiner bibelgesättigten Sprache (Man mußte schon in der Bibel Bescheid wissen, um die Stelle zu kennen, wo von dem „unsinnigen Treiben Jehus, des Sohnes Nimsis", die Rede ist!), mit seinem leisen Humor und seiner stillen Mißbilligung aller Aufregung.

In Zürich war es dann wundervoll. Der kleine, zarte und quicklebendige Niklaus Bolt begrüßte uns temperamentvoll. Wir drei müssen ein seltsames Bild geboten haben!

Bolt brachte mich immer wieder in Verlegenheit. Da war zum Beispiel ein Platz, wo die bunten Fähnlein aller Schweizer Kantone lustig im Winde wehten. „Da haben Sie", krähte er fröhlich, „unsere freie Schweiz. Bei Ihnen wären hier nur Hakenkreuze! Hakenkreuze! Hakenkreuze! Entsetzlich diese Uniformierung! Bei uns – sehen Sie die große, alles zusammenfassende Schweizer Fahne! – ist die Vielgestaltigkeit in der Einheit! Was wißt denn ihr uniformsüchtigen Deutschen davon!"

„Seien Sie doch still!" beschwor ich ihn. „Hier wimmelt es doch von deutschen Hitler-Agenten! Wissen Sie nicht, was mir bei der Rückkehr passiert, wenn die das hören?!"

„Da haben wir's", lachte Niklaus Bolt.

Der liebe, kleine Mann hat mir später zu einem unvergeßlichen Erlebnis verholfen. Ich war gerade aus dem Gefängnis gekommen und reiste nun mit meiner Frau zu einem Besuch nach Männedorf. Da rief Bolt telefonisch an und erklärte mir:

„Sie wissen, daß mein Buch ‚Svizzero‘ den Bau der berühmten Jungfrau-Bahn schildert. Die Bahn hat das für eine wundervolle Propaganda gehalten. Und darum habe ich das Recht, je und dann bekannte Leute einzuladen, als Gäste der Bahn auf das Jungfrau-Joch zu fahren. Ihre Verhaftung hat in vielen Zeitungen gestanden. Sie sind also ein bekannter Mann. Jetzt liegen für Sie und Ihre Frau Fahrkarten in Lauterbrunnen bereit . . .“

Wie herrlich! Uns Deutschen war damals die Jungfrau-Bahn-Fahrt unmöglich. Die Nazis hatten verfügt, daß Auslandsreisende nur eine ganz kleine Summe in fremde Währung umtauschen konnten.

Das war ein unvergeßlicher Sonnentag, als wir dort oben standen, inmitten der verschneiten und vereisten Bergwelt. Immer wieder tauchte das Bild der düsteren, engen Zelle vor mir auf, die ich wenige Tage vorher verlassen hatte. Und ich hätte weinen mögen vor Glück. Aber ich zog es doch vor, zu lachen und zu singen.

Nun ist mir über dem temperamentvollen Niklaus Bolt der stille Alfred Zeller aus den Augen gekommen. Nun, an jenem Sommertag in der „Landi“ war es wirklich so: Bolt trat in den Vordergrund.

Wir kamen in jene Halle, wo nur ein Standbild von vier Männern zu sehen war, die sich die Hand gaben: ein Symbol der Schweiz, die vier Sprachgebiete hat: das deutsche, das rhätische, das italienische und das französische.

Jetzt begann ein Männerchor, das Appenzeller Landsgemeinde-Lied zu singen: „Alles Leben strömt aus dir . . .“ Da beobachtete ich einen robusten Älpler, der von seinen Berghöhen herabgestiegen war, um diese Schau seines Heimatlandes zu sehen.

Die Tränen liefen ihm über das Gesicht vor Bewegung und Liebe zu seinem Heimatland.

Ich ging hinaus. Bolt folgte mir und fragte: „Was ist Ihnen?“ Traurig mußte ich bekennen: „Bei uns wird Tag und Nacht von ‚Vaterland‘ geredet, gebrüllt, geschrien. Aber ich glaube nicht, daß auch nur ein einziger Bauer oder Arbeiter weint

vor Liebe zu Deutschland. Die Nazis haben alles tot-
getrampelt!"

Diesmal schwieg Bolt erschüttert still ...

Aber kehren wir zurück zu Alfred Zeller!

Er hat mir einst einen Rat erteilt, der mir viel geholfen hat.
Diesen Rat habe ich oft weitergegeben. Gerade in diesen
Tagen, während ich dies schreibe, sagte mir jemand: „Der Rat
Zellers hat mir geholfen und meinem Leben viel innere Ruhe
geschenkt." Worum handelt es sich?

Ich war wieder einmal aus viel Kampf und Aufregung meines
Jugendpfarramts nach Männedorf gekommen. Eines Tages
saßen wir nach dem Mittagessen beim schwarzen Kaffee zusammen. Da faßte ich mir ein Herz und fragte: „Lieber
Alfred! Ich sehe, wie du immer so gelassen und ruhig bist,
ja, so gleichmäßig fröhlich und den Ereignissen überlegen. Ich
aber bin schnell aufgeregt. Ich verliere so bald die innere
Ruhe. Ich werde so oft von den Ereignissen aus der Bahn
geworfen. Auch wenn ich den Unterschied unserer Tempera-
mente abrechne, so bist du doch einfach besser dran. Wie
machst du es, daß du immer fröhlich und gelassen bleibst?"
Er lächelte, wehrte das Übermaß meines Lobes ab und sagte
dann: „Ich habe allerdings ein Rezept, das sich sehr bewährt
hat."

„Und was ist das?" fragte ich gespannt.

„Jeden Morgen, wenn ich erwache, ehe ich aufstehe, ja, ehe
ich irgendeinen anderen Gedanken an mich heranlasse, falte
ich meine Hände und sage: ‚Herr! Ich danke dir, daß du mich
erkauft hast durch dein Blut und daß ich nun den ganzen Tag
dir gehören darf. Amen!' Damit stelle ich mich von vornherein auf den Boden der Gnade."

Wir sprachen dann nicht weiter darüber. Denn wir mußten
aufbrechen zum Nachmittags-Vortrag. Aber der Rat ging mit
mir.

Es kam der Krieg. Als er in Schrecken und Trümmern geendet
hatte, erreichte mich ein Brief von Zeller: „Lieber Wilhelm!
Komm wieder zu uns!"

Wie gern wäre ich gleich der Einladung gefolgt! Aber dazu brauchte man eine Genehmigung der amerikanischen Besatzungsbehörde. Und die war schwer zu erlangen.

Damals kamen viele englische und amerikanische Gäste in mein Haus. Ich stand wohl auf der Liste der Leute, die „man" besuchen durfte. Ein Professor aus Edinburgh und Offiziere aus USA, Feldprediger und Christen in englischer und amerikanischer Uniform fanden sich ein; sie alle bat ich: „Helft mir doch, daß ich die Reiseerlaubnis in die Schweiz bekomme!"

Und sie halfen. Doch es dauerte lange. Als ich sie endgültig in der Hand hielt, kam fast mit der gleichen Post die Nachricht: „Alfred Zeller ist in die ewige Heimat gerufen worden!"

So habe ich ihn nicht mehr gesehen.

Und nun muß ich wieder sein Bild ansehen, dies gütige, ernste und würdevolle Gesicht! Lieber Freund, wir wissen, daß wir uns in der ewigen Welt wiedersehen werden. Du bist mir vorausgegangen. Ich werde bald nachkommen!

Richard Rothe
und warum ein Bild doch nicht weggeworfen wurde

Dies Bild habe ich ein wenig in die Ecke gehängt. Denn eigentlich gehört der Richard Rothe nicht in die Reihe meiner „Väter". Ich habe sein Bild aufgehängt – zur Warnung! Er ist gewissermaßen ein Stopplicht, eine rot leuchtende Ampel auf meinem Wege.

Das Bild allerdings ist entzückend. Es ist ein etwas vergilbter Nachdruck einer Zeichnung.

Man sieht einen Professor vor dem Katheder stehen. Die Augen sind auf sein Manuskript gesenkt. Vieles verrät den Gelehrten: die hohe Stirn, die Brille mit der schmalen Fassung, die senkrechten Konzentrationsfalten über der Nase, der schwarze Rock und die breite schwarze Krawatte.

Aber das Gesicht widerspricht völlig diesem Eindruck: die langen, etwas wilden Haare, die neckischen Koteletten vor den Ohren. Und vor allem der Mund! Um den her liegt ein spitzbübisch vergnügtes Lächeln, als ob er eben eine geistreiche Bemerkung loslassen wolle. Und dazu paßt die leicht noch oben gebogene, kecke Nase.

Man wird nicht ganz klug aus diesem Gesicht. Und aus dem Manne wurde man auch nie ganz klug.

Er lebte in den Jahren 1799 bis 1867. Von 1837 an war er Professor der Theologie in Heidelberg. Zwischendurch war er fünf Jahre in Bonn. Sein Hauptwerk ist eine fünfbändige „Theologische Ethik".

Diese Bände haben lange Jahre in meiner Bücherei gestanden. Aber eines Tages habe ich sie „hinausgefeuert".

Dazu gab es zwei Gründe:

Der erste Grund: Ich habe nicht mehr unbeschränkten Platz für alle die Bücher, die mir in die Hand kommen. Da wir gerade am Plaudern sind, kann ich davon ja ausführlich reden:

Ich bewohnte bis zum Jahr 1943 ein unendlich großes Pfarrhaus. Da hatte ich einen riesigen Raum für meine Bibliothek. Daneben ein kleineres Zimmer zum Arbeiten. Und dann noch ein ganz kleines, abgelegenes Zimmerchen mit einem Stehpult für die Fälle, wo ich mich ganz zurückziehen wollte. In dem riesigen Haus gab es drei Gastzimmer und Räume für jeden Bedarf.

Für eine Hausfrau war solch ein Bau nicht immer eine reine Freude. Und gefroren haben wir auch oft jämmerlich. Denn man konnte unmöglich all die vielen Öfen in Brand halten. Zentralheizung war damals ein seltener Luxus.

Aber das Haus hatte viele Vorteile. Oft wurden Versammlungen in den großen unteren Zimmern abgehalten. Da kamen evangelische Lehrer und die Altfreunde der DCSV (Deutsche Christliche Studenten-Vereinigung) zusammen. Und meine Bücher hatten Platz. Hier war es kein Problem, auch die umfangreiche „Theologische Ethik" von Richard Rothe aufzustellen.

Als Pfarrhaus war der Bau dadurch gekennzeichnet, daß an den beiden Seiten der Straße zu unter einem kleinen Giebel ein Jesus-Kopf aus Gips angebracht war. Als meine Kinder noch klein waren, rühmten sie: „Bei uns guckt der Herr Jesus aus dem Dachfenster!"

Dies Haus ging am 5. März 1943 zugrunde.

An diesem Tag nämlich erlebte Essen den ersten, umfassenden Fliegerangriff.

Ich war eben in Begleitung eines jungen Mannes von einer Mitarbeiter-Stunde im Weigle-Haus gekommen. Da heulten die Sirenen. Schnell rannte alles, groß und klein, in den Keller. Meine Frau hatte bei den bisherigen Alarmen die Sache für die Kinder immer zu einem kleinen Fest gestaltet. Es würde auf einem kleinen Kocher Kakao bereitet. Dazu gab's Zwieback.

Aber am 5. März verging uns die Lust zu solchen Festchen. Das war anders als bisher! Über uns tobte die Hölle. Das

249

Haus erbebte bis in die Grundfesten. Und als endlich nach einer Stunde das Krachen und Bersten vorüber war und wir den Keller verließen, brannte ringsum alles. Und man konnte kaum noch atmen. Das Feuer verzehrte den Sauerstoff.

Meine Frau sammelte die fünf Kinder und rannte durch Feuer und Rauch zu einer Stelle, wo man noch ein wenig Sauerstoff bekam. Und in all dem Tumult fragte der junge Mann unablässig, ob denn keiner seinen Hut gesehen hätte. Hier ging eine Welt unter – und er suchte seinen Hut! Ich habe oft gedacht, daß das ein rechtes Bild dieser Welt sei: Sie geht dem Gericht Gottes entgegen, schon bebt die Erde unter unsern Füßen. Und man hängt sich an Nichtigkeiten.

Endlich stand ich allein in den Flammen und suchte zu löschen. Aber – die Leitungen gaben kein Wasser her! Ohnmächtig mußte ich zuschauen, wie mein Pfarrhaus vom Dachstuhl her abbrannte.

Und ringsum in allen Straßen, so weit man sehen konnte, Flammen und Trümmer – und kein Mensch! So stand ich hilflos in dem Grauen. In meinem Herzen stiegen ungeheure Verzweiflung und Wut auf. Allerdings war mir in meiner Verwirrung nicht recht klar, gegen wen sich mein Zorn richten sollte: Gegen Hitler, der diesen unsinnigen Krieg begonnen hatte? Gegen die Narren, die immer noch vom Sieg redeten, obwohl ein Blinder sehen konnte, daß alles mit einer Katastrophe enden würde? Gegen die Amerikaner, die uns so unbarmherzig zusammenschlugen?

Auf einmal fiel mir etwas ein, was mich geradezu erschreckte. Am Morgen hatten wir zusammen Andacht gehalten und dabei die Losung des Tages aus dem bekannten Büchlein der Brüdergemeine gelesen. Die hieß an diesem 5. März 1943: „Ist auch ein Unglück in der Stadt, das der Herr nicht tue?" (Amos 3, 6).

Also – Gott war schuld? Gott hatte mein Haus angezündet? Das war ja unfaßbar. Aber dann überkam mich eine tiefe Ruhe, ja eine Freude. *Er* durfte mein Haus in Brand setzen. *Er* meinte es ja doch gut mit uns! *Er* führt seine Kinder immer recht!

Ich kann es gar nicht schildern, welch ein Friede mein Herz erfüllte. Nun fing ich an zu löschen, indem ich da und dort Brände zusammenschlug, Wände einriß und Balken wegstieß. Wir haben noch zwei Tage lang so gelöscht. Und damit gelang es uns, das unterste Stockwerk des Hauses zu erhalten. Meine Bücherei war gerettet.

Während wir noch löschten, kam ein lieber Bekannter gelaufen und fragte: „Wollen Sie eine Wohnung? Meiner verwitweten Schwiegertochter wird der Boden hier zu heiß. Sie können in ihre Wohnung ziehen."

So fand ich eine neue Heimstätte, in der ich bis zum heutigen Tage geblieben bin. Ich spürte in all dem die gute Führung meines himmlischen Vaters.

Nie werde ich vergessen, mit welchem Entzücken wir zuerst diese neue Wohnung bezogen. Wir kamen aus Trümmern in einen Stadtteil, der noch ziemlich unversehrt war. Vor dem Hause blühten Forsythien in leuchtender Goldfarbe. Hinter dem Hause in einem kleinen Garten, an den sich der Park des evangelischen Krankenhauses anschließt, sangen uns morgens die Vögel wach.

Nun, wir haben im Laufe der Kriegsjahre auch hier noch genug Bombennöte mitbekommen. Aber die Wohnung blieb uns doch erhalten.

Allerdings – es war nur eine Etage. Hier gab es ein einziges Zimmer zum Arbeiten und für meine Bücher. Und wenn dies auch recht geräumig ist – jetzt mußte es ein Ende haben mit dem wahllosen Aufstellen aller Bücher.

Und wie viele Bücher kommen in meine Hand! Namentlich, als ich das Blatt „Licht und Leben" als Schriftleiter übernahm und darin Buchbesprechungen veröffentlichte. Die meisten dieser Rezensions-Exemplare werden verschenkt. Aber manches Buch stelle ich doch gern in meine Bücherei. Dann aber muß jedesmal ein anderes Buch Platz machen. Das ist immer eine schwere Wahl. Einer der ersten, der weichen mußte, war Richard Rothe mit seinem umfangreichen Werk „Theologische Ethik".

Das war also der erste Grund, warum ich mich von Rothes Büchern trennte: Ich brauchte Platz für andere Bücher. Und für bessere. Damit bin ich beim zweiten, schwerwiegenderen Grund dafür, daß ich Rothes Bücher wegtat:

Ich erlebte in den Jahren meines Pfarramts, wie Rothes Saat verderblich aufging. Ich bekam geradezu einen Zorn auf diesen Theologie-Professor, den kaum einer der Jüngeren mehr kennt und der doch so vielen einen schlimmen Weg gewiesen hat.

Um das zu erklären, muß nun doch noch einmal etwas genauer auf Rothe eingegangen werden:

In jungen Jahren war Rothe in Berlin unter den Einfluß von Baron Kottwitz gekommen. Kottwitz war in der ersten Hälfte des vorigen Jahrhunderts der Mittelpunkt für die Kreise der Erweckten in Berlin. Es ging viel geistliche Kraft von ihm aus. Gelehrte, Offiziere, Staatsmänner, Adlige sammelten sich in Bibelkreisen, deren Seele der Baron war.

Man versteht, daß ein geistig beweglicher junger Mann wie Rothe von Kottwitz angezogen wurde.

Unter dem Bild Rothes, das an meiner Wand hängt, stehen in Faksimile die Worte: „Wir sahen seine Herrlichkeit, eine Herrlichkeit als des eingeborenen Sohnes vom Vater, voller Gnade und Wahrheit" (Joh. 1,14). Und darunter der Namenszug „R. Rothe". Er hat also die Zeichnung, die einer seiner Freunde anfertigte, selbst mit diesem Bibelwort versehen.

Ich glaube, daß diese Liebe zu Jesus ein Erbe von Baron Kottwitz aus der Berliner Zeit ist.

Aber kaum hatte Rothe Berlin verlassen, so streifte er alle pietistischen Einflüsse ab und schloß sich den betont konfessionellen Lutheranern an. Aber auch bei ihnen blieb er nicht lange. Er wurde schließlich ein Mann, den man nirgends einreihen kann – ein Original und ein ausgesprochener Individualist.

Das alles spricht noch nicht gegen ihn, wenn es auch noch kein Grund ist, sein Bild in mein Studierzimmer zu hängen. Er veröffentlichte Gedanken, die erstaunlich modern anmuten. Wir leben ja in einer Zeit, in der die Kirche sich geradezu krampfhaft bemüht, modern zu sein. Man möchte den Neuerern zurufen: Das meiste, was ihr als neueste Erfindung ausposaunt, könnt ihr bei Richard Rothe, der schon 1867 gestorben ist, nachlesen!

Rothe sagte: „Die Kirche muß in die Welt hinein. Sie muß die Welt ganz und gar durchdringen!"

Eins der größten Hindernisse für die Kirche sind dabei nach seiner Meinung die Bekenntnisse aus dem 16. Jahrhundert, die die Kirche immer noch für verpflichtend hält. So sagte Rothe: „Mein armes Christentum weiß ich da nicht heimisch zu machen..., wo man die Wiederaufnahme der dogmatischen Formeln des 16. Jahrhunderts, versteht sich mit feierlichster Miene, für etwas anderes hält als eine drollige Fastnachtsmummerei, wenn die Enkelkinder in die altmodischen Kleider der Großeltern hineinschlüpfen."

Mit seiner Parole „Kirche für die Welt" war Rothe viel radikaler als die heutigen Reformer in Kirche und Theologie. Denn er ging so weit, daß er forderte: „Die Kirche muß so in die Welt hinein und die Welt so durchdringen, daß sie sich schließlich ganz und gar im Staate als dem Träger sittlicher Ordnung auflöst – wie das Salz in der Suppe."

Um es recht deutlich zu machen: Rothe führt in der „Ethik" und in andern Schriften aus: Das Reich der Erlösung bildete sich zunächst als religiöse Gemeinschaft, als Kirche. Aber das notwendige Resultat der Entwicklung ist die Aufhebung der Kirche und ihr Aufgehen im Staat. Denn der Staat ist die „wahrhaft religiös-sittliche Gemeinschaft". Er schreibt im 5. Band seiner „Ethik": „Das Christentum geht wesentlich darauf aus, sich immer vollständiger zu verweltlichen und die allgemein menschliche Lebensform anzutun."

Nun, das sind professorale Spintisierereien.

Aber wir erlebten im Hitler-Staat, wie man mit diesen Gedanken Ernst machte. Bald war eine Bewegung, die „Deutschen Christen", entstanden. Diese Leute rissen im Jahr 1933 die

Macht in der Kirche an sich. Sie wollten genau das, was Richard Rothe meinte: „Wir dürfen nicht abseits stehen! Wir müssen als Kirche hinein in die SA, in die SS, in den Staat. Ja, wir müssen geradezu aufgehen in dem neuen Staat als das Salz, das sittliche Salz!"

So tönte die „deutsch-christliche" Propaganda – unterstützt von allen staatlichen Organen.

Damals, im Jahr 1933, geschah es, daß die Kirche sich ermannte und sich besann auf ihre eigentliche Aufgabe. Man besann sich darauf, daß die Kirche ein Werk Gottes ist, der sie durch den Heiligen Geist baut. Man verstand wieder, daß die Kirche keinen andern Herrn hat als den Herrn Jesus Christus, der für uns gestorben und wieder von den Toten auferstanden ist.

Es kam zu dem Kirchenkampf, in dem ich an meinem kleinen Teil beteiligt war. Damals lernte ich Gefängnisse von innen kennen. Es gab viel Not und Verfolgung. Und doch – es war eine selige Zeit, eine Zeit des Aufwachens. Das klare Evangelium wurde wieder gepredigt. Und es wurde wieder dafür gelitten.

Der Angriff der „Deutschen Christen" wurde abgeschlagen. Das Gegenteil von dem, was sie wollten, trat ein: Die Kirche verlor sich nicht an die Welt. Sie trennte sich von ihr und trat in den Gegensatz zum Geist der Zeit.

Es war, als sei der Geist Richard Rothes, der gefährlich gespukt hatte, zurückgejagt in sein Grab.

Aber er stand gleich wieder auf. In neuer Weise geht er heute wieder um. Die Parole „Kirche für die Welt" – die etwas sehr Richtiges enthält – wird neu ausgegeben. Wieder einmal reißt man alle Zäune zwischen der Kirche und der Welt weg. Wieder einmal versucht die Kirche in selbstmörderischer Weise, sich zu verlieren an die Welt.

Wie manches Mal habe ich in den vergangenen Jahren vor dem Bild Rothes gestanden und im Geist ein Gespräch mit ihm geführt: „Weißt du denn nicht", sage ich, „daß der

Petrus am ersten Pfingsttag, den man den ‚Geburtstag der Kirche‘ nennt, gerufen hat: ‚Laßt euch erretten aus diesem verkehrten Geschlecht!‘? Er hat also herausgerufen aus der Welt. – Und weißt du nicht, daß das Wort ‚Kirche‘ bedeutet: ‚die Herausgerufene‘? Die Gemeinde Jesu Christi kann sich nicht an die Welt verlieren. Sie muß vor allem erst einmal ‚heraus‘, ehe sie einen Dienst an der Welt tun kann.“

Wenn ich so rede, lächelt der Professor auf dem Bild nur sein mokantes Lächeln, ohne mir zu antworten.

Und dann fahre ich fort zu reden: „Wenn ich dich so ansehe, lieber Professor, in deinem schwarzen Rock und mit deiner gelehrten Stirn, die so hohe Gedanken bewegt, dann verstehe ich, daß du dich weltfremd fühlst und meinst, wir müßten besser in die Welt hinein. Du denkst wie mein Vetter, der Superintendent, der mir mal sehr ernst erklärte: ‚Wir müssen doch beweisen, daß wir in die Welt hineinpassen!‘ Weißt du, lieber Richard Rothe, was ich ihm geantwortet habe? ‚Lieber Vetter! In die Welt passe ich leider nur allzu gut hinein. Meine Sorge ist, daß ich doch in das Reich Gottes und der Erlösung hineinpassen möchte.‘ “

Aber Richard Rothe lächelt nur süffisant.

Da habe ich ihm gesagt: „Deine Bücher habe ich aus meinem Bücherschrank hinausgeworfen. Aber dein Bild werde ich an der Wand hängen lassen – als Warnung! Als Stopplicht!“

Ich möchte nicht, daß sich die mir Anvertrauten an die Welt verlieren. Und die Kirche, in der der Herr Jesus Christus der Eckstein ist, wird sich nie im Staate auflösen. Denn ihr Herr hat gesagt, daß die Pforten der Hölle sie nicht überwältigen sollen. Wieviel weniger könnten es Theologie-Professoren!

Das Bild Rothes hängt an der Wand in meinem Studierzimmer, um mich daran zu erinnern, daß alle diese Irrtümer in dem falschen Verständnis der Volkskirche wurzeln. Die Volkskirche ist eine Missionsanstalt, ein Gerüst, unter dem die wahre Gemeinde Jesu erbaut wird.

Nun stehe ich wieder vor dem Bild Richard Rothes und frage: „Sollte ich nicht doch dein Bild den fünf Bänden deiner ‚Ethik' folgen lassen?"

Aber ich lasse es hängen! Ich will mir ehrlich gestehen: Nicht nur als Warnung, sondern weil es so eine entzückende Zeichnung ist und – vor allem – weil der schöne Spruch in Rothes eigener Schrift unter seinem Bildnis steht: „Wir sahen seine Herrlichkeit, eine Herrlichkeit als des eingeborenen Sohnes vom Vater, voller Gnade und Wahrheit."

„Richard Rothe, einer meiner Freunde nannte dich zornig den ‚Urgroßvater aller Deutschen Christen'. Aber der Bibelspruch rettet deinem Bild das Leben!"

Nils Hauge
und die Entdeckung des Originals

Der norwegische Student, von dem ich in der Einleitung sprach, hat Wort gehalten: Eines Tages kam das Bild von Nils Hauge bei mir an. Es ist die Photographie eines künstlerischen Reliefs. Immer wieder ruht mein Blick auf dem Bild des schmalen, hageren Kopfes mit den langen Haaren und den durchdringenden Augen.

Unter dem Bild steht in norwegischer Sprache ein Satz von Nils Hauge: „Ich habe Gottes Geist Gehorsam geschworen, und er hat mir geholfen, meinem Vorsatz treu zu bleiben."

Wer war denn nun Nils Hauge, und warum lag mir so viel daran, sein Bild zu bekommen?

Dazu muß ich zuerst etwas aus eigenem Erleben berichten. Ich saß einst in meinem Hotel in Oslo beim Frühstück. Auf einmal erhob sich ein Mann vom Nebentisch und kam auf mich zu: „Ich höre, Sie sind der Pfarrer, der hier vor Studenten das Evangelium predigt. Ich bin Abgeordneter des Storting (norwegisches Parlament). Wir haben eine kleine christliche Partei, die hauptsächlich aus Abgeordneten der Westküste besteht, wo Nils Hauge einst die große Erweckung hervorgerufen hat. Würden Sie uns wohl heute in unserer Fraktion die Morgenandacht halten?"

Da stieß ich also auf den Namen von Nils Hauge. Gern folgte ich der Einladung. Wir gingen zusammen durch die Wandelhallen des Parlamentsgebäudes. Mit Interesse sah ich die große Halle, in der die Geschenke ausgestellt sind, die die Minister oder Parlamentarier von auswärtigen Staatsoberhäuptern bekommen haben. Und dann saßen wir in dem Fraktionszimmer. Freundlich begrüßten mich die 12 Abgeordneten. Auf dem Tisch lag aufgeschlagen die Bibel. Aufmerksam hörten sie mir zu, als ich ihnen das Wort auslegte. Und dann knieten alle nieder und beteten. Ich verstand ihre Worte nicht. Aber ich spürte die Gegenwart Gottes.

Hier ging mir zweierlei auf: Erstens, wie stark die Erweckungsbewegung, die durch Nils Hauge entfacht wurde, nach 140 Jahren noch nachwirkt. Und zweitens, wie sehr diese Erweckten sich verantwortlich wissen für ihr Volk und für das öffentliche Leben.

Von Oslo aus machte ich eine Reise durch viele Städte der Süd- und Westküste. Ich werde diese Versammlungen nie vergessen. Chöre sangen. Aber herrlicher noch klang das Singen all der versammelten Menschen, dieser Fischer, Bauern und auch Akademiker. Auffällig war die große Schar der Jugend. Viele mußten stehen, weil sie keine Sitzplätze mehr fanden.

Oft geschah dann etwas Seltsames: Wenn ich über eine Stunde lang das Evangelium gepredigt hatte, und wenn es nach meiner Meinung nun Zeit wurde, die Versammlung zu schließen, kam der Leiter und flüsterte mir zu: „Die Leute wollen noch mehr hören. Bei Nils Hauge haben die Versammlungen oft bis tief in die Nacht hinein gedauert. Erzählen Sie uns noch etwas von Ihren Erfahrungen mit Jesus!" So waren wir dann noch lange zusammen. Und keiner wurde müde. So groß ist der Hunger nach dem Worte Gottes.

Was für ein gewaltiger Mann muß dieser Nils Hauge gewesen sein, daß viele Jahrzehnte nach seinem Heimgang die Erweckungsbewegung noch so lebendig ist!

Wie wurde Nils Hauge dieser gesegnete Mann?

Es war am 5. April 1796. Hans Nielsen Hauge, der Bauernsohn, ging singend hinter dem Pfluge. Schon lange las er die Bibel und suchte Frieden mit Gott. Sein Herz war voll Unruhe.

Aber an diesem strahlenden Frühlingsmorgen geschah ihm etwas Seltsames: Es war ihm plötzlich, als wenn die Erde unter ihm versänke und als wenn er zu Gott emporgehoben würde. Das Heil in Jesus Christus wurde ihm mit einemmal klar, und er fand den Frieden Gottes.

An diesem Tage dichtete er:

> „Jesus, dein süßes Umarmen zu spüren,
> Sehnt sich und drängt sich mein Herze und Sinn.
> Reiß mich von allem, was mich will verführen,
> Zieh mich zu dir, meinem Ursprung, stets hin!
> Mich und was mein ist gar gern ich verliere,
> Wohnst hier im Herzen alleine nur du,
> Und sich dann endlich muß schleichen zur Türe,
> Was in der Seele verstört mir die Ruh.
> Stärk mich recht kräftig im Herzen dort drinnen,
> Daß ich versteh', was dein Geist hier vermag!
> Nimm dir gefangen mein Reden und Sinnen,
> Führ mich und lock mich, und bin ich auch schwach.
> Mich und was mein ist gar gern ich verliere,
> Wohnst hier im Herzen alleine nur du. Amen."

Bald danach suchte er die benachbarten Höfe auf. Dort erzählte er von seinem Erlebnis und rief die Menschen zu Gott. Dann wurde sein Aktionsradius weiter. In sieben Jahren ist er 15 000 km gewandert und gefahren, um zu predigen. Man nannte ihn den „guten Landstreicher Gottes".

Aber bald fingen die weltlichen und kirchlichen Behörden an, ihm Schwierigkeiten zu bereiten. Den staatskirchlichen Theologen wollte es nicht in den Kopf, daß hier ein ungelehrter Bauer predigte und daß die Menschen ihm zuströmten.

Einst hatte ein Schultheiß ihn eingesperrt. Am Sonntag ließ dieser Mann die Jugend in das Arrestlokal kommen. Vor Hauges Augen sollte hier getanzt und getrunken werden. Und der „heilige Gefangene" sollte mitmachen.

Aber der Tanz fiel aus. Denn Hauge hielt dem jungen Volk eine Predigt, die tief in die Gewissen ging. Er sagte:

„Heute ist der Tag des Herrn, der für euch gestorben ist. Mit dem Gruße von ihm komme ich zu euch! Ich stehe heute gefesselt und gebunden und verhöhnt zwischen euch, weil ich seiner Sache dienen will; trotzdem bin ich, Gott sei's gedankt, freier als ihr! Denn ihr seid noch in den Fesseln der

Sünde; ich aber bin frei gemacht durch Gottes Macht und durch die Gnade in Jesu Christo!

Dies ist der Tag des Herrn; aber dieser Tag, da Gottes Gnade offensteht und Christus euch in Liebe zu sich ruft, ist nicht immer zu finden. Denn es gibt auch einen andern Tag des Herrn, jenen großen Tag, an dem der Sohn Gottes kommt, Gericht zu halten über die Menschen. Dann aber ist es zu spät. Dann sind die Kirchen für immer verschlossen. Dann nützt es nichts mehr, von dem Antlitz des lebendigen Gottes wegzutanzen, obgleich vielleicht der große Spielmann mit dem Pferdefuß auch dann den Tanz zum Tode aufspielen wird, der euch wenig gefällt.

Oder meint ihr vielleicht, daß der Tanz am Sonntag das auslöschen könne, was ihr die ganze Woche hindurch an Sünden vollbracht habt? Daß die Lustigkeit am Sonntagabend den Kummer der Woche heilen und das Feuer des bösen Gewissens löschen könne? Nein! Nein! Man löscht eine Glut nicht, indem man hineinbläst! Man lacht sich nicht in Gottes Reich hinein!

Der Tod Jesu Christi und sein Blut gehören dazu, um uns von Sünde und Verderben zu erlösen. Denkt daran, dann werdet ihr nicht so leicht am Tage des Herrn zum Tanze gehen. Geht jetzt heim und bittet den allmächtigen Gott um Hilfe und Erbarmen!"

Die Jahre 1804–1814 brachte Hauge schließlich ganz im Gefängnis zu. Man warf ihm vor, er sei ein Herumtreiber, der die Leute von ihren Pflichten abhalte, der die Kinder gegen die Eltern aufwiegle und noch manches andere.

Alle Anwürfe stellten sich als Lügen heraus. Hauge schärfte seinen Zuhörern immer wieder ein, ein Jünger Jesu müsse auch im täglichen Leben treu das Seine tun. Ja, er selbst leistete seinem Land große Dienste, als er in einem Krieg mit England, bei dem die Salzversorgung durch die Blockade stillgelegt wurde, überall an der Küste Salzsiedereien aufbaute.

Als er 1814 aus der Gefangenschaft entlassen wurde, war er ein gebrochener Mann. Aber er wirkte als Seelsorger und Schriftsteller in der Stille. Und die durch ihn entfachte Bewegung lief durch das Land.

Nun hängt also sein Bild in meinem Studierzimmer. Darunter steht ein silberner Ständer mit einer kleinen norwegischen Flagge. In das Silber eingraviert sind die Worte: „Januar 1959. Norges Kristelige Student og Gymnasiastlag." Sie erinnern mich an herzbewegliche Versammlungen mit Studenten und Schülern im Lande Hauges.

Ich erzählte schon, daß das Bild in meinem Zimmer die Photographie eines Reliefs ist. Den Namen des Künstlers E. Gronland konnte ich auf der Photographie lesen. Aber manchmal fragte ich mich, wo wohl das Original zu finden sein könnte. Welche Freude, als ich es eines Tages entdeckte!

Wieder einmal war ich zu Vorträgen in Oslo und bekam bei der Gelegenheit eine Einladung zu dem Bischof Eivind Berggrav. Die Kaffeestunde bei diesem gewaltigen Mann war erschütternd.

Berggrav wurde in der ganzen Welt bekannt als einer der führenden Männer der Ökumene. Noch mehr aber durch sein furchtloses Eintreten für sein Volk gegen die deutsche Besatzungsmacht während der Hitler-Zeit. Es war für mich quälend, als der Bischof von seiner Verhaftung durch Statthalter Terboven berichtete. Terboven stammte aus Essen. Hier habe ich diesen äußerlich und innerlich schmächtigen Menschen kennengelernt. Wie man solch einen Mann, an dem nur der Mund bemerkenswert war, einem stolzen Volk wie den Norwegern als Statthalter aufdrängen konnte, ist unbegreiflich und gehört zu den grandiosen Fehlleistungen des Hitler-Deutschland.

Dieser Terboven ließ den Bischof verhaften und wollte ihn unter allen Umständen hinrichten lassen. „Denken Sie", sagte Berggrav, „der blutigste Mann des Nazi-Reichs hat mein Leben gerettet: der Chef der SS, Heinrich Himmler." Himmler hat wohl begriffen, daß die Ermordung Berggravs in Norwegen wie ein Flammenzeichen wirken würde, und verbot daher dem Statthalter die Hinrichtung.

Da saß ich, ein Deutscher, nun schweigend vor dem Bischof, der vom Ende des Statthalters Terboven berichtete: „Als alles verloren war, als die deutschen Armeen aus Rußland zurück mußten, als in allen besetzten Ländern die Untergrundkämpfer sich erhoben – da nahm Terboven sich das Leben. Er erschien auf der Terrasse seines prächtigen Hauses, rauchte vor aller Augen pompös und kaltblütig eine Zigarette, bis dann mit ungeheurem Getöse der ganze Bau mitsamt dem Statthalter in die Luft flog." Ein Schatten ging über das Gesicht Berggravs: „Ja, ja! Er hat sich selbst in die Luft gesprengt. Sein Tod war so grauenvoll und kitschig – wie alles!"

Mir liefen die Tränen über das Gesicht, so sehr schämte ich mich. Ich konnte sie nicht zurückhalten.

Diese Unterredung, in welcher der eindrucksvolle Mann schließlich sein Herz öffnete und sich mir wohltuend brüderlich erzeigte, wurde vom ersten Augenblick an bestimmt durch eine Erkenntnis, die mich beim Eintritt in das Zimmer Berggravs überfiel: Da hing ja groß und mächtig über dem Schreibtisch des Bischofs das Original-Relief von Nils Hauge!

Als der Bischof schließlich mit einer harten Handbewegung die politischen Erinnerungen wegwischte, mußte ich das Gespräch auf das Bild bringen. Nun lächelte der Alte bei meinem Bericht darüber, daß im Studierzimmer des deutschen Pfarrers dasselbe Bild hänge wie in seinem Zimmer. Zwar nur eine Photographie von dem Original, aber doch immerhin . . .!

Beide schauten wir auf den eindrucksvollen Kopf von Nils Hauge. Und dann fuhr es mir heraus: „Wenn erst einmal alle Bischöfe der Kirche ein Bild der Erwecker und Laienprediger über ihren Schreibtischen hängen haben, dann ist alles für die Kirche zu erhoffen!"

Johann Kaspar Lavater
und Goliath in der „Reblaube"

An einem herrlichen Sommertag bummelte ich durch Zürich. Wundervoll die Promenade am See! Links leuchtende Blumenbeete – rechts die flimmernde Wasserfläche, belebt durch weiße Segel. Im Hintergrund tauchen im Dunst die Berge auf. Ich kenne kaum eine schönere Straße als die Züricher Seepromenade.

Dann bog ich in die berühmte Bahnhofstraße ein mit all ihren prachtvollen Läden, in denen der Reichtum unserer Zeit ausgestellt ist. Ich achtete nur auf die Schaufenster. Und so geschah es, daß ein junger Mann beinahe in mich hineinrannte. Er kam eilig aus einer Buchhandlung herausgelaufen.

Nach dem ersten Schock erhoben wir beide ein riesiges Freudengeschrei, daß die Züricher erstaunt und mißbilligend auf uns sahen. Der junge Mann nämlich war viele Jahre hindurch als Schüler in dem von mir geleiteten „Bibelkreis" (BK) gewesen. Viel hatten wir zusammen erlebt: lange Männergespräche und herrliche Freizeiten. Weil er ein wenig klein ausgefallen ist, hatten seine Freunde ihm den Spitznamen „Goliath" gegeben.

Also, da lief mir nun der „Goliath" auf der Züricher Bahnhofstraße in die Arme, nachdem ich lange nichts mehr von ihm gehört hatte.

„Wo kommen Sie denn her?" fragte er verwundert.

„Ich komme aus Österreich, wo ich eine Reihe von Vorträgen gehalten habe", gab ich Auskunft. „Und nun habe ich noch einige Evangelisations-Versammlungen im Kanton St. Gallen. Aber ich möchte jetzt gern von dir hören!"

Ich erfuhr, daß er sein Theologie-Studium aufgegeben hatte. Eben kam er von der Frankfurter Buchmesse, wo er mit bekannten Schriftstellern und Dichtern zusammen gewesen war. Nach einer kurzen Schweizer Reise wollte er eine Stelle am Rundfunk antreten.

Während ich ihm interessiert zuhörte, schoben wir uns durch den Menschenstrom. Das war ungeeignet für eine gute Unterhaltung. Ich überlegte, wohin wir gehen könnten. Und da fiel mir auf einmal etwas ein:

„Goliath! Hast du denn schon das Haus von Lavater gesehen?" Er schüttelte den Kopf. „Mensch! Da müssen wir hin! Ich weiß doch von deinem Interesse für Lavater!"

Schnell bogen wir in eine ruhige Seitenstraße ein. Durch kleine Gäßchen und über schmale Treppen führte ich ihn zu der alten Peterskirche.

Hier steht die Zeit still. „Sieh!" sagte ich, „an dieser Kirche war Lavater Pfarrer. Hier hat er seine aufsehenerregenden Predigten gehalten. Und hier..." – wir gingen über eine Rasenfläche – „ist sein Grab, im Schatten seiner Kirche!"

Wir wandten uns zurück. Da sieht man auf ein schmales, hohes, altertümliches Haus. „Dort hat Lavater gewohnt. In diesem Haus hat er überschwenglich die Freundschaft mit Goethe gefeiert, als der ihn auf seiner berühmten Schweizer Reise besuchte. Sieh, dort ist die alte Herberge ‚Reblaube', in der Goethe damals sein Quartier hatte!"

Wir hielten zusammen eine Lavater-Gedächtnis-Stunde. Wir sahen auch das Haus an, in dem Lavater gestorben ist, nachdem ihn im Jahre 1799 die Kugel eines französischen Soldaten getroffen hatte. Zwei Jahre lang hat er sich mit dem Sterben gequält. An seinen Mörder schrieb er einen kurzen Brief: „Gott vergebe Dir, wie ich Dir von Herzen vergebe! Ich umarme Dich, Freund! Du tatest mir unwissend Gutes. Kommt dies Blatt in Deine Hand, sei es Dir ein Pfand von des Herrn Güte, welcher Sünder begnadigt."

Eine halbe Stunde später saßen wir am See im Garten des Kongreß-Hauses. Und die Tee-Stunde stellte uns wieder in die laute, interessante Gegenwart.

Einige Monate darauf überreichte mir „Goliath" das schöne Bild von Lavater, das nun in meinem Studierzimmer hängt. Es ist ein wertvoller Kupferstich, der Lavaters Kopf wundervoll wiedergibt. Aus dem hageren, geistvollen Gesicht schauen uns zwei übergroße Augen an. Unter dem Bild ist – und das macht es besonders wertvoll – ein Stücklein Papier angeheftet mit ein paar Zeilen aus einem Original-Manuskript Lavaters. Sie stammen aus einem Entwurf seiner „Physiognomik".

Aber nun will ich zuerst erzählen, warum wir beide uns so sehr für Lavater interessierten.

Dazu muß ich weit ausholen: Als ich 9 Jahre alt war, siedelte unsere Familie von Wuppertal nach Frankfurt am Main um. Hier besuchte ich das Lessing-Gymnasium. In den höheren Klassen der Schule ging mir auf, wie sehr die Stadt Frankfurt von Goethe erfüllt war. Mein Schulweg führte mich am Goethehaus im Hirschgraben vorbei und erinnerte mich jeden Tag an den großen Frankfurter. Im Unterricht der Schule war Goethe fast so etwas wie ein Lokal-Heiliger.

So kam es, daß wir, meine Freunde und ich, uns schon früh mit Goethe beschäftigten. Da stieß ich auf Lavater, der mich später, als ich mich zum Herrn Jesus Christus bekehrt hatte, immer mehr anzog.

Wer war Lavater?

Er war Schweizer, verbrachte fast sein ganzes Leben in Zürich und lebte von 1741 – 1801.

Es war die Zeit der beginnenden „Aufklärung", des hochmütigen, hohlen Vernunftglaubens. Lavater aber fand immer mehr zu einem einfachen Bibelglauben. Damit schwamm er gegen den Geist der Zeit und erregte großes Aufsehen mit seinen Predigten.

Daneben war dieser große Geist ungeheuer aufgeschlossen für alle Geistesströmungen und für alles, was die Herzen bewegte. Er überraschte seine Zeitgenossen mit mancher Schrift, durch die er in den Kampf der Geister eingriff.

Bei mehreren Besuchen in Deutschland wurde er gewaltig gefeiert. Tausende strömten herbei, den berühmten Mann zu sehen und zu hören.

Bekannt ist er vielen geworden durch seine „Physiognomik". Er war überzeugt, man könne aus dem Gesicht eines Men-

265

schen auf seine Eigenschaften schließen. Vor mir liegt ein altes Heftchen aus dem Anfang des vorigen Jahrhunderts, in dem ein Auszug aus den „Physiognomischen Fragmenten" abgedruckt ist. Da heißt es zum Beispiel: „Je weniger Buchten, Wölbungen, Vertiefungen, je mehr einfache Flächen oder geradlinuiert scheinende Umrisse an einer Stirn wahrzunehmen sind, desto gemeiner, mittelmäßiger, ideenarmer, erfindungs-unfähiger ist die Stirn."

Es hat mir immer gegraust bei dem Gedanken, unser Gesicht, das wir uns doch nicht selbst gegeben haben, könnte unser ganzes Schicksal bestimmen. Das wäre ein fürchterlicher Fatalismus.

Es ist mir auch nicht ganz klar geworden, ob Lavater es wirklich so gemeint hat. Ich glaube eher, seine Überzeugung ging dahin, daß unser Charakter im Laufe der Zeit unser Gesicht prägt. Und das ist ohne Frage richtig. Der geniale Essener Pfarrer Friedrich Gräber, mit dem ich in Freundschaft verbunden war, sagte einmal: „Vom 40. Lebensjahr an sind wir für unser Gesicht verantwortlich." Er wollte damit ausdrücken: Im Laufe der Jahre wird es an unserm Gesicht offenbar, wer wir sind. Ein Mensch zum Beispiel, der im Glauben viel Leid überwunden hat, wird anders aussehen als ein anderer, der innerlich leer und hohl ist, oder als einer, der vor allem seinen Trieben dient.

Ich weiß es nicht, ob Lavater in dieser Richtung gedacht hat, wenn er die Gesichter seiner Freunde zeichnete oder sich Scherenschnitte und Bilder aller möglichen Menschen schicken ließ.

Nun, das Ganze war ein seltsames Hobby. Und es ist schade, daß die meisten Leute nur von Lavaters „Physiognomik" wissen. Aber die vielen schönen Lieder, die er gedichtet hat, sind unbekannt.

Schon als junger Mann begann er einen wilden Kampf gegen einen ungerechten Landvogt. Er zeigte damit, wie sehr er sich für die Gerechtigkeit im öffentlichen Leben verantwortlich wußte. Dieser Kampf hat ihm viel Feindschaft eingetragen. Und wenn er auch von Fürsten und Königen geehrt und von vielen treuen Freunden geliebt wurde, so hat ihn doch auch Feindschaft sein Leben lang verfolgt.

Als 1799 die französischen Revolutionsheere die Schweiz überfluteten, protestierte er mutig gegen die Verhaftung von zehn Züricher Bürgern. Darauf wurde er verhaftet und kehrte unter großen Abenteuern in die Heimat zurück.

Noch mehr Feindschaft aber trug ihm sein Bibelglaube ein. Die „Aufklärer" schmähten ihn in Zeitungen und Zeitschriften. Der Berliner Verleger Nicolai brachte ein Spottgedicht unter die Leute:

>   „Wie schön leucht't uns von Zürich her
>   Der Wundertäter Lavater
>   Mit seinen Geistesgaben!
>   Sein neues Evangelium
>   Hat uns bezaubert um und um,
>   Tut blöde Seelen laben.
>   Wunder,
>   Plunder,
>   Magnetismus,
>   Zauberkuren
>   Zeigen seines Fingers Spuren."

Mich hat immer besonders das Verhältnis Lavater – Goethe interessiert. Als Jugendpfarrer in Essen habe ich dann eines Tages in dem „Bibelkreis für Höhere Schüler" (BK) darüber gesprochen. Es war mir wichtig, gerade diesen gebildeten jungen Männern deutlich zu machen, wie in Goethe und Lavater zwei Welten aufeinandertrafen: Lavaters schlichter Bibelglaube und Goethes schillernder, aus vielen Elementen zusammengesetzter edler Humanismus. Gerade die begabtesten unter diesen Primanern sind immer wieder angezogen von Goethes Weltanschauung, in der ja auch christliche Bestandteile nicht fehlen.

Dieses Referat hatte damals „Goliath" großen Eindruck gemacht. Er war wohl von all den jungen Menschen derjenige, der Goethe am besten kannte und am tiefsten verehrte.

Sooft mein Blick auf das schöne Lavater-Bild in meinem Studierzimmer fällt, steht die Tragödie der Freundschaft Lavater –

Goethe vor mir. Sie ist eine gewaltige Tragödie, weil die Freundschaft an ihrer Stellung zu Jesus zerbrach.

Als junger Mann sah Goethe in Lavater den großen Geist und den wahren Christen. So verehrte er ihn glühend. Auf einer Schweizreise, die Goethe als Begleiter eines jungen Fürsten unternahm, besuchte er Lavater in Zürich. Damals schrieb er in einem Brief: „Die Bekanntschaft von Lavater ist für den Herzog und mich, was ich gehofft habe, Siegel und oberste Spitze der ganzen Reise und eine Weide am Himmelsbrot... Er ist der beste, größte, weiseste, innigste aller sterblichen und unsterblichen Menschen, die ich kenne. Es ist uns allen eine Kur, um einen Menschen zu sein, der in der Häuslichkeit der Liebe lebt und strebt... Wie gern möchte ich ein Vierteljahr neben ihm zubringen. Es ist mit Lavater wie mit dem Rheinfall; man glaubt auch, man habe ihn nie so gesehen, wenn man ihn wiedersieht. Er ist die Blüte der Menschheit, das Beste vom Besten."

Aber im Laufe der Jahre ging Goethe auf, daß er etwas anderes meinte als Lavater. Beide waren nun viel zu sehr ganze Männer, als daß sie oberflächlich bei verschiedener Grundhaltung die Freundschaft hätten fortsetzen können. Es trat eine Entfremdung ein, die bei Goethe sich allmählich zum Haß steigerte.

1782 schrieb er an Frau v. Stein: „Hier ist ein Bogen von Lavaters Pilatus. Ich kann nichts darüber sagen. Die Geschichte des guten Jesus habe ich nun so satt, daß ich sie von keinem, als allenfalls von ihm selbst, hören möchte. – Wenn ein großer Mensch ein dunkel Eck hat, dann ist's, daß er eben nicht loskommen kann... In meinen Augen knüpft sich bei Lavater der höchste Menschenverstand und der krasseste Aberglaube durch das feinste und unauflöslichste Band zusammen."

Damals brach Goethe mit all seinen christlichen Freunden wie Jung-Stilling, den beiden Stollbergs und anderen. Er sprach in Erinnerung an den römischen Kaiser Julian, der die Christen hart verfolgte, von einem „julianischen Haß" in seinem Herzen. Es war die Zeit, in der der große Dichter nicht nur über seinen Freund Lavater herfiel, sondern auch die Heiligtümer christlichen Glaubens angriff in seinen Xenien:

> „Kreuzigen sollte man jeden Schwärmer im
> dreißigsten Jahre,
> Kennt er nur einmal die Welt, wird der
> Betrogene der Schelm.
> Vieles kann ich ertragen! Die meisten
> beschwerlichen Dinge
> Duld' ich mit ruhigem Mut, wie es ein Gott
> mir gebeut;
> Wenige sind mir jedoch wie Gift und Schlange
> zuwider,
> Viere: Rauch des Tobaks, Wanzen und Knoblauch
> und Kreuz."

Lavater hat unsagbar unter diesem Bruch gelitten. Aber es konnte ihn in seinem Weg nicht irremachen.

Es muß hier angemerkt werden, daß Goethe nicht bei diesem Haß stehenblieb. Es war eine Periode im Leben des geistreichen Mannes. Später geriet er, besonders unter dem Einfluß von Schiller und Kant, in ein ruhigeres Verhältnis zum Christentum. Im zweiten Teil des Faust ging der greise Dichter von seiner idealistischen Einstellung zu einer mystischen über, unter Benutzung christlich-katholischer Symbole. Elf Tage vor seinem Tode sprach Goethe von der Person Christi als von „göttlicher Art, wie nur je das Göttliche erschienen" sei, und er erklärte sich bereit, „Jesus anbetende Ehrfurcht zu erweisen".

An den beiden Männern Goethe und Lavater ist deutlich geworden, daß ein tiefer Graben liegt zwischen Humanismus und biblischem Glauben; zwischen Selbsterlösung und Erlösung durch den Herrn Jesus Christus; zwischen einer Weltauffassung, in der der Mensch im Mittelpunkt steht, und der andern, die Gott als den ansieht, um dessentwillen alles ist.

Darum habe ich kein Bild Goethes in mein Studierzimmer gehängt, sondern ein Bild Lavaters.

Doppelte Verwandtschaft
und auch Frauen

Der Besucher meines Studierzimmers hat lange in die vielen Gesichter geschaut, die ihn umgeben. Auf einmal stutzt er: „Nanu, was bedeutet das?"

„Was meinen Sie?"

„Nun, dort in dem schmalen Streifen zwischen der Tür und einem Büchergestell haben Sie eine Reihe Bilder aufgehängt, bei denen" – er lacht – „ja, bei denen fast die Hälfte Frauen sind. Wenn man in das Zimmer hineinkommt, sieht man überall nur Männerköpfe. Da fällt diese etwas verborgene Ecke aus dem Rahmen."

Nun muß ich mich zu der besonderen Bilderreihe bekennen: „Ich will Ihnen offen gestehen, daß diese Bilder, denen Sie jetzt ihre Aufmerksamkeit schenken, eine Zeitlang für mich ein kleines Problem bedeuteten. Hier ist nämlich meine Verwandten-Ecke.

Ich habe mich gefragt: Paßt denn so etwas in mein Zimmer? Stört der Gesichtspunkt ‚Blutsverwandtschaft' nicht das andere, das nur unter dem Gesichtspunkt ‚Geistesverwandtschaft' zusammengestellt ist? Andererseits sind da Gesichter, die ich gern um mich sehe bei meiner Arbeit am Schreibtisch. Da bin ich nun auf den Ausweg verfallen: Hier werden Bilder aufgehängt von Menschen, die nicht nur blutsverwandt, sondern auch geistesverwandt sind. So kam diese kleine Sondersammlung zustande."

Zunächst betrachten wir meinen Urgroßvater C h r i s t i a n F r i e d r i c h K u l l e n. Der feine, schmale Kopf – das hagere Gesicht – die zusammengepreßten Lippen – das skeptische Lächeln – die langen Locken – das alles läßt mich fast das Gerücht glauben, daß einer der Vorfahren meiner Mutter im

Dreißigjährigen Krieg mit dem Heere des Königs Gustav Adolf aus Schweden herübergekommen sei. Im Geist setze ich dem Urgroßvater einen Eisenhelm auf. Und dann muß ich denken: So könnte ich mir einen schwedischen Obristen vorstellen in der Zeit, als das Heer Gustav Adolfs noch nicht entartet war.

Nun hat meine Phantasie mich fortgerissen. In Wirklichkeit war Christian Friedrich Kullen ein Lehrer in dem Dörfchen Hülben auf der Schwäbischen Alb. Daneben war er Bauer und Leiter der „Stund'", in der sich die „Stillen im Lande" um Gottes Wort versammelten. Und doch! Dieser Christian Friedrich Kullen war ein Obrist, ein Anführer im Streiterheer Jesu Christi. Und alles, was ich von ihm gehört und gelesen habe, zeigt, daß sein Glaube an den Herrn Jesus Christus etwas Wagendes und Kühnes hatte.

Daneben hängt das Bild seines Sohnes, meines Großvaters J o h a n n e s   K u l l e n. Die beiden Bilder sind Photographien nach Gemälden, die wir heute noch im alten Schulhaus finden. Dies Schulhaus ist ein seltsamer Bau: unter *einem* Dach zwei Schulräume, die große Lehrerwohnung, der Viehstall, die Scheune und ein großer Kornboden.

In solchem abenteuerlichen Hause durfte ich als Junge mit meinen Geschwistern die Ferien verbringen: Versteckspielen in der halbdunklen Scheune – mit Onkel Albrecht auf dem Kuhwagen aufs Feld hinausfahren – auf dem Dachboden alte Gemälde hervorsuchen, die ein längst verstorbener Künstler dort abgestellt hatte – sonntags um 14 Uhr in der „unteren Schulstube" ganz still zwischen den Männern und Frauen sitzen, die den Brüdern und ihrer Bibelauslegung zuhörten – Sonntagsnachmittags-Kaffeetrinken in der riesigen Wohnstube mit vielen Gästen und Freunden – das alles sind unvergeßliche Eindrücke.

Hier lernte ich noch den Großvater kennen. Ich sehe im Geist die zarte, feine Gestalt mit dem freundlichen Gesicht und den wehenden weißen Haaren.

Es ist ein Brief erhalten, den er mir zu meinem fünften Geburtstag schrieb:

„Mein lieber Enkelsohn!

Zu Deinem Geburtsfest wünsche ich Dir tausendfachen, ja millionenfältigen Segen. Der liebe Heiland lasse es Dir im neuen Lebensjahr recht gut ergehen, daß Du gesund bleibest und Dir nichts Schweres begegne, daß auch der liebe Papa und die liebe Mama und die lieben Schwesterlein nicht krank werden, sondern alle Tage fröhlich mit Dir sein dürfen.

Wenn Du wieder – der liebe Heiland helfe dazu – dieses Frühjahr nach Hülben kommst, dann wollen wir mit Gottes Hilfe schöne Spaziergänge machen in die Wälder und auf die Felsen, auch können wir vielleicht prächtige Vogelnestchen mit wunderschönen Eilein sehen. Und in der Kirche will ich Dir und den lieben Schwesterlein Orgel spielen, leise und laut.

Und die Kühe mußt Du helfen trinken lassen und die Hühner füttern. Sie mögen furchtbar gern das Brot, besonders das weiße; aber weißes Brot bekommen sie nicht oft, die Hennen sind auch mit Gerste zufrieden.

Auf dem Kirchturm will ich Euch, liebe Kinderlein, auch die großen Glocken zeigen.

Und in der unteren Schule will ich Euch vom lieben Heiland erzählen. Er ist unser liebster Herr! Er lasse sein Angesicht über Dich und alle leuchten!

Dein Dich sehr liebender Großpapa und Großmama."

Die G r o ß m u t t e r hat ihren Mann Johannes Kullen lange überlebt. Als ich in Tübingen studierte, kam ich über Samstag und Sonntag oft in das alte Schulhaus, das in den Besitz der Familie übergegangen war, weil man in Hülben inzwischen ein neues, modernes Schulgebäude errichtet hatte.

Immer fand ich die Großmutter, die völlig erblindet war, in einem tiefen Polstersessel neben dem riesigen eisernen Ofen, der in der Eisengießerei in Wasseralfingen, kunstreich und mit vielen Bildern geziert, gegossen war. Hier saß die liebe alte Frau und war unermüdlich am Spinnrad tätig. Heute sieht man solche Spinnräder nur in Museen! Aber vor einigen Jahrzehnten noch hat Großmutter den ganzen Leinenbedarf der Familie selbst gesponnen.

Wenn ich in die Stube trat und alle Anwesenden begrüßt hatte, wurde mir zuerst immer ein gewaltiges „Vesper" vorgesetzt. In der armen Zeit nach dem Ersten Weltkrieg war ich sehr ausgehungert, und so bedeutete dies Mahl in der Stube über dem Viehstall ein richtiges „Erlebnis"! Aber kaum hatte ich mir den Mund gewischt, rief Großmutter schon: „So! Jetzt lies mir den ‚Heidenboten' vor!" Ich holte das Blatt der Basler Mission vom Schreibtisch. Und dann staunte ich jedesmal, mit welch glühendem Interesse die alte Frau die Siegeswege Jesu in der weiten Welt verfolgte. Blind saß sie am Ofen. Aber ihr Gesichtskreis war weiter als der vieler, die heute sinnlos im Auto durch die Lande jagen und doch nicht viel mehr erleben als Pannen ...

In einem goldfarbenen Doppelrähmchen hängen die altmodischen Photographien der Eltern meines Vaters.

Den Großvater W i l h e l m B u s c h habe ich nicht gekannt. Er ist früh „heimgegangen".

Hier muß ich ein wenig anhalten. Ist es nicht seltsam, daß die Christen das Wort „sterben" so ungern aussprechen? Für den Menschen, der ohne die Bibel lebt, ist das Sterben ein peinlicher, aber natürlicher Abschluß des Daseins. Der Christ aber weiß, daß das Sterben etwas Furchtbares ist: Gottes Gericht! Lohn der Sünde! Und darum freut sich sein Herz, daß es den Heiland kennt, den Sohn Gottes, der durch sein Sterben am Kreuz und durch sein Auferstehen „dem Tode die Macht genommen hat und Leben und unvergängliches Wesen ans Licht gebracht hat" für alle, die an ihn glauben und ihm angehören.

Darum halten Christen es gern mit dem Apostel Paulus, der sagte, er wolle gern „daheim sein beim Herrn".

Das Bild des Großvaters zwang mich zu dieser kleinen Abschweifung. Er verwehrte mir zu sagen, er sei früh „gestorben". Er „ging heim".

Ein Wort aus seiner Leidenszeit, die ihn durch große Qualen führte, zeigt das Herz des Mannes. Seine Frau reichte ihm einen Löffel Wein mit den Worten: „Hier, Vater, eine kleine Erquickung!" Da richtete der Todkranke sich auf und sagte voll Nachdruck: „Die größte Erquickung im Sterben ist die Vergebung der Sünden durch Jesu Blut."

Er war ein stiller, sehr ernster Mann. Sein Lebensweg verlief seltsam: Als Gärtnerlehrling in einem badischen Schloß fing er an, wurde dann Lehrer und schließlich Hausvater im Rettungshaus in Elberfeld.

Unter den Bildern in dieser Ecke ist auch eine Zeichnung, die meinen Paten G o t t l o b   M u n d l e zeigt. Auch wer ihn nicht gekannt hat, muß an dieser köstlichen Zeichnung und an dem großartigen Kopf seine helle Freude haben.

Mundle war ein bekannter Mann. Er war Lehrer an der Missionsschule in Wuppertal-Barmen. Aber weite Kreise lernten ihn kennen als den großen Fachmann und Anreger für Kinder-Gottesdienste. Ich habe ihn einmal erlebt, wie er mit einer nach Hunderten zählenden Schar von Kindern eine biblische Geschichte besprach. Das war hinreißend! In wenigen Minuten hatte er die Aufmerksamkeit selbst der unruhigsten Geister gefesselt. Und bis zum Schluß folgten sie ihm in atemloser Spannung.

Ja, wenn ich nun schon vom „Onkel Gottlob" plaudere, muß ich unbedingt noch erzählen, wie er mir einmal als ein richtiger Engel Gottes erschien:

Es war im Ersten Weltkrieg bei Verdun. Unsere Stellung bekam eines Nachts einen Feuerüberfall. Mir riß ein Granatsplitter die Innenfläche der linken Hand auf. Wie aus einem Springbrunnen spritzte das Blut.

Der Sanitäter beugte sich über mich: „Da ist der Schlagaderbogen getroffen", murmelte er. Schnell band er mir den Arm ab. Halb bewußtlos erlebte ich, wie mich ein paar Sanitäter mit andern Verwundeten auf Tragen wegschleppten.

An einer zerschossenen Straße wurden wir abgestellt. Und dann hieß es: „Wenn ihr Glück habt, kommt in einer Stunde ein Sanitätsauto vorbei und holt euch." Und dann wandte einer sich im Abgehen trostreich zu mir: „Kamerad! Wenn du nicht innerhalb von zwei Stunden operiert bist, ist der Arm futsch."

Da lagen wir hilflos an der Straße. Und dann fing es an zu schießen. Ein Verwundeter brüllte verzweifelt: „Niemals kommt ein Auto hier durch!" Mir vergingen vor Schmerzen die Sinne.

Aber plötzlich wurde ich doch wieder wach vom allgemeinen Lärm. Ein Auto kam im Morgengrauen durch Feuer und Rauch angefahren. Es war ein Wunder, daß der Wagen nicht getroffen wurde. Er hielt. Wir wurden hineingeworfen. Wie der Fahrer gewendet hat und wie er herauskam, habe ich nur noch traumhaft erlebt. Ich sah auf meine Armbanduhr, als ich in einer französischen Kirche auf einen Operationstisch gelegt wurde, und stellte fest: Es fehlten noch 5 Minuten an den zwei Stunden. Doch schon legte sich mir etwas Betäubendes auf das Gesicht, und ich versank in Narkose.

Wie aus einem Brunnen tauchte ich auf – ich schaute mich um – ein leerer Schulsaal, in den man mein Bett geschoben hat – ein Gesicht beugt sich über mich – das ist doch nicht möglich! – ich träume noch! – das ist ja der Onkel Gottlob Mundle – das ist die Heimat – das ist – das ist . . . unfaßbar!

Er war es wirklich. Wunderliche Zusammenhänge! Er leitete in dem Ort der Etappe ein Soldatenheim. Davon hatte ich nichts gewußt. Und gerade an diesem Morgen war er in das Lazarett gekommen und hatte erlebt, wie der Arzt einen verwundeten Leutnant unter dem Messer hatte. Er schaute dem jungen Burschen ins Gesicht – und erkannte seinen Patensohn.

O, Onkel Gottlob Mundle! Dich habe ich sehr geliebt. Aber nie so wie an jenem Tag, als ich verlassen in dem Feldlazarett erwachte.

In der Reihe der Bluts- und Geistesverwandten hängen auch die Bilder der beiden Brüder meiner Mutter.

Das Bild von Onkel A l b r e c h t K u l l e n zieht zuerst den Blick auf sich. „Was ist das für ein genialer Kopf!" sagte ein Künstler, der das Bild bei mir sah. „Was war der Mann?"

Ich antwortete: „Er war Lehrer, Landwirt und in der Kirche Organist in Hülben wie seine Väter vor ihm durch 200 Jahre." Das bartlose, kühne Gesicht – die grauen, wilden Haare – ein hinreißender Kopf!

„Sie hätten ihn sehen sollen", sagte ich zu dem Mann, der das Bild von der Wand genommen hatte und es immer noch betrachtete, „als er noch jünger war!" Ich erinnere mich, wie ich ihn einmal als Junge erlebte im Hause von Freunden. Da hatte er sich kurz vorher mit der Tochter eines Münchener Kommerzienrats verlobt. Eine seltsame Verbindung: der Dorfschul-Lehrer und die verwöhnte Tochter aus dem reichen Hause.

Onkel Albrecht hatte damals eine Gesangausbildung hinter sich. Er wurde gebeten, etwas zu singen. Strahlend schaute er auf seine Braut und sang wundervoll: „O, säh ich auf der Heide dort / Im Sturme dich, / Mit meinem Mantel vor dem Sturm / Beschütz' ich dich . . ."

Die junge Frau starb bei der Geburt des ersten Kindes. Von da an war er eigentlich nur noch für andere da.

Die schönen Gastzimmer im ersten Stock des Schulhauses waren fast immer belegt. Er selbst aber hauste in einer kleinen Dachbude, die uns Kindern wunderbar romantisch erschien, die auch wohl einem Studenten Ehre gemacht hätte, für den geehrten Herrn Rektor aber mehr als kümmerlich war.

Mit seiner kleinen Landwirtschaft quälte er sich unendlich – nur um seine vielen Gäste bewirten zu können. Als im „Dritten Reich" alle Milcherträge abgeliefert werden mußten, widerstand er heftig. Nicht um seines eigenen Vorteils willen. „Wir haben", so erklärte er den Behörden, „viel Besuch von Neffen und Nichten und deren Kindern aus der Großstadt. Die müssen Milch haben! Was soll mir die ganze Schinderei, wenn ich meine Gäste nicht versorgen kann!"

Und er setzte sich tatsächlich durch. Daß er als Beamter durch solches Verhalten nicht gerade in ein günstiges Licht geriet, ließ ihn gleichgültig.

Dieser geniale Feuerkopf, der seine Gäste aufs beste versorgte, war für sich selber so bescheiden, daß er sich bei andern Leuten nicht satt aß. Als er einst bei uns zu Besuch war, entdeckten wir, wie er nach dem Essen in eine Bäckerei ging, um ein paar Brötchen zu kaufen.

Sonntags saß er – wie wir alle – in der Gemeinschaftsstunde, wo die um die Bibel zusammenkommen, die „mit Ernst Christen sein wollen". Diese „Stund'", wie man im Schwäbischen sagt, findet bis heute in dem unteren Saal des alten Hauses statt. Man hatte kein Klavier und kein Harmonium. Das war auch nicht nötig. „Der Herr Rektor" stimmte das Lied mit seiner schönen Stimme an.

Die Stunde zu leiten – wie sein Vater –, das hat er immer abgelehnt. Dies hat sein Bruder Paul Kullen übernommen.

Das Bild zeigt ein bärtiges, etwas grüblerisches Gesicht. Ich habe nie mehr im Leben einen so von Herzen demütigen Menschen getroffen. Aber gerade darum war er Gott und Menschen angenehm.

Dabei konnte er erstaunlich hart sein. Ich erinnere mich, wie er in den Augusttagen, als der Erste Weltkrieg ausbrach, eingezogen wurde. Wir Busch-Geschwister waren damals gerade in Hülben.

Nach wenigen Tagen war er wieder zu Hause. Wir erfuhren nicht viel über die seltsame Sache. Er hatte im ersten Gefecht sich geweigert zu schießen und erklärt: „Ich kann als Jesus-Jünger nicht auf Menschen schießen." Was wäre wohl im Zweiten Weltkrieg mit solch einem Manne passiert?! Damals schickte man ihn einfach nach Hause. Schließlich waren Lehrer ja auch notwendig.

Über den Bildern der Brüder hängt eine Photographie meiner Frau. Als ich Lehrvikar in Gellershagen bei Bielefeld war, sah ich aus dem Fenster meines Zimmers ein hübsches Häuschen mitten im Grünen. Was mich an dem Haus aber besonders beeindruckte, war ein Spruch, der in die Hauswand eingelassen war: „Obdach biete kurze Zeit / Pilgern nach der Ewigkeit."

Das zog mich an. Und bald war ich daheim in dem Rektorhause. Einmal sah ich auf dem Klavier eine Taschenbibel liegen. In der waren viele Stellen angestrichen. Und Daten waren neben manche Bibelworte geschrieben. Nur ein sehr selbständig denkender Mensch konnte so mit seiner Bibel umgehen. „Wem gehört die?" fragte ich. „Die gehört unserer Emmi", antwortete die kleine Schwester.

Von da an schaute ich mir das Mädchen genauer an. Und sie gefiel meinen Augen wohl.

Aber ganz war es um mich geschehen, als ich sie eines Tages im Garten auf einer Leiter stehen sah. Um sie drängten sich Nachbarskinder. Und Emmi schnitt ihnen aus einem Schneeballbusch herrliche Blütensträuße. (Mir fiel eine Sache ein, die Goethe von einer Begegnung mit der Lotte in Wetzlar berichtet.) Wie das Mädchen da königlich Blüten verschenkte – das war lieblich und schön.

So wurde sie meine Frau. Wir haben gute und böse Tage miteinander erlebt. Als wir 40 Jahre verheiratet waren, sagte ich ihr: „Wenn ich es noch mal zu tun hätte, ich liefe dir nach bis an das Ende der Welt." Da lachte sie und meinte, ihr ginge es genauso.

Das kann ich nun nicht gut verstehen, weil ich mich kenne. Aber – sie muß es ja wissen!

Sie ist nicht nur eine gute Hausfrau und die Mutter meiner Kinder, sondern auch – wie die Bibel sagt – „Gehilfin, die um ihn ist". Bei wieviel Manuskripten von Predigten, Büchern und Aufsätzen hat sie korrigiert, kritisiert und Korrektur gelesen!

Kurz, für mich ist sie die beste aller lieben Frauen.

In der Ecke der Bluts- und Geistesverwandten hängen auch die Bilder meiner beiden Brüder. Sie waren – wie ich – Theologen.

Zuerst ging der jüngste, m e i n B r u d e r F r i e d r i c h, von uns. Nachdem die „Geheime Staatspolizei" Hitlers unter erschreckenden Umständen ein Auslands-Seminar der Kirche, in dem er Dozent war, aufgelöst hatte, wurde er schon in jungen Jahren Leiter einer Prediger-Schule in Ostpreußen. (Diese Arbeit wird heute in Unterweissach in Württemberg weitergeführt.)

Friedrich war ein großer Theologe. Bei Professor Schniewind hatte er promoviert. Und es war ihm ein Herzenswunsch, die lebendigen ostpreußischen Gemeinschaftskreise, deren Vorsitzender er war, mit der wissenschaftlichen Theologie zusammenzubringen. So holte er die Professoren Iwand und Schniewind zu den großen Gemeinschaftstagen in Königsberg. Und diese bedeutenden Theologen kamen gern.

Fritz ist im letzten Krieg irgendwo in Rußland gefallen. Als ich vor einiger Zeit in einer Großstadt einen Evangeliums-Vortrag hielt, kam nachher ein Mann zu mir und sagte: „Ich war in der Kompanie Ihres Bruders. Wir haben ihn – wie schmerzt mich das heute! – gequält mit unserer Gottlosigkeit. Aber daß ich jetzt hier bei Ihnen in der Kirche saß, ist eine Frucht seines Lebens. Wie er war und was er sagte, das hat viele von uns nicht mehr losgelassen."

Als nächster ging von uns der mittlere der Brüder, J o h a n n e s. Er wurde in einer dunklen Januarnacht 1956, als er zu einem Jungmännertag nach Trier fuhr, von einem betrunkenen Karnevalisten angefahren. Sein Fahrer war sofort tot. Er selbst hat noch lange gelitten. Dann ging er heim, als kein Mensch bei ihm war. Dem Bundeswart des „Westdeutschen Jungmännerbundes – CVJM" und westfälischen Jugendpfarrer gaben Tausende von jungen Männern ein ergreifendes letztes Geleit. Da wurde etwas sichtbar von einem gesegneten Leben, das sich im Dienste verzehrte. Immer wieder treffe ich Menschen, die ihm das Wichtigste verdanken. *)

---

*) Es sei verwiesen auf die Lebensbeschreibung: Wilhelm Busch: „Johannes Busch, ein Botschafter Jesu Christi", Aussaat-Verlag, Wuppertal.

Uns drei Brüder verband eine große Liebe und herzliche Gemeinschaft. Es gab je und dann Tage, wo wir zusammen wanderten. Das war unbeschreiblich schön. Da wurden theologische Kämpfe ausgefochten. Und da hatten wir gemeinsam Freude an Landschaft, Menschen und an unserer Gemeinschaft.

Wie wundervoll wir zusammengehörten, wurde uns bei einem seltenen Erlebnis während des Hitler-Reiches deutlich. Ich habe diese Geschichte in dem Buch über meinen Bruder niedergeschrieben und darf sie hier noch einmal wiederholen:

Es war ein schöner Sommertag. Die Frauen waren mit den Kindern zum Ferienaufenthalt schon in Hülben eingetroffen und saßen fröhlich erzählend unter den alten Buchen im Garten beieinander. Die Männer hatten noch irgendwo Dienst. Da geht auf einmal das Gartentor auf – und herein kommt Johannes. Er teilt mit, daß er in Witten abgesetzt und aus dem Amt geworfen sei. Jetzt wolle er erst mal ein paar Tage Abstand gewinnen.

Plaudernd sitzt man am nächsten Tage wieder unter den Buchen, da geht wiederum das Gartentor auf, und es erscheint unvermutet der jüngste Bruder Fritz. „Wir dachten, du seiest in Danzig", ruft man ihm entgegen. Da erzählt er, wie er unter schändlichen Umständen und mit viel Schikanen aus Danzig ausgewiesen worden sei. Nun war der zweite gekommen.

Am dritten Tag erschien der Bruder Wilhelm. Der sollte eigentlich bei der „Evangelischen Woche" in Stuttgart sein. Er erzählte: „Heute morgen wurde ich zur ‚Geheimen Staatspolizei' gerufen, und es wurde mir mitgeteilt, daß ich in Württemberg nicht mehr öffentlich reden dürfe. Ich müsse sofort aus Stuttgart verschwinden. So fuhr ich traurig auf die Schwäbische Alb zur Mutter."

Da saßen nun die drei Brüder zusammen – alle drei verfemt und ausgestoßen. Und doch so glücklich; denn sie waren alle eines Geistes.

Die Mutter aber strahlte.

Welch eine M u t t e r !

Das Bild an meiner Wand zeigt sie als 53jährige, noch schöne Frau, kurz nach dem Heimgang des Vaters. Auf dem Gesicht liegt der Friede Gottes aller wahrhaftigen Gotteskinder.

Als der Sarg meines Vaters aus dem Hause getragen wurde und wir Geschwister, eine unversorgte Schar, weinend umherstanden, rief meine Mutter mit starker Stimme: „Kinder, wenn wir jetzt keinen Heiland hätten, dann müßten wir weinen, daß Frankfurt von unserm Wehgeschrei erfüllt würde. Aber – wir haben einen Heiland!"

Und das hat sie uns vorgelebt, als es durch schreckliche Armut in der Inflationszeit und durch dunkle Wohnungsnöte ging.

Für mich als jungen Theologen wurde sie ein rechter Lehrer des Wortes Gottes. Ich erinnere mich, wie ich einmal kritisch vom Kreuze Jesu und von der blutigen Versöhnung von Golgatha sprach. Ich war eine Nacht lang über die Schwäbische Alb gewandert, um über das Kreuz Jesu Klarheit zu bekommen. Aber es war nur dunkler geworden in mir.

Nun sagte ich zu ihr: „Wieso sollte Gott gewollt haben, daß sein Sohn stirbt?! Ist das nicht doch eine antike Vorstellung von Opfern?"

Da schaute sie mich ernst an, und dann wurde sie fast zornig. „So!" rief sie „Ist das nichts: ‚. . . der dir alle deine Sünden vergibt'?! Ist das nichts?!?"

Das war eigentlich gar keine Antwort auf meine Frage. Und doch – als sie das sagte, stand das Kreuz Jesu auf einmal hell und klar vor mir. Ich erkannte den, auf den Gott unsere Schuld und Sünde geworfen hat. Ich begriff die große Erlösung.

„Wir haben einen Heiland!" Das setzte sie in den Stand, uns Kindern in den guten, reichen Tagen, als der Vater noch lebte, eine unbeschreiblich schöne und fröhliche Heimat zu schaffen. Rückschauend denke ich verwundert: „Wie hat die Frau das alles leisten können?" Gewiß, damals hatte man genug Hauspersonal. Und die Tanten, die Schwestern meiner Mutter, kamen immer wieder hilfreich herbei, wenn es gar zu stürmisch herging. Und doch!! Acht lebendige Kinder! Ein Pfarramt, das durch das Haus flutete! Und Gäste! Wir haben anhand des Gästebuches festgestellt, daß wir einmal in wenigen Sommermonaten 60 Logiergäste in unserm großen Pfarrhaus hatten. Eines Morgens kam ich ärgerlich zum Frühstück und erklärte: „Unser Haus heißt von jetzt an ‚Gasthaus zum wilden Lamm'."

„Wieso ‚wildes Lamm'?" fragte die Mutter.

Ich erwiderte zornig: „Weil sogar ein Lamm wild werden kann bei diesem Betrieb. Als ich gestern abend spät heimkam, lag ein fremder Mann in meinem Bett. Ich mußte mir auf einem Sofa einen Schlafplatz suchen."

Die Mutter lächelte nur und warf mir geradezu den Bibelspruch ins Gesicht: „Seid gastfrei *ohne Murmeln*."

Als ich einst wieder einmal im Gefängnis war, ging eines Tages mit Getöse die eiserne Tür auf, und ein Beamter der „Geheimen Staatspolizei" erschien: „Hier ist ein Brief für Sie", sagte er. Ich war erstaunt. Denn Post wurde mir damals nicht ausgeliefert.

Ich nahm den Brief. Öffnen mußte ich ihn nicht, denn schon hatten fremde Augen ihn gelesen.

Der Brief war von meiner Mutter. Und als ich ihn las, verstand ich, warum man ihn mir gab. Jede Miene des Beamten sagte: „Jetzt habt ihr Hochverräter euch entlarvt. Jetzt haben wir euch!" Denn meine Mutter schrieb etwa so: „Lieber Sohn! Ich bin stolz auf Dich, daß du im Gefängnis bist um Deines Dienstes für Jesus willen. Bitte, gib nicht nach! Ich beschwöre Dich, daß Du keinen Fingerbreit von dem Zeugnis der Wahrheit abweichst. Lieber wollte ich meine Söhne tot sehen als im Bunde mit diesem Geist der Gottlosigkeit ..."

Dieser Brief erschütterte mich besonders darum, weil meine Mutter eine so freundliche, strahlend gütige Frau war, der dieser harte Ton eigentlich gar nicht lag. Aber wenn es um die Wahrheit ging, wurde sie unerbittlich.

Es war ein gewaltiger, ein herrlicher, ein starker Brief.

Nach dem Krieg fand man im Hülbener Rathaus eine Liste, auf der die Leute aus dem Ort aufgezeichnet waren, die sofort nach dem „Endsieg" Hitlers verhaftet und hingerichtet werden sollten. Da stand als erste meine fast 80jährige Mutter.

Als der Krieg zu Ende ging, schossen die Amerikaner wild mit Artillerie in das Dörflein Hülben, weil einige Versprengte noch Widerstand leisteten. Alles Volk rannte in die Keller. Meine Mutter aber sagte: „Für so etwas bin ich zu alt!" Dann ging sie in die Küche und bereitete einen Kaffee.

Als die ersten Amerikaner schreiend in das Haus stürmten, kam ihnen die alte Frau freundlich entgegen und lud sie herzlich an die bereitete Kaffeetafel. Der junge Leutnant war der Sohn eines bekannten jüdischen Verlegers, der rechtzeitig emigriert war. Er verstand die deutsche Sprache. Aber auch ohne das wäre aus dem wilden Sturm eine gesittete Kaffeerunde geworden. Die Soldaten merkten: Hier ist ein Mensch, für den es keine „Feinde" gibt.

Wie könnte ich hier diese Frau richtig schildern! Sie war so unerhört lebendig, stark, froh und gütig, daß nicht nur wir Kinder, sondern auch alle ihre Schwiegersöhne und -töchter mit unendlicher Verehrung und Liebe an ihr hingen. Das sagt doch genug.

Und da ist das Bild meines V a t e r s !

Das war ein Mann, den wir Kinder restlos liebten und bewunderten. Als junger Pfarrer habe ich ein Buch über ihn geschrieben. Das ist nun schon längst vergriffen. Als das Buch erschien, fragte mich ein Freund: „Sag mal, nach deinem Buch hat dein Vater wohl gar keine Fehler gehabt?" Ich konnte nur antworten: „Ich als Sohn habe keine bei ihm entdeckt."

Und gerade darum war mir ein Erlebnis an seinem Sterbebett besonders eindrücklich. Er war erst 53 Jahre alt, als er nach wenigen Krankheitstagen sich für die Ewigkeit rüstete.

Eines Nachts wachte ich bei ihm. Dabei kamen wir in ein Gespräch. Ich sagte: „Vater! Du hast doch so ein reiches Pfarrerleben hinter dir. Wie liebt dich deine Gemeinde! Und

283

wieviel hast du geleistet! Das ist doch sicher ein befriedigendes Gefühl."

Da sah er mich mit einem unaussprechlichen Blick an und erwiderte: „Ach, mein lieber Wilhelm! Wenn man an den Toren der Ewigkeit steht und weiß, daß man bald vor den heiligen Gott treten muß, dann sieht man nur Versäumnisse, Fehler und Sünden. Und darum bin ich froh, daß ich einen Heiland habe, der Sünder selig macht."

Ich zitiere diese Worte aus dem Gedächtnis. Ich kann sie nicht mehr wörtlich wiedergeben. Aber ich höre noch die Stimme und erinnere mich, wie es mich ergriff, daß die Gnade Jesu Christi so wirklich ist und so herrlich getrost macht im Sterben.

Das Bild in der Mitte
und worauf es ankommt

Etwa 150 Bilder hängen an den Wänden meines Studierzimmers. Nur einen kleinen Teil von ihnen haben wir miteinander betrachtet. Wie soll denn das nun weitergehen?
Wenn ich von all diesen Leuten erzählen will, gibt es ein
so dickes Buch, daß kein Mensch es mehr lesen will.

Es geht mir wie jenem Unbekannten, der einen berühmten
Brief schrieb. Der Brief ist im Neuen Testament zu finden
unter dem Namen „Hebräer-Brief". Der Verfasser richtete ihn
an Christen, die um ihres Glaubens willen verfolgt wurden.
Sie hatten Ermutigung und Trost nötig. Und darum also
schrieb jener Unbekannte.

Zuerst zeigt er die Gnade, Größe, Bärmherzigkeit und Macht
des Herrn Jesus Christus. Davon kann man ja nie genug
sagen. Und was der Unbekannte ausführt, wird heute noch
verzagte Christen „senkrecht hinstellen". So etwa drückt es
der Briefschreiber selbst aus. Er will „die müden Knie
wieder aufrichten".

Nachdem er den Herrn Jesus deutlich vor die Augen gemalt
hat, spricht er in einem langen Kapitel von den Vorbildern
des Glaubens im Alten Testament.

Da schildert er in ein paar Strichen Abel, der um seines Glaubens willen den Märtyrertod starb.

Wir sehen Noah, der auf den Befehl Gottes hin die Arche
baute und so in der Sintflut gerettet wurde.

Abraham wird uns vor die Augen gestellt, der dem Ruf
Gottes in ein fremdes Land gehorsam folgte und der sogar
bereit war, Gott seinen Sohn Isaak zu opfern.

Jakob wird uns gezeigt. Und der Minister des ägyptischen
Pharao, Joseph. Und Mose. Und Josua. Und eine Frau Rahab!
Und dann – ja, dann bricht der Briefschreiber auf einmal ab.

„Und was soll ich mehr sagen?" schreibt er. „Die Zeit würde mir zu kurz, wenn ich sollte erzählen von Gideon und Barak und Simson und Jephta und David und Samuel..." Es wird zuviel! Er muß aufhören.

Genauso geht es mir jetzt.

„Die Zeit würde mir zu kurz, wenn ich sollte erzählen..."

... von dem stillen Gottesmann Tersteegen. Die Zeichnung, die da an der Wand hängt, trägt die Unterschrift: „Mutmaßliches Bildnis Tersteegens." Der demütige Mann wollte sich nie porträtieren lassen...

... und von dem Professor Adolf Schlatter, dessen Römer-Brief-Vorlesung mir gewaltig das Verständnis der Bibel aufschloß. Ein Künstler hat diesen feinen Holzschnitt von ihm angefertigt...

... und von dem Professor Martin Kähler, dessen Studentenbild mit eigenhändiger Unterschrift mir vererbt wurde...

... und von dem gewaltigen Prediger Hofacker, der so früh starb und dessen Predigten mir im Gefängnis helles Licht schenkten...

... und von dem Schweizer Erzähler Jeremias Gotthelf, der von den Literaturfreunden erst heute wieder richtig entdeckt wird...

... und von dem tiefsinnigen, nie ganz ausgeschöpften Theologen, Philosophen, Schriftsteller und Anreger, dem Dänen Sören Kierkegaard...

... und von dem Grafen Zinzendorf, der mir so lieb ist um seiner „Streiterlieder" und um der „Berliner Reden" willen...

... und von dem Gründer der CVJM, George Williams, dessen helles, aufgeschlossenes Gesicht mich immer neu erfreut...

... und von dem Dichter Matthias Claudius, der in der Zeit der „Aufklärung" so kindlich-fröhlich und überzeugend seinen biblischen Glauben bekannte...

... und von... und von... und von...

„Und was soll ich mehr sagen?" erkläre ich jetzt mit dem unbekannten Schreiber des Hebräer-Briefs.

So möchte ich jetzt nur noch erzählen von dem großen Bild in der Mitte, das sofort den Blick auf sich zieht:

Der breite Holz- und Goldrahmen ist beschädigt durch Bombensplitter, die in schrecklichen Nächten durch die zerschlagenen Fenster die Wand und das Bild trafen. Ich möchte ihn nicht reparieren lassen. Denn diese Schäden zeugen mir davon: „In wieviel Not / Hat nicht der gnädige Gott / Über dir Flügel gebreitet."

Das Bild ist eine Reproduktion des berühmten Gemäldes von Leonardo da Vinci: „Das Abendmahl". Es ist ein Faksimile-Druck. Das heißt: Das Bild ist hier genauso wiedergegeben, wie es heute aussieht. Der Künstler hat es um das Jahr 1500 auf die Wand im Speisesaal des Klosters Santa Maria delle Grazie in Mailand gemalt. Leider hat der Verputz die Farben nur schlecht festgehalten. Und pietätlose Hände haben in wilden Kriegszeiten das Gemälde mißhandelt. Mönche, die nur praktisch, aber sonst nichts waren, haben in die Wand eine Tür gebrochen, die ein Stück des Bildes wegnahm. All das hat dem Meisterwerk schwer zugesetzt. Und auf meiner Reproduktion sind die Mängel alle zu sehen: die Feuchtigkeitsflecken und die schlecht gebrochene Tür, die zerstörten Stellen und die verwischten Konturen.

Und doch – durch alle Schäden hindurch hat das herrliche Bild seine Gewalt behalten.

Es zeigt den Herrn Jesus beim Abendmahl. Und zwar ist der Augenblick festgehalten, als der Herr traurig sagt: „Einer unter euch wird mich verraten." Die Jünger fahren auf: „Herr! Bin ich's?"

Dies Bild war zuerst da, als ich, ein junger Hilfsprediger, mein Studierzimmer einrichtete. So ergab es sich, daß all die andern Bilder sich im Laufe der Jahre darum versammelten. Und am Ende ist das Ganze eine sehr sinnvolle Angelegenheit geworden. Denn jetzt ist es so, als wenn das Abendmahlsbild sich erweitere und all die Gestalten auf den andern Bildern mit einbeziehe. Sie alle sind Menschen, die sich um den leidenden Heiland versammelt haben. Das

Mittelbild zeigt die Grundlage ihres Lebens: Es gilt von ihnen, was der Apostel Paulus im Brief an die Gemeinde in Ephesus sagt: „Ihr seid Gottes Hausgenossen, erbaut auf den Grund der Apostel und Propheten, da Jesus Christus der Eckstein ist . . ."

All die Menschen, die sich hier gewissermaßen versammelt haben, waren Leute mit Schwächen, Fehlern, Versäumnissen und Sünden. Und sie alle wußten darum, und deshalb gaben sie der Frage der Apostel: „Herr, bin ich's?" das Echo:

> „Ich bin's, ich sollte büßen
> An Händen und an Füßen
> Gebunden in der Höll',
> Die Geißeln und die Banden
> Und was du ausgestanden,
> Das hat verdienet meine Seel'."

Von diesen Leuten haben große Wirkungen ausgehen können, weil sie in ihren eigenen Augen vor Gott klein geworden waren.

Wenn man die erschrockenen Jünger auf dem Abendmahlsbild von Leonardo da Vinci ansieht, kann man sich nicht denken, daß sie einmal vollmächtige Zeugen Jesu Christi werden sollten, die die Welt umwandelten. Aber sie wurden es, weil sie die Kraft des Kreuzes Christi erfuhren und den Heiligen Geist empfingen.

Und als sie getötet oder gestorben waren, ging ihr Zeugnis weiter durch die Welt. Und all die Leute, deren Bilder rings an meinen Wänden hängen, haben sich eingereiht in die Zeugenschar.

Und nun ist mir, als zeigten sie alle auf den e i n e n , der auf dem Bild in der Mitte und auch dort in der Mitte sitzt: Jesus.

Und mir ist es, als sagten sie: „Sprich doch von d e m , nicht von uns!" Und ich höre geradezu ihre Stimme wie einen mächtigen Chor:

> „Ich rühm' die Gnade,
> Die mir Heil gebracht."